Introduction to Customer Loyalty Strategies

売上につながる「顧客ロイヤルティ戦略」入門

株式会社ビービット
遠藤直紀＋武井由紀子

日本実業出版社

はじめに

「最近転職したのですが、ノルマで買わされていた前の会社のサービスは、転職と同時にすぐに解約しましたよ」
「実はこの商品、あまりいいとは思ってないんですよ。親の年代がターゲットですが、うちの商品は自分の親にはすすめられないんですよね」

ユーザ中心のマーケティング支援を行う会社を起業して15年、これまで数々の志の高いお客様に恵まれてきた一方で、こんな話を聞くことも少なくない。自分が売っている商品を、自分は買いたくないし、自分の親にも売りたくない。なぜそのようなことが起こってしまうのか、いつも心にひっかかっていた。

顧客満足を掲げる企業が、現場では企業論理を顧客に押しつけ、売上のために顧客の感情を犠牲にする。このように顧客志向がお題目に終わるのには理由がある。その多くは、顧客志向は儲けと反比例するという誤解があること、顧客が感じている価値は収益のように可視化できず管理が困難なこと、そして組織全体で顧客に価値を提供する仕組みがないことである。本書はこの現代企業が抱える課題を解決するために執筆した。

人口減少による市場の縮小が避けられない今、顧客価値を高め、ロイヤルティ（企業や商品への愛着・信頼）を創出することはどの企業にとっても経営課題となっている。「絆」や「カスタマーエクスペリエンス」という言葉が流行になっているのもその現れだろう。デジタルマーケティング領域に活路を見出す企業も多いが、それだけでは課題は解決できない。デジタル領域をいくら顧客中心で作ろうとも、そもそもの商品やサービスが顧客を向いていなければ意味がない。

本書では長期顧客志向の経営を実践し、顧客が喜び、その結果、継続的に収益がもたらされるための方法論を紹介する。

これまで企業が散々取り組んできた顧客満足（ＣＳ）活動と、本書で紹介するロイヤルティ経営は、似て非なるものである。前者が顧客の期待にしっかり答えることを目指すのに対して、ロイヤルティ経営は顧客の期待をよい意味で裏切るレベルまで目指す。

「この会社はこんなに親身になってくれるんだ」と感動した経験のある顧客は、企業に対して強い愛着を感じ、他社の誘惑には決して乗らず、「この会社はいいよ」と人におすすめし、より長くその企業を支える存在になってくれる。今いる顧客基盤をテコに新規事業を構想する経営者は多いが、ロイヤルティのない顧客は、いくら長年の付き合いがあっても新商品に見向きもしない。フロンティアを求めて海外進出する場合にも、新興国の発展スピードを考えれば、日本と同様の問題にぶつかる日はそう遠くない。その時にロイヤルティ経営の経験があるかないかは、海外事業の成否に大きな違いを生む。モノにあふれ、顧客の気持ちも移ろいやすい今、企業はロイヤルティ創出から目をそむけられない状況にある。そして、短期的利益重視の経営と長期的視点に立った顧客価値重視の経営では、後者のほうが好業績を生むことは、数多くの事例研究からすでに明らかになっている。

「顧客価値の最大化」を「売上の最大化」に直結させるように経営を変革する時、指針や方法論が必要である。本書はそれを担うべく、ロイヤルティ創出の仕組みをステップバイステップで解説する。この領域は翻訳書が多く存在するが、日本企業の実情に即した実務書は少ない。そのため我々が経験を通じて感じた日本の事情を勘案しながら、再現性のあるノウハウを紹介することを目指した。言うまでもなく、本書で紹介した手法、業務プロセスは実行に移してはじめて価値がある。そのため顧客戦略に関心のある読者、とくに実行権限のある経営者、事業責任者、顧客戦略責任者などに役立つ内容だと自負している。本書が、貴社の顧客ロイヤルティを高める契機になれば幸いである。

2015年11月

著者　遠藤　直紀

売上につながる「顧客ロイヤルティ戦略」入門◆目次

ステップ3　顧客の声を集める——顧客フィードバックの獲得

ステップ7　顧客志向文化を形成する

カバーデザイン◎竹内雄二
ＤＴＰ◎一企画

※Net Promoter®およびNPS®は、ベイン・アンド・カンパニー、フレッド・ライクヘルド、サトメトリックス・システムズの登録商標です。

プロローグ

顧客満足が高いのに競合に勝てないワケ

1 驚異的な高収益を生み出す長期顧客志向経営

スーパーオオゼキを知っているだろうか?

都心に40店舗(2015年10月現在)の食品スーパーを展開する株式会社オオゼキは、薄利多売が常識のスーパー業界にあって業界平均の3~4倍という驚異的な利益率を誇る。競合企業の幹部がこぞって見学に訪れるという同社の高収益体質の秘訣は、顧客第一主義の経営にある。

⬇顧客志向経営で26年連続増収――オオゼキ

オオゼキは東京の小田急線、東急線の沿線を中心に店舗を展開する、売上高881億円(2015年2月)の食品スーパーである。売上高だけで見れば中堅規模のスーパーチェーンだが、経常利益率はつねに業界トップを記録している。

さらに、26年連続増収、正社員比率70%(スーパー業界は一般的に25%と言われる)、過去に1店舗も閉店したことがない、など業界の常識を覆すストーリーに事欠かない。ま

◉図表0-1　オオゼキの財務データ

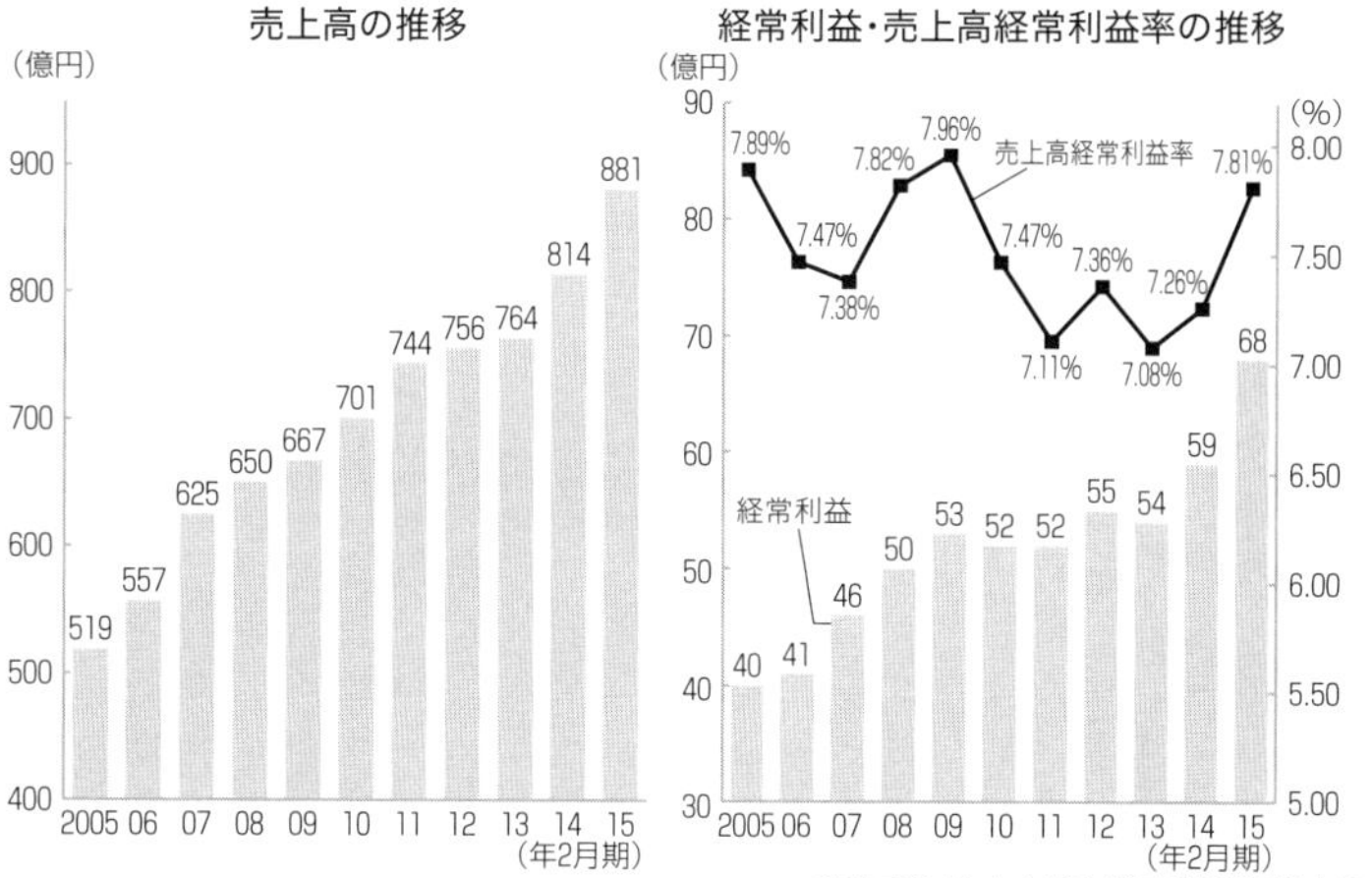

※株式会社オオゼキ発表財務資料より

た外部機関がスーパー業界の顧客の愛着度を表す顧客ロイヤルティ調査をしたところ、オオゼキは大手競合を抜いて1位を獲得。顧客満足度がきわめて高いことでも有名である。

　オオゼキの顧客第一主義はお題目に終わることなく、店舗設計から仕入れ、採用、接客などあらゆるところに具現化されている。その最たるものは「個店主義」と呼ばれる同社の店舗運営方針である。これは店舗ごとに地域（顧客）に密着することを是とし、独自のカラーを打ち出した品揃え、価格設定、サービスを行うことで、顧客一人一人のニーズに的確に応えていくことを意味している。そのため同じオオゼキでも店舗が異なれば、品揃えや値段のみならず、店舗デザインやロゴにいたるまで大きく異なる。

この個店主義を実現する鍵は高い正社員比率にある。オオゼキでは、売り場を担当する社員に仕入れから、受注、値段設定、販売までの売り場すべての権限を委譲している。日々顧客と触れ合い、顧客ニーズを最も知る現場社員が仕入れを行うため、顧客が喜ぶ売り場を実現しやすい体制となっているのである。また顧客から要望があれば一点でも必ず仕入れる方針のため、各売り場ごとに顧客ニーズにぴったり合致する品揃えとなる。この結果、顧客にとっては「自分の店」という感覚が芽生え、高いリピート率につながっていく。実際、オオゼキには常連客が非常に多く、一日当たりの来店客数は東京都の人口の1％に相当する12万人を超えるほどである。また各売り場にはつねに社員がいるため、顧客の探し物や質問にも的確に回答でき、さらに小さな子連れ客や高齢者には買い物カゴを袋詰め台まで運搬したり、袋詰めを手伝ったりもする。正社員ならではの強い責任感と柔軟性があるからこそ個店主義が成立しているのである。

これらの具体例からもわかる通り、オオゼキの行動原理は「お客様が喜ぶか（オオゼキでは「喜客」と定義）」と「今いるお客様は明日も来てくださるか？」の二点である。事実、各店の店長に課される目標は売上ではなく来店客数となっている。この来店客数も競合店から奪うのではなく、「今いる顧客に喜んでもらうことでの再来店」に重きをおいている。

◉オオゼキの「個店主義」

個店主義のため、店舗デザイン、ロゴ表記もすべて異なる。

そのために、店舗内の社員が一丸となって顧客の喜びを追求しながら活動しているのだ。正社員主義のため、人件費は同業他社に比べて高くなるが、それを補って余りあるほどの経費削減、例えば、リピーターによる宣伝費削減、的確な品揃えによる低い廃棄ロス率、正社員による機動性から生まれる高い売り場効率などが驚異的な利益率を生み出しているのである。

人口減少とインターネットによる購買行動の変化に直面する昨今、顧客満足やロイヤルティの創出は経営課題と言われて久しい。しかしながら、オオゼキのような企業はまだ少ない。経営理念に顧客満足を掲げていても、現場に落ちてくるのは必達の売上・利益目標だけで、顧客満足に関する目標提示はないのが実態である。これでは「顧客満足よりも売上を優先して仕事をせよ」と指示しているようなものであり、厳しい収益目標をクリアするためには、時に顧客が喜ぶとは思えない手法に頼ることになる。待ち時間の長いコールセンター、複雑な解約手続き、値引きを餌にした長期契約、平日昼間の勧誘電話などがその最たる例だ。このような活動は短期的には収益を生むが、その水面下で顧客は静かにゆっくりと離反し、気づいた時には顧客基盤を大きく失うことにつながる。行き過ぎた短期利益の追求は未来の利益の先食いに他ならない。持続的な成長のためには、顧客から長く愛され、その結果として高い収益を得るという商い本来の姿に立ち戻ることが必須となる。

2 良い売上、悪い売上

「売上=顧客満足の結果」の罠

「会社にとって利益は空気と同じ。空気がないと生きてはいけない。しかし、空気を吸うために生きている人間はいない」

◉図表0-2　良い売上と悪い売上

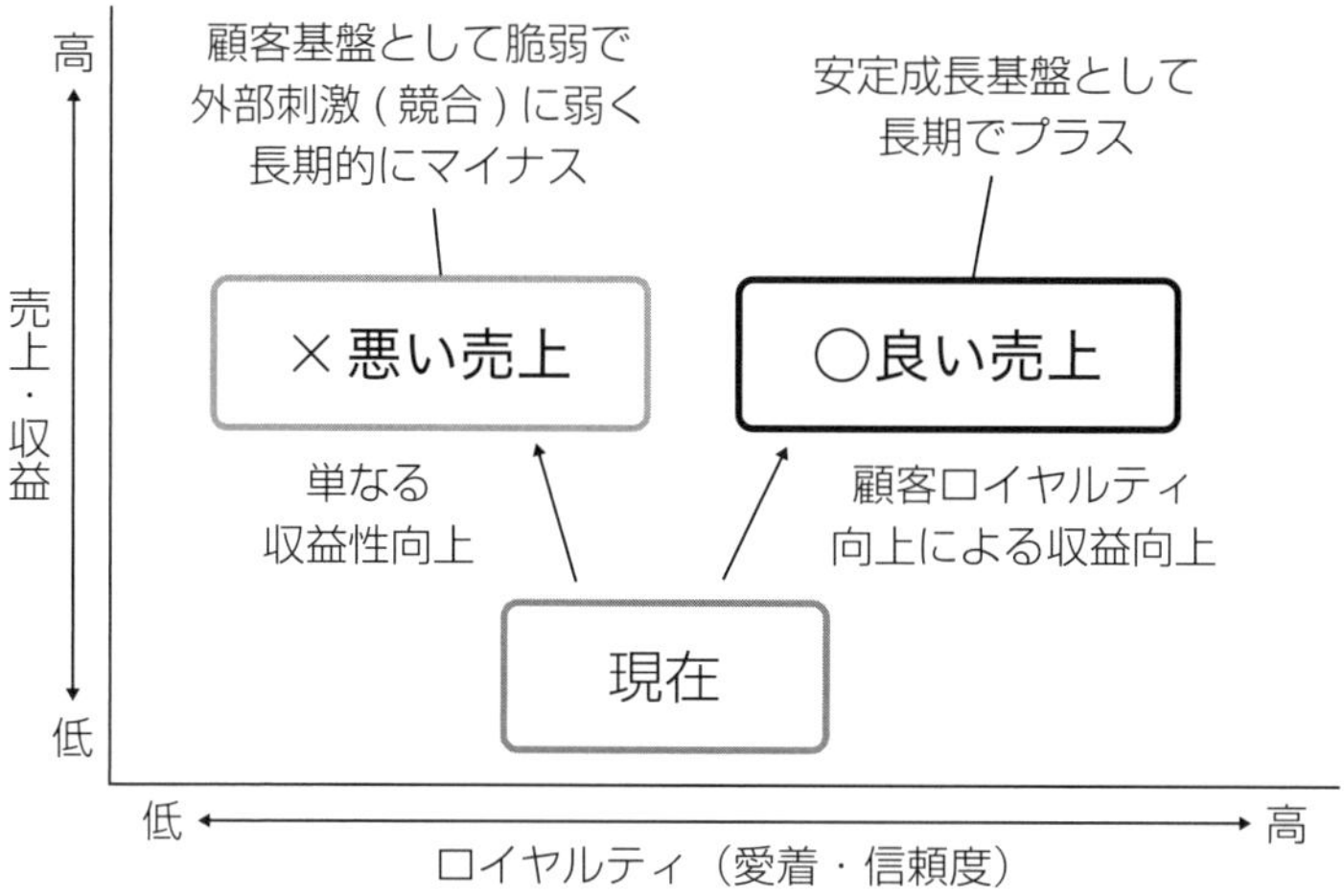

オムロン創業者の立石一真氏は、利益を得ることは企業の存続にとって必須の生命線ではあるが、それ自体は企業経営の目的になりえないことを指摘している。これに異論を唱える経営者は少ないだろう。しかし、目的と手段は入れ替わりやすく、定量化しやすい利益や売上といった収益指標が事業運営の目的と化してしまう。さらに「売上や利益の追求は顧客満足追求と同じ」という論理により、収益の最大化を是とする経営者が多いが、ここに大きな誤謬《ごびゅう》が潜んでいる。

お金には色がないと言うが、ビジネスにおいては、はっきりと二つの色、すなわち「良い売上」と「悪い売上」がある。

「良い売上」とは、顧客の課題を解決した結果、顧客が「この商品・サービスを買ってよかった」と心から企業に感謝をして対価を支払うことを意味する。一方、「悪い売上」は、どんな理由があったとしても顧客にとっては納得感が薄く、感謝のしようもなく、二度とその会社から買わないと思いながら（あるいは将来そう思う可能性を残したまま）、渋々支払う対価である。

例えば「今すぐ契約してくれたら10％引き」といった顧客の思考回路を奪うような強引なセールスや、解約の手続きが異様に煩雑でスムーズな場合に比べて日割り料金がかかってしまうようなサービスなどは、顧客が「二度とこの会社と契約しない」と思う可能性が高く、悪い売上と言える。売上だけを追うと、企業は知らず知らずのうちに、顧客にとって価値が低い売上にも手をつけるようになり、売上は上がっているが顧客の気持ちは離れているという状態をもたらしてしまう。今、企業が行うべきは「良い売上」の追求と、「悪い売上」の排除なのである。

ロイヤルカスタマーは売上上位顧客ではない

「あなたの会社のロイヤルカスタマーは誰ですか？」

そう聞かれると、経営者の大半が「売上上位顧客です。当社は約８％の顧客による売上が90％を占めており、この上位８％のお客様がロイヤルカスタマーです」などと答える。

◉図表0-3　ロイヤルカスタマーに対する誤解

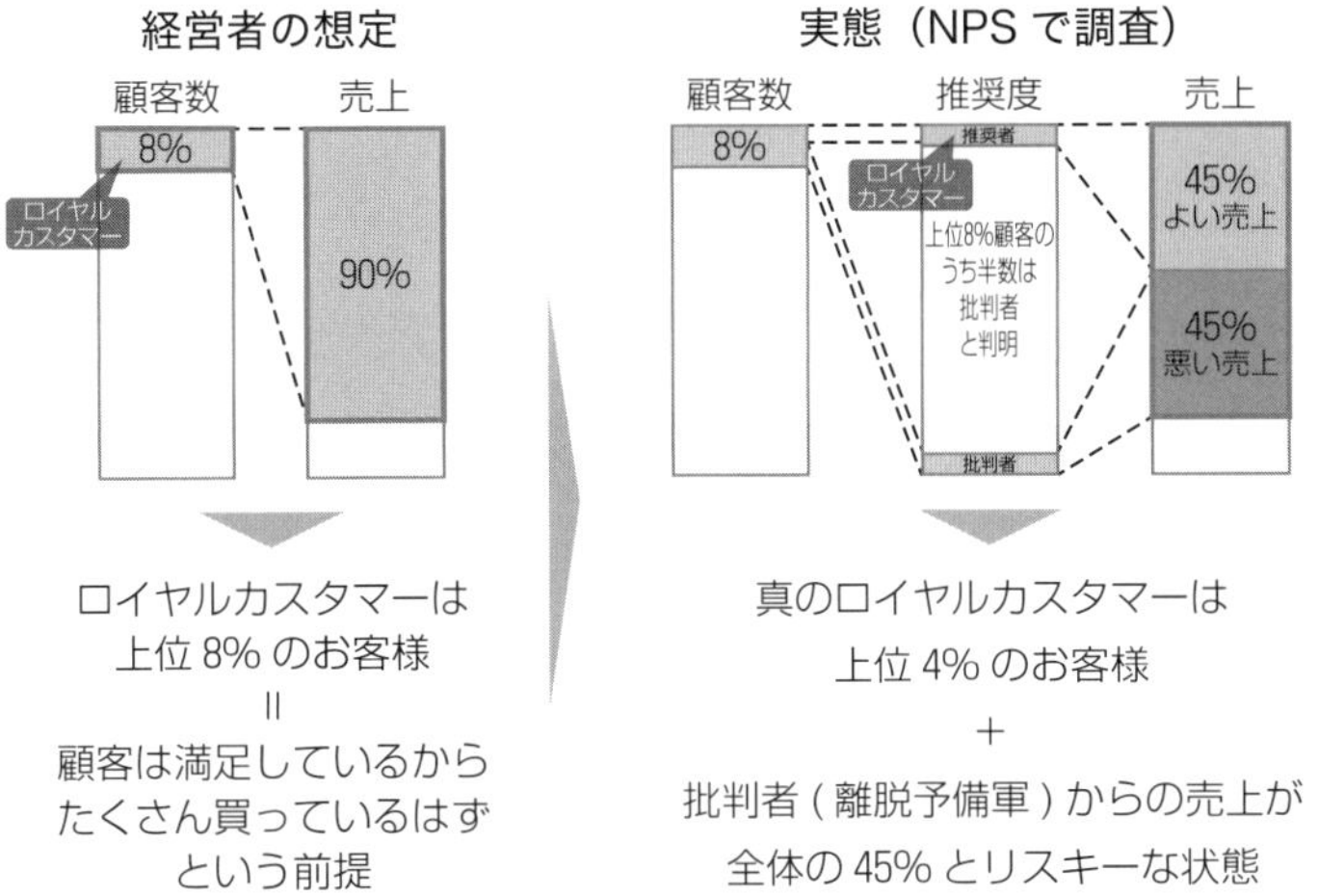

しかし売上上位の顧客が、企業を信頼し継続購入や口コミをするようなファン顧客かといえば、必ずしもそうとは限らない。

実際に、ある金融機関で売上の90％を占める上位8％の顧客のロイヤルティ調査をしたところ、約半数がロイヤルティのきわめて低い顧客だったことがある。その理由を調べると多くが「他社への乗り換えも面倒なので今は仕方なく使っているが、機会があれば乗り換えてもいいと思っている」と回答。言いかえるなら、売上の90％の約半数の45％が、顧客が価値を感じていない「悪い売上」であり、例えば「簡単乗り換えキャンペーン」を打つような強い競合が現れた場合、一気に売上の45％が失われてもおかしくない薄氷経営だったのである。

売上が高い顧客、イコール、ロイヤルカスタマーとするのは、大変危険な間違ったとらえ方である。顧客が「ずっとこの企業から買い続けよう」と思ったり、親しい人にはおすすめしたいと思い、実際にそのような行動を起こしている時に初めてロイヤルカスタマーであると言える。このような良い売上が増えると、長期継続や口コミによる新規顧客獲得、顧客維持コストの低下だけでなく、顧客からの感謝の声が社員の働きがいにもつながり、さらに企業も持続的な成長ができるという善循環が実現するのである。

❶「良い売上」にフォーカスして成長――ソニー損保

良い売上にフォーカスして成長を続ける企業にソニー損保がある。ダイレクト型保険では業界ナンバーワンの売上規模を誇るソニー損保では、顧客満足度をきわめて重視し、これまでにも革新的な商品・サービスを提供してきた。その結果、外部機関が発表する顧客満足度や顧客ロイヤルティを示すNPS（Net Promoter Score：正味推奨者指数。48ページで詳述）調査ではつねにトップにランクインしている。近年では、顧客満足からさらに一歩進め、カスタマーエクスペリエンス（顧客経験価値）向上によるロイヤルティを創出すべく、カスタマーエクスペリエンスデザイン部を立ち上げ、顧客視点に立った課題や機会の発見、部署横断での課題改善・検証サイクルを回している。またそれらの効果を測る

◉図表0-4　ソニー損保　顧客満足の最大化

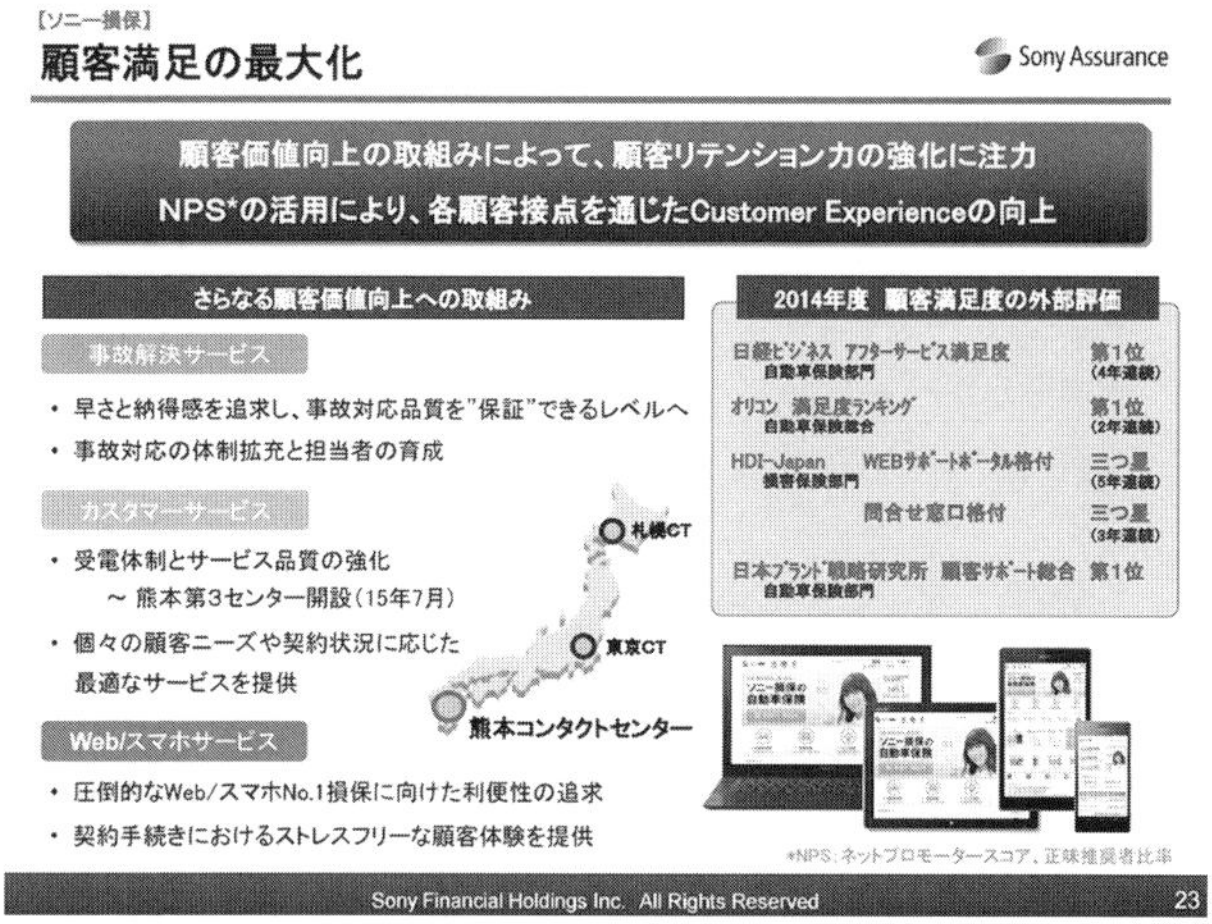

ソニーフィナンシャルホールディングスHPより

際にはNPSを活用している。

同社ではアンケートで顧客の評価（NPS）を取得するのはもちろんのこと、評価が低い一部の顧客には役員や責任者から直接電話ヒアリングを行うなど、全社をあげて顧客理解に努めている。また実際に改善案を検討する際には、顧客に施策案を見せて施策の妥当性を検証するなど、事業運営のあらゆる段階に顧客視点を取り入れている。このような業務プロセスによって、顧客にとって価値のある活動にフォーカスでき、良い売上を追求する体制となっている。次に同社がいかに良い売上にこだわっているかがわかる端的な事例を二つ紹介する。

▼事例①雪害お見舞いメール

ソニー損保では、台風や大雪など自動車に損害が出てしまうような自然災害時には、その災害に見舞われたエリアの顧客に、お見舞いと同時に車両保険で補償される旨を伝えるメールを配信している。保険加入者は交通事故で保険が使えることは知っていても、大雪などの自然災害による車両損害にも車両保険が使えることを案外知らない。そこで、顧客と直接コミュニケーションを取ることができるダイレクト型保険会社ならではの利点を活かして、保険が使えることを即座に知らせることが、顧客にとっては大きな喜びにつながる。実際、顧客の反応も非常によい。

しかし企業側の都合で考えれば、このような施策を実現するのは容易ではない。保険金の支払いが増えることもさることながら、ただでさえ大雪による被害やロードサービスの出動でコールセンターがパンク状態であるうえ、メールによって電話が殺到する可能性も高い。普通の経営者であれば、このような施策には躊躇するだろう。「他社並の対応でよいのでは」と競合の動向をうかがって、無難な選択をするケースのほうが圧倒的に多いと想定できる。実際、競合他社はウェブサイトのトップページに情報を掲載するにとどめているところが大半である。

しかし、ソニー損保は、顧客ロイヤルティと長期利益を重視していること、さらに施策

◉図表0-5　関東での大雪災害時のお見舞いメールへのネット上の反応

ソニー損保えらいな 雪で車が壊れたら保険が適応になる可能性があるってメールが来た

ソニー損保から、大雪でカーポートが破損して車にダメージがあれば車両保険が適用される可能性がありますよ、というアラートメールが届いた。どこかの不払い保険とは雲泥の差だ。

いやいや、ソニー損保、伊達にめっちゃ CM打ってないなと見直しました('∀`)保険って、じっさい品質が分かる瞬間がそうそう訪れないのが難しいですよねん。

ソニー損保からメールきてた。ソニー損保丁寧だなぁ。ちゃんと具体例も書いてあった。

◉図表0-6　年齢条件変更お知らせサービスの概要

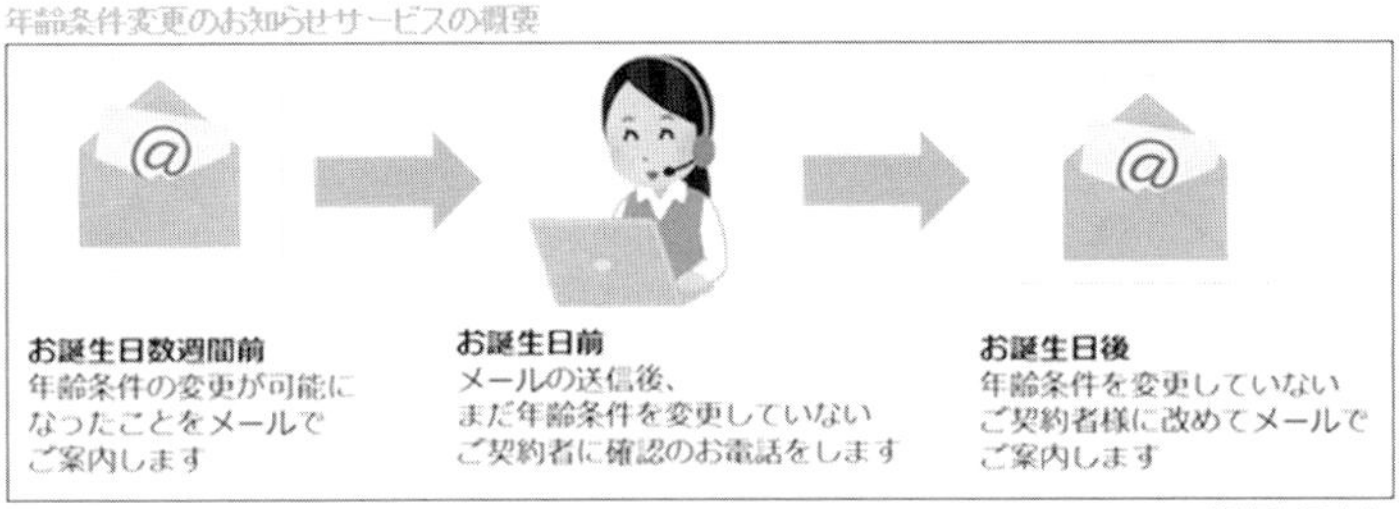

ソニー損保HPより

の実施後にロイヤルティ指標を用いて効果を検証することで、活動の継続性を確かなものにしている。実際に２０１４年2月の関東地方を中心とした記録的な大雪の際に配信したお見舞いメールでは、ロイヤルティの向上のみならず、メールを読み、即座にカーポートから雪を下ろして被害を未然に防ぐことができた顧客が存在するなど、事故防止にも貢献していたことがわかった。メールに感動した顧客がインターネットでそれを紹介する行動も多く見られ、そのような口コミが新規顧客の獲得にも一定の効果があったことは想像にかたくない。自社の都合を超えて、顧客メリットを優先した結果は想像以上の結果をもたらしている。

▼事例②年齢条件変更のご案内

自動車保険では運転者の年齢によって保険料が変動する。しかし、契約期間中に誕生日を迎えて、年齢条件が変更できる年齢になったとしても、契約者の多くは手続きを忘れていたり、契約期間中に年齢条件を変更できること自体に気づかずにそのまま満期を迎えてしまったりする。年齢条件の変更によって保険料が安くなり、すでに支払った保険料が一部返還される契約者にとっては、確実に手続きを行いたいと思うはずである。

ソニー損保ではこのような顧客の潜在ニーズをとらえて、条件変更によって保険料の返還がある顧客向けに連絡をするサービスを実施している。サービスの本格展開前に一部顧客に対して、突然の電話連絡が迷惑でないかなどを確認するための試験運用を実施した結果、顧客からの反応もよく、またこのサービスを受けた顧客と受けていない顧客のNPSを比較すると、受けた顧客のNPSが約4割上昇することも確認できたため、本格実施にいたった。顧客にとっては、年齢条件のことなどすっかり忘れていたところに、わざわざ返金を受けることができることを教えてもらえるため、感動すら覚えるはずである。

先の例と同様、この事例も顧客が喜ぶ一方で、返金による売上減という収益へのマイナスインパクトをもたらす。さらに年齢条件変更が必要かどうかは顧客側の状況に依存するため、自己申告が基本であり企業側から知らせる必要性も低い。他の保険会社であれば「自社に落ち度のない返金を顧客に知らせる余裕はない」というのがトップの本音だろう。しかしソニー損保は目先の利益よりも顧客への価値提供を優先しているのである。そして返金によって一時的に利益は失ったものの、このサービスを通じてソニー損保の企業姿勢に共感した顧客が高確率でリピートしてくれることにより、想定よりも短期間で損失分以上の収益をもたらしてくれるはずと信じているのである。

同社は短期的な利益を失っているのではなく、ロイヤルティ創出への投資を行っているという見方をする人も多いだろう。しかし筆者には「投資」ではなく、顧客志向経営の「健全サービス」に見えてくる。

ここで顧客に申し出た返金や保険金は、顧客が正しく保険を理解・記憶していれば顧客が正当に受け取るべきお金である。つまり企業視点で見れば、そもそも自社内にあってはいけないお金であり、それを顧客に返しただけととらえられる。身近な例で考えるなら、「買い物をしてあとからお釣りを多くもらったかもしれないと気づいた時、そのお金を返すか、返さないか」というのと似ている。「もらってはいけないお金だから返す」のか、「間違えるほうも悪いからそのままでよい」のか。ソニー損保の事例を見ると明らかに前者のスタンスで意思決定されているように見える。しかし多くの金融機関は残念ながら後者のスタンスに近いだろう。「約款で知らせた」「事前に説明した」など後者にも言い分がたくさんあるだろうが、現実問題として金融商品の条件や詳細をすべて顧客が理解・記憶するのは難しい。顧客の実態に配慮しようという姿勢や、顧客が納得して支払ったお金だけ、つまり良い売上だけを追っていこうという考え方こそが、顧客志向経営の表れと言える。

このようなスタンスの違いは、実は顧客には明確に伝わっている。そしてこれが同社の顧客満足度の高さや、ダイレクト保険で長年売上トップを走り続けているという結果につながっている。

3 売上につながる顧客満足の正体

「顧客志向」や「顧客満足」がお題目に終わってしまう企業が多い一方で、オオゼキやソニー損保、またスターバックス、アップル、ジョンソン&ジョンソンなど、お題目に終わらずに顧客満足を収益に変えて成長し続けている企業も存在する。この違いは何か？

➡顧客満足はもう古い

一口に顧客満足といっても種類や段階があり、それを整理したのが次ページの図である。製品やサービスの構成要素に対する「基本価値への満足」からはじまり、期待価値、願望価値、予想外価値と進み、行きつく先は企業への共感や信頼、愛着というより感情的な深い結びつきとなる。そして、本書では最終段階まで行き着いた顧客を「ロイヤルカスタマー」と呼び、この創出を目指すことを「顧客ロイヤルティ経営」と定義する。

ここであえて「顧客満足経営」ではなく、「顧客ロイヤルティ経営」と定義するのは、満足と愛着を区別するためである。満足は顧客が言語化できる期待に応えることで作るこ

◉図表0-7　顧客ロイヤルティとは?

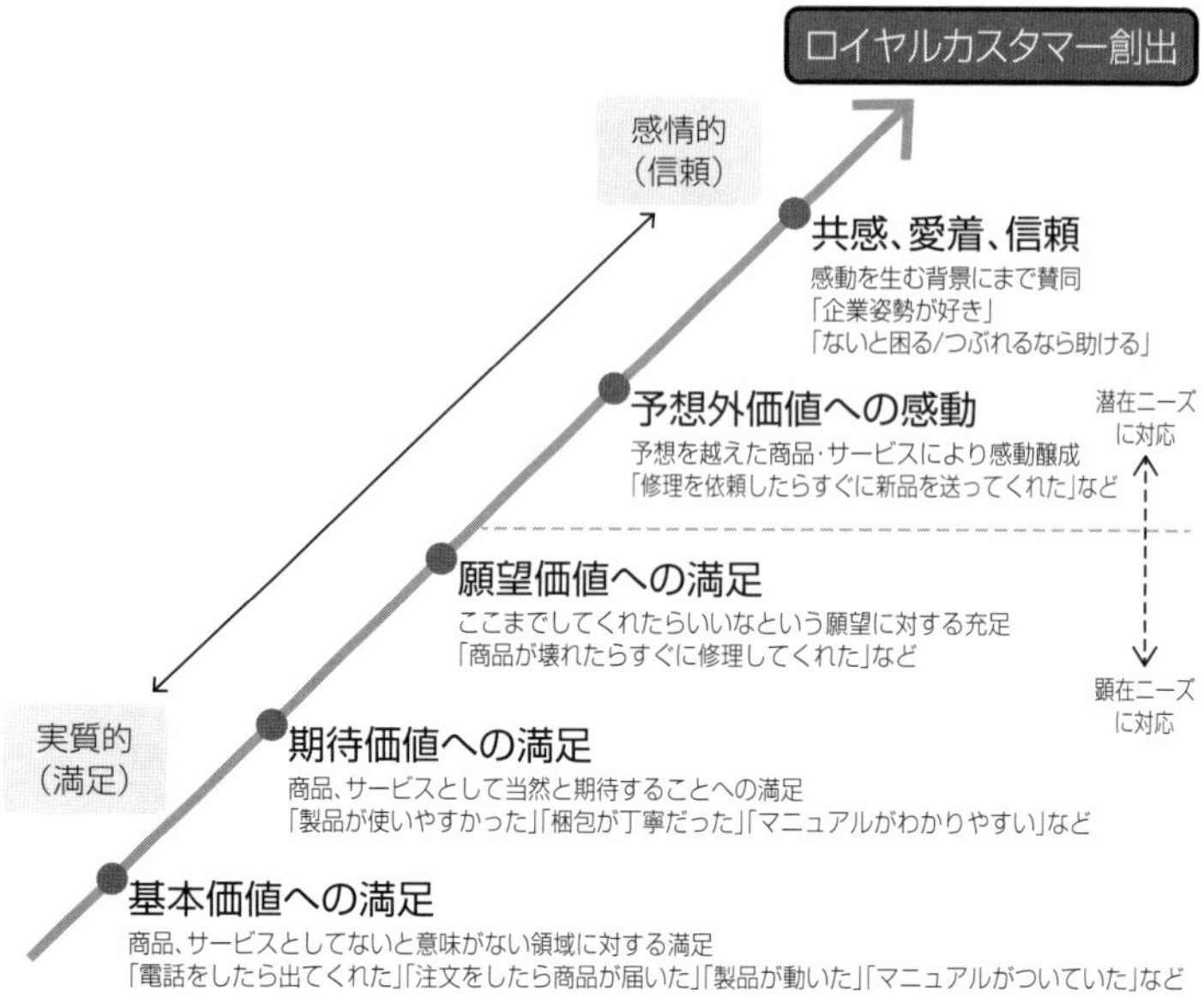

とができるが、愛着を作るには顧客自身もわかっていないような潜在的なニーズに応え、より大きな満足や感動を提供する必要がある。潜在的なニーズに応える意味で、ロイヤルティ経営はイノベーション創出をも含む概念である。

そして右肩上がりの時代には顧客満足だけを追っていても、新規顧客が増えるために企業は成長できたが、現代企業の存続には、より長く買い支えてくれるロイヤルカスタマーが必要になる。言いかえるなら、顧客満足だけでは企業は生き残れない時代に突入しているのである。

ロイヤルカスタマーを作るには、単なる製品やサービスのスペックへの満足ではなく、「これに気づいてくれてありがとう。すごい会社だ」「ここまでしてくれて感動した」と顧客に感じてもらう必要がある。このためには、企業活動全体を良い売上にフォーカスすることが必須要件なのである。

ロイヤルティを作るには感動体験が必要と言うと、「顧客側も慣れてきて、感動体験への期待値が上がる。永遠に感動体験提供をし続けないといけないのか」という質問をよく受ける。しかしこれは杞憂である。顧客は感動体験をすると、「なぜこの会社はこんなことができるのか？」と感動を生む背景を理解しはじめようとし、最終段階である共感や信頼に近づくことができる。ここで企業理念や文化を理解してもらえれば、企業に対する強固な信頼が形成されるため、それ以上の感動体験はそれほど必要なくなるのである。

ロイヤルカスタマーの価値

ロイヤルカスタマーは、「他社の誘いに決して乗らず、好んで繰り返し購入してくれ、第三者に推奨してくれる顧客」と定義できる。当然ながら、ロイヤルカスタマーが多いと一人当たりの購買額が増加するため、売上増を見込める。また紹介や口コミなどにより新規顧客獲得や既存顧客の離反防止にも貢献するうえ、製品・サービスに熟知するため問い

◉図表0-8　顧客ロイヤルティの好循環

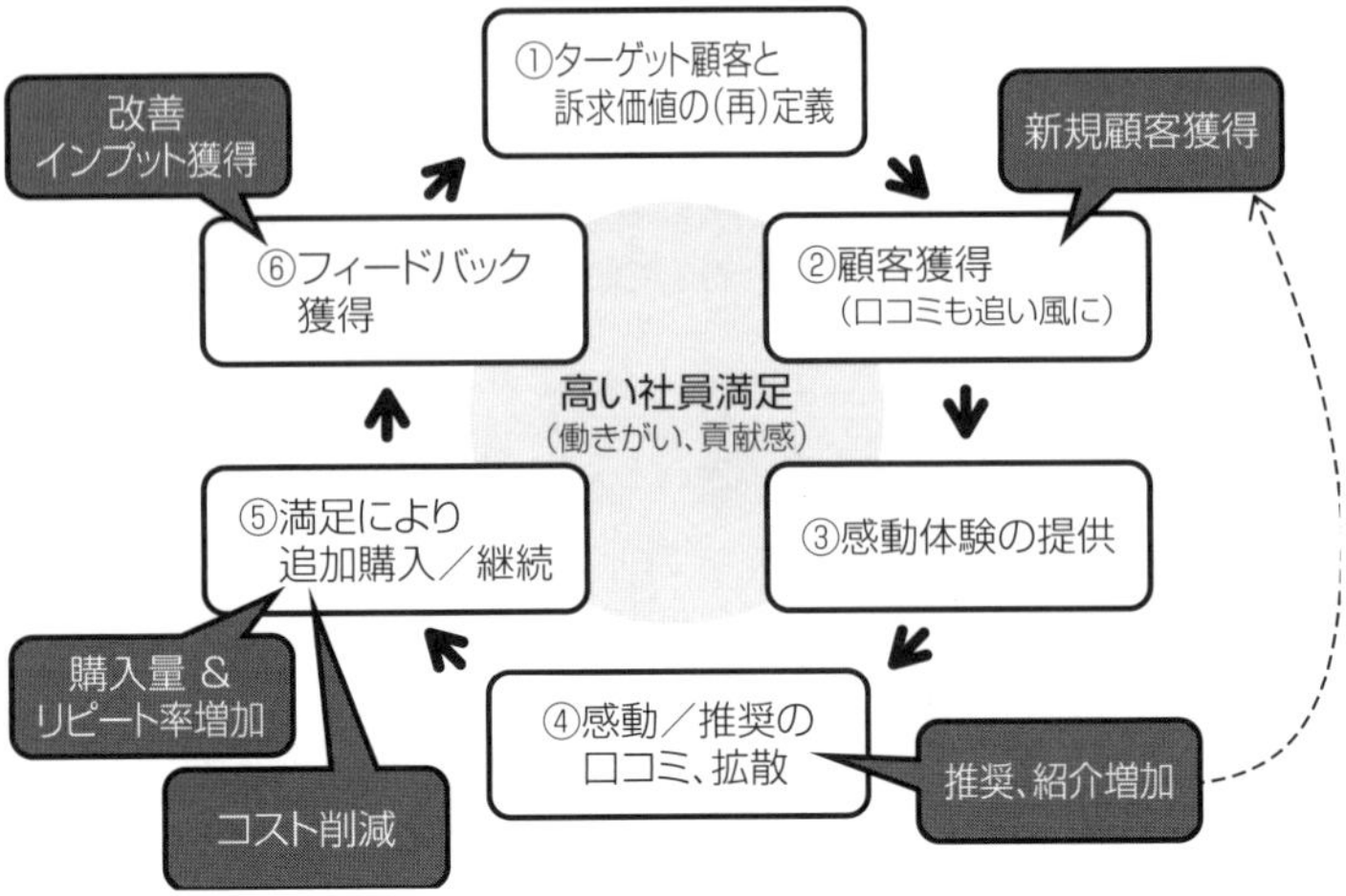

合わせが減少し、コスト削減にも貢献してくれる。さらに、ロイヤルカスタマーは建設的な改善提案や感謝の声を伝えてくれるため、改善活動への参考になるのみならず、社員のやる気、働きがいをもたらす企業のエネルギー源のような存在にもなる。

このような顧客が企業に多ければ多いほど、事業基盤が安定し中長期の成長を促進してくれる。例えば、図表0—9のWi‐Fiプロバイダ業の場合、ロイヤルティを高めると、追加購入に約13・6億ドルのインパクトがあることがわかる。筆者のコンサルティング案件でも、ロイヤルティの高い顧客は、良い口コミをする割合がロイヤルティの低い顧客の10倍になるケースもあった。

◉図表0-9　顧客ロイヤルティと収益インパクト（百万USドル）

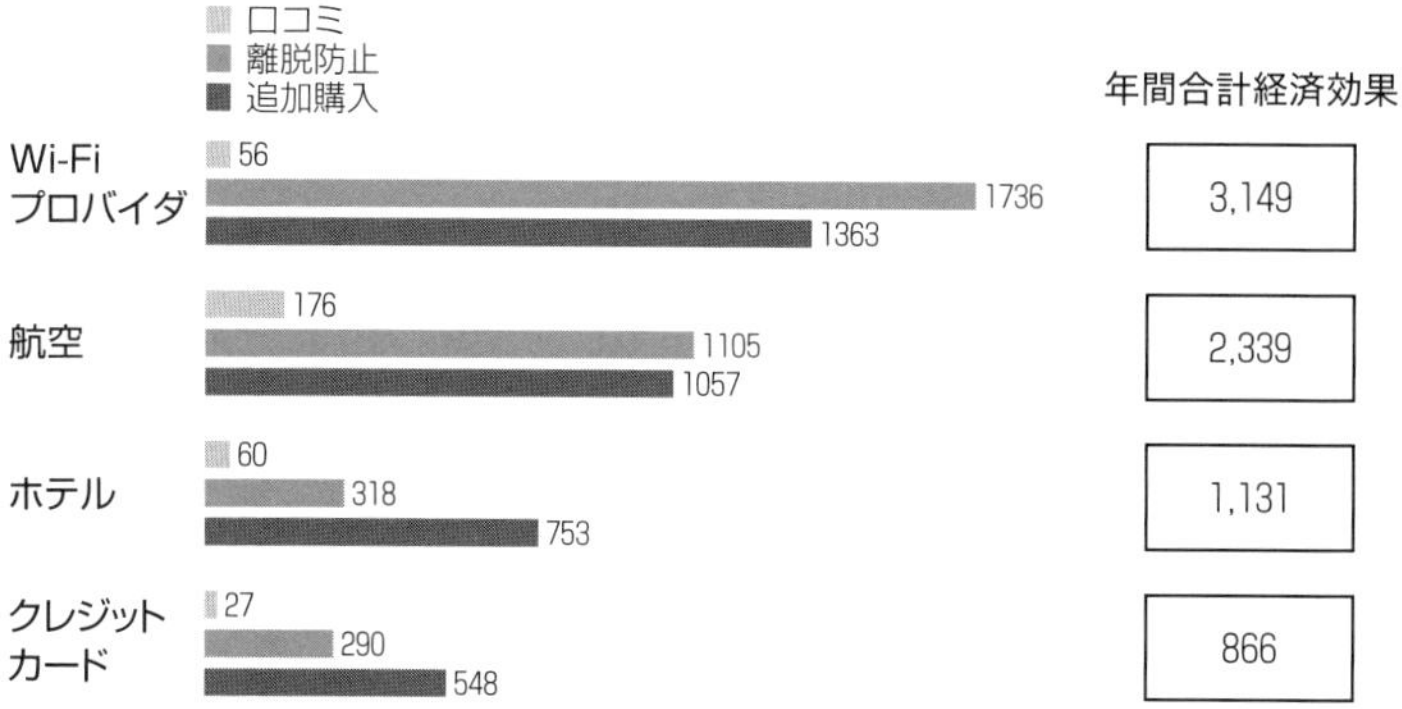

出典：フォレスター・リサーチ2013年10月"The Business Impact Of Customer Experience, 2013"

全米の 14 業界 150 社、7500 人の消費者調査の結果、ロイヤルティと企業収益には高い相関が見られた

◉図表0-10　ロイヤルティと口コミ、平均値引率、平均購入品目数

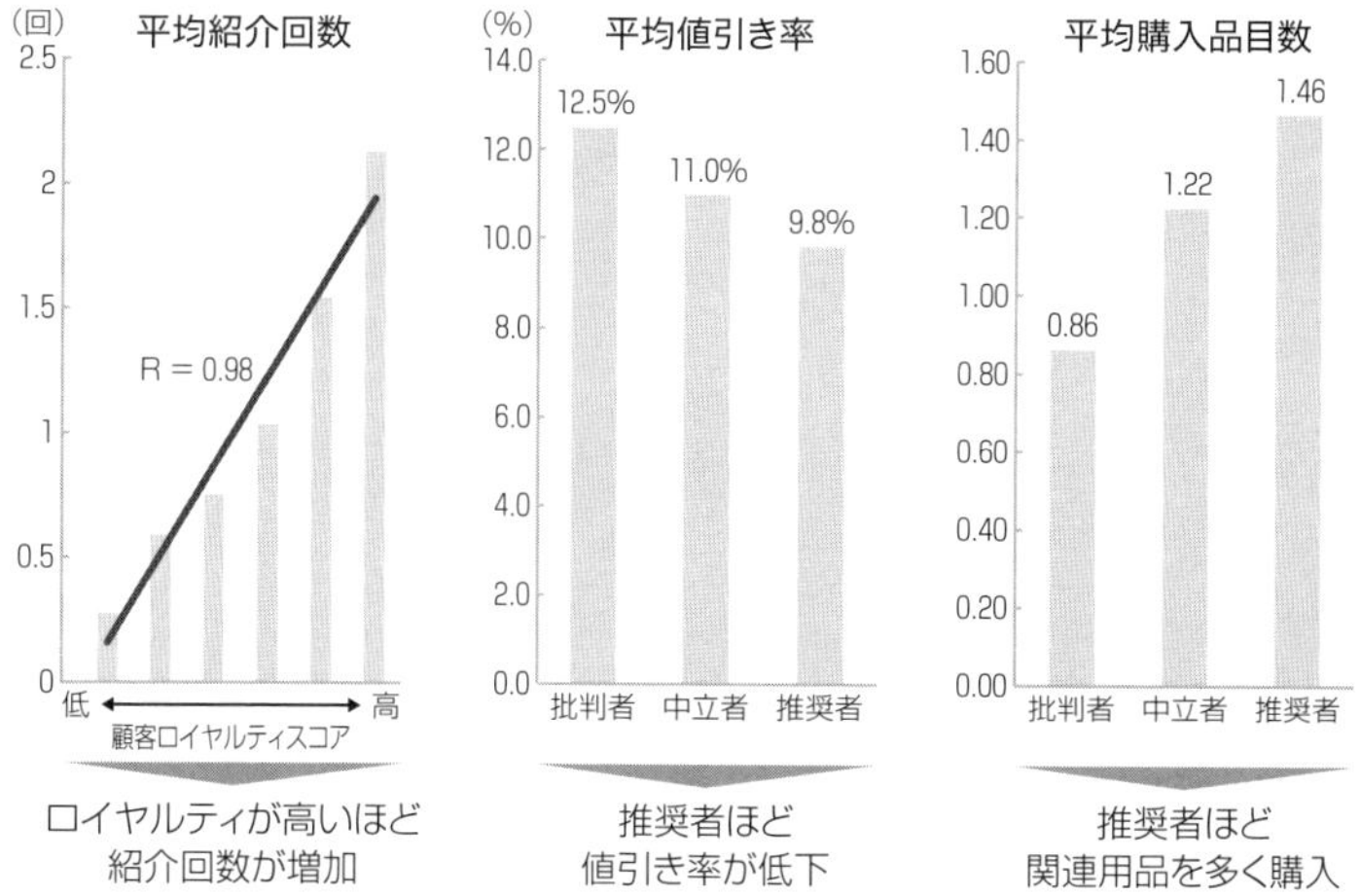

（ビービット調べ）

4 ロイヤルカスタマーを作る二つのポイント

ロイヤルカスタマーを創出すべく感動体験を提供しようと躍起になっても、コストが合わずに活動が頓挫することが多い。効率的、効果的に活動するためのポイントは二つある。

①正しいモノサシ＝ロイヤルティ指標を持つ

「測れないものは管理できない」と言われるが、ロイヤルティにも同じことが言える。ロイヤルティは顧客の感情であり、それをできる限り正しく可視化することがロイヤルティ向上の第一歩となる。モノサシには、例えば少し前なら顧客満足度、最近ではＮＰＳがよく使われている。とくにＮＰＳはロイヤルティを測る指標としては優れているが、すべての会社につねに当てはまるわけではない。自社の特性を踏まえ、できる限り正確にロイヤルティを可視化できるモノサシを定義することから始める。そして、そのモノサシでつねに顧客の主観を測り続け、現状と変化を追いかけることで、活動の是非を判断し、必要に応じて改善活動を行う。指標を持つことはロイヤルティ創出のＰＤＣＡ基盤という役割を担うのである。そして経営者がロイヤルティ指標の向上にコミットすることで、組織内で共通の尺度にもなり、社員が目指すべきベクトルをそろえるという文化醸成にも貢献してくれるのである。

⬇②カスタマーエクスペリエンスを改善する

ロイヤルティを創出するうえでもう一つ重要な観点が、「カスタマーエクスペリエンス（Customer Experience。略してCX。日本語では「顧客体験価値」と訳されることが多い）」という考え方である。これは顧客と企業（商品やサービス）とのかかわりを、顧客の持つ時間軸とプロセスで一連の「体験」としてとらえ、その時の顧客が抱く感情やニーズを重視しようとする概念である。えてして企業はタッチポイント（接触点）ごとに品質改善を行って顧客満足を作ろうとしがちだが、不満の原因、また感動の種はタッチポイント間の〝つなぎ目〟に眠っていることも多い。そのため、部署ごとの満足度は高いが、トータルの満足度は低いという結果が多発する。つなぎ目にまで配慮して顧客の体験全体を最適化することで、満足や感動を感じてもらえるようになるため、カスタマーエクスペリエンスはロイヤルティ創出に必須の概念となる。感動の源泉はカスタマーエクスペリエンスだと理解してほしい。

❹カスタマーエクスペリエンス改善で復活──デルタ航空

アメリカのデルタ航空は、近年カスタマーエクスペリエンスの改善に力を入れている企業として注目を集めている。同社のカスタマーエクスペリエンス指数は２０１２年を底に急速に上昇し、２０１４年には航空業界の中ではサウスウェスト航空に次いで2位をマークしている。ＣＮＮでも「アメリカで一番の航空会社はデルタ航空」と報道しているが、元々同社は定時運航率や欠航率、荷物紛失率で最低レベルだった。

デルタ航空では顧客からの信頼を回復するため、旅行者のニーズである、「欠航しない、遅延しない、預けた荷物がなくならない」の三点のカスタマーエクスペリエンス改善を実施した。

それまで業界ではできる限り早く欠航を決めることが顧客ニーズであると考えられてきた。しかし調査の結果、欠航後2時間以内の再予約と2時間の遅延では、顧客は確実に到着できる遅延を選択することが判明した。このニーズを実現すべく、例えば操縦士の病欠があれば、直行便を経由便に切り替え、経由地で新たに操縦士を確保するオペレーションに変更するなど、メンテナンス部門と顧客対応部門トップの机を近づけ連携を強化した。

◉図表0-11　デルタ航空のロイヤルティ指標と売上高推移

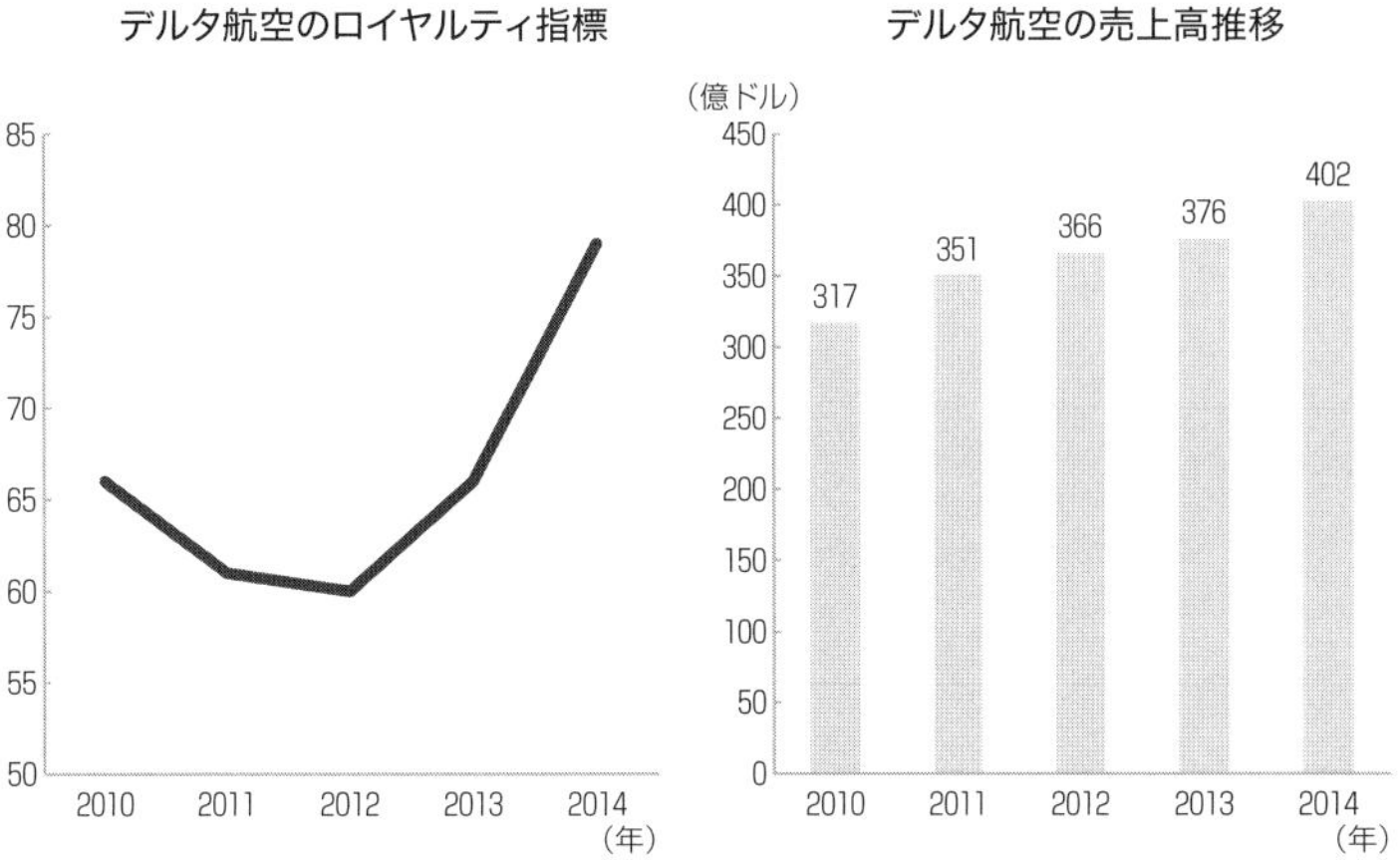

出典：フォレスターリサーチ

これらの改善の結果、２０１４年の欠航率は業界平均２・０％を大きく下回る０・３％となり、デルタ航空は「全米で最も欠航しない航空会社」という名誉ある地位を築くことができた。また、万が一の欠航には、顧客がすぐに代替フライトを探せるようアプリやヘルプデスクを用意し、以前のように顧客が空港カウンターに群がることなく、落ち着いて代替フライトの予約ができるようサポートしている。

遅延回避のために、パイロットの権限を見直した。従来までは時間通りの運航よりも目先の燃料温存を優先していたが、パイロットに時間通りの運航のための裁量（スピードアップなど）を許可し、時間通りに到着する便を大幅に増やすことに成功した。燃料費という目先のコストよりも、「定時運航」という顧客の利便性を優先したのである。
預けた手荷物の紛失削減は、宅配便の荷物管理をヒントにUPSやフェデックスが利用しているスキャン追跡システムを導入することで、航空会社のみならず顧客自身でも預かり荷物を追跡できるようにした。

このような努力の結果、デルタ航空は2014年に運航完了率99・1％、オンタイム運航率82・4％、荷物紛失率2・44％を記録。「キャンセルも遅延もほとんどないのであれば、多少高くてもデルタを選ぶ」という顧客は多いと想定でき、さらにこの価値を実感した顧客がリピートすることで、業績や株価にもプラスのインパクトをもたらしている。実際にデルタ航空の株価はS＆P500を大幅に上回り、サウスウェスト航空に次ぐパフォーマンスとなった。

デルタ航空の復活劇は、短期的収益よりも顧客ニーズを優先するほうが結果として業績向上につながることを教えてくれる。さらに、顧客ニーズに真摯に対応した結果、「欠航ではなく遅延で済ませる」という業界慣習にとらわれないイノベーティブな対応を可能としたことも特筆すべき点だろう。アメリカのカスタマーエクスペリエンス関連のカンファレンスに出席すると、デルタ航空の事例（ここに紹介した以外にも搭乗ゲートの改善など様々な事例がある）を引き合いに出す人が非常に多く、高い注目を集めている。全米最大の航空会社でもここまで大胆な変革ができることが、他の大企業経営者に刺激を与えているのである。

次からは実際にロイヤルティを組織として創出するための方法論を7ステップで紹介していく。

ステップ1

良い売上にフォーカスする
——ロイヤルティ指標の設定

顧客ロイヤルティ向上ステップの全体像

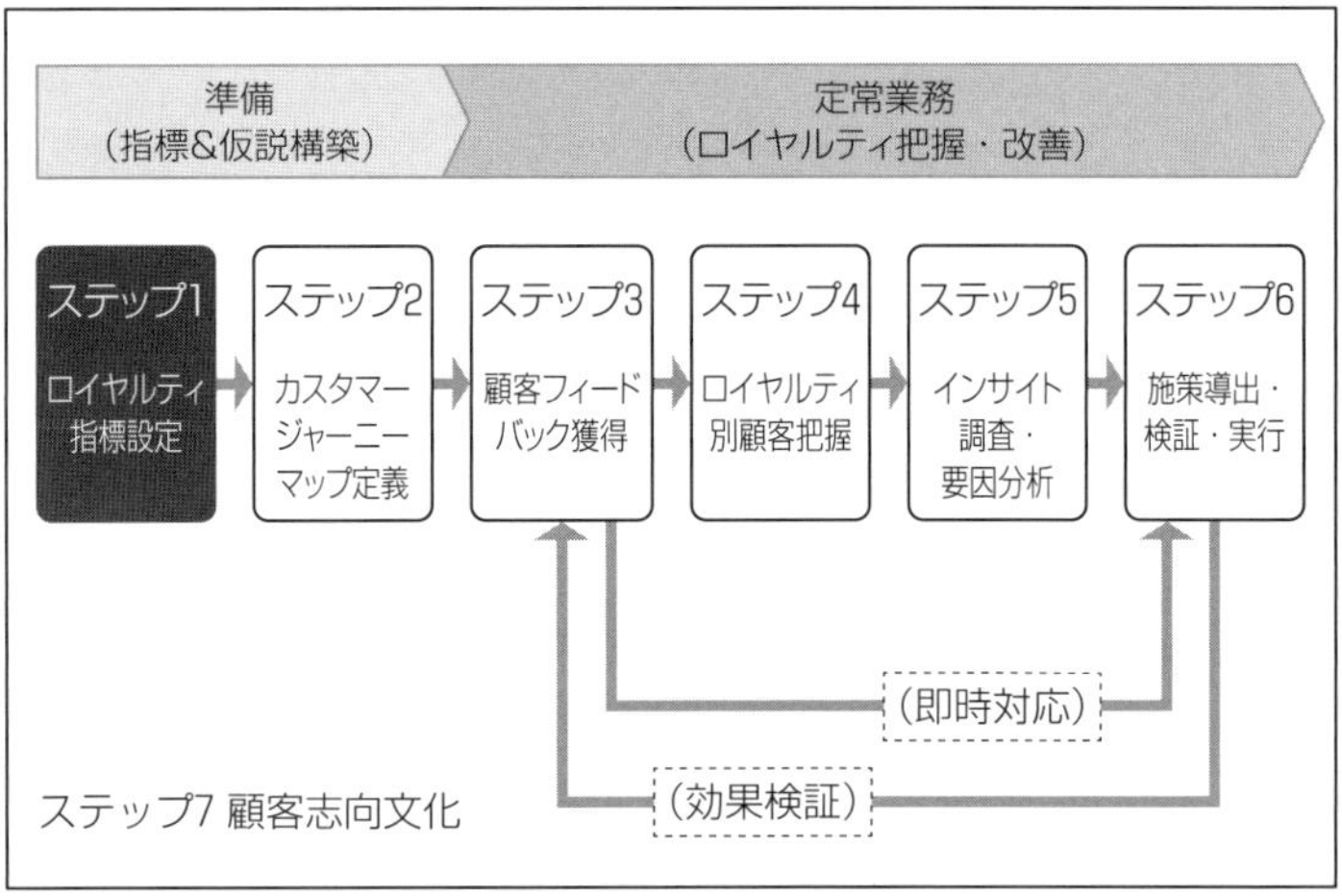

顧客ロイヤルティとは、顧客が企業や特定の商品に対して心から信頼して感情的な深い結びつきを持っている状態を指す。顧客ロイヤルティを創出する鍵は、つねに「顧客がどう思っているのか」を定量・定性両面で可視化し、深く理解することだ。

ただし、顧客満足度の定量化には多くの企業が満足度アンケートなどで取り組んでいるが、定量化だけ頑張っても改善施策やイノベーションは生まれにくい。実際、多くの企業が顧客満足度調査の結果を改善に活かせていない。

この壁を打ち破るには、顧客自身がまだ気づいていないような欲求、さらにその先にある世界観を定性的に理解することが効果的である。商品やサービスの企画段階では、グループインタビューなどの定性調査が多くなされるが、顧客ロイヤルティ向上の文脈では顧客インサイトを捉える活動はまだまだまれである。裏を返せば、競合に先駆けて既存顧客に定性調査を行い、顧客心理をとらえることができれば、企業の優位性を確保する近道となりうる。

飛躍の鍵を握る定性的な顧客理解と、組織を動かすための数値によるロイヤルティの定量化、この双方を軸としたロイヤルティ創出の仕組みを本書で紹介していきたい。ここで示す方法論は、多くの業種・業態にフィットする汎用性を持たせつつも、企業の状況や特徴にあわせて、取捨選択・アレンジができるよう配慮している。ロイヤルティ創出の最初のステップはロイヤルティ指標を決めることである。

1 経営の最高指標は「売上・利益」ではなく「ロイヤルティ指標」であるべき理由

人の行動は目的よりも目標に最適化されやすい。本来は目的達成度をチェックする指標として目標があるにもかかわらず、いつしかその目標達成のためであれば目的をも逸脱した行動をとってしまうことがある。

例えば、健康のためにダイエットするときに、目標体重を設定することで、とにかく体重を落とすことに行動が最適化された結果、人によっては不健康な方法で目標体重をクリアしてしまうこともある。これでは別の病気を引き起こしかねず本末転倒である。

ここで「目的を見失わないように、いつも心にとめておく」という精神論を説く人もいるが、それだけでは乗り越えられない。数値で突きつけられる目標はとてもパワフルだからだ。目標を見直すほうがよほど現実的であり、とくに組織で動く際には、目的との関係性が緊密な目標指標を選ぶことが成功の秘訣となる。

ビジネスにおいては、多くの企業は数値化できる売上や利益といった収益指標を目標に掲げる。ビジネスの目的として、顧客への価値提供や社会貢献を標榜していても、その目標に収益指標を置いた場合、容易に収益を上げることが目的にすり替わってしまう。具体的には、売上を上げるためであれば、顧客のためになっているとは言えないような手段を悪意なく取ってしまう。プロローグで説明した「悪い売上」である。

この話をすると、経営者から「顧客のためになることしかしないので、目標が売上でも何ら問題ない。良い売上しかうちは上げないので大丈夫」と反論されることがある。

強い意志を持った顧客志向の経営者は確かに存在する。しかし、組織内のすべての意思決定に経営者が関与できるわけではないため、いくら個人が崇高な信念を抱いていても、それが仕組み化されていなければほとんど意味はない。

もし、企業の存在目的は顧客や社会の役に立つことだと信じているならば、「どれだけ顧客が喜び、顧客の役に立ったのか」がわかるような指標を経営指標にしなくては意味がない。

ビジネスの本来の仕組みは、顧客を理解し、商品やサービスを通じて顧客に価値を提供し、それに満足した顧客が企業に対して対価（金銭）を支払うという構造である（次ページ図表1―1）。最終的には対価になるため、これまで経営指標は収益を目標にしていたが、これでは対価を支払う以前の部分がすべて見えなくなってしまい、本来の構造が崩れてしまうことが図からわかるだろう。そのため最終的な対価の一つ前の段階である「お客様が

◉図表1-1　ロイヤルティ指標の位置づけ

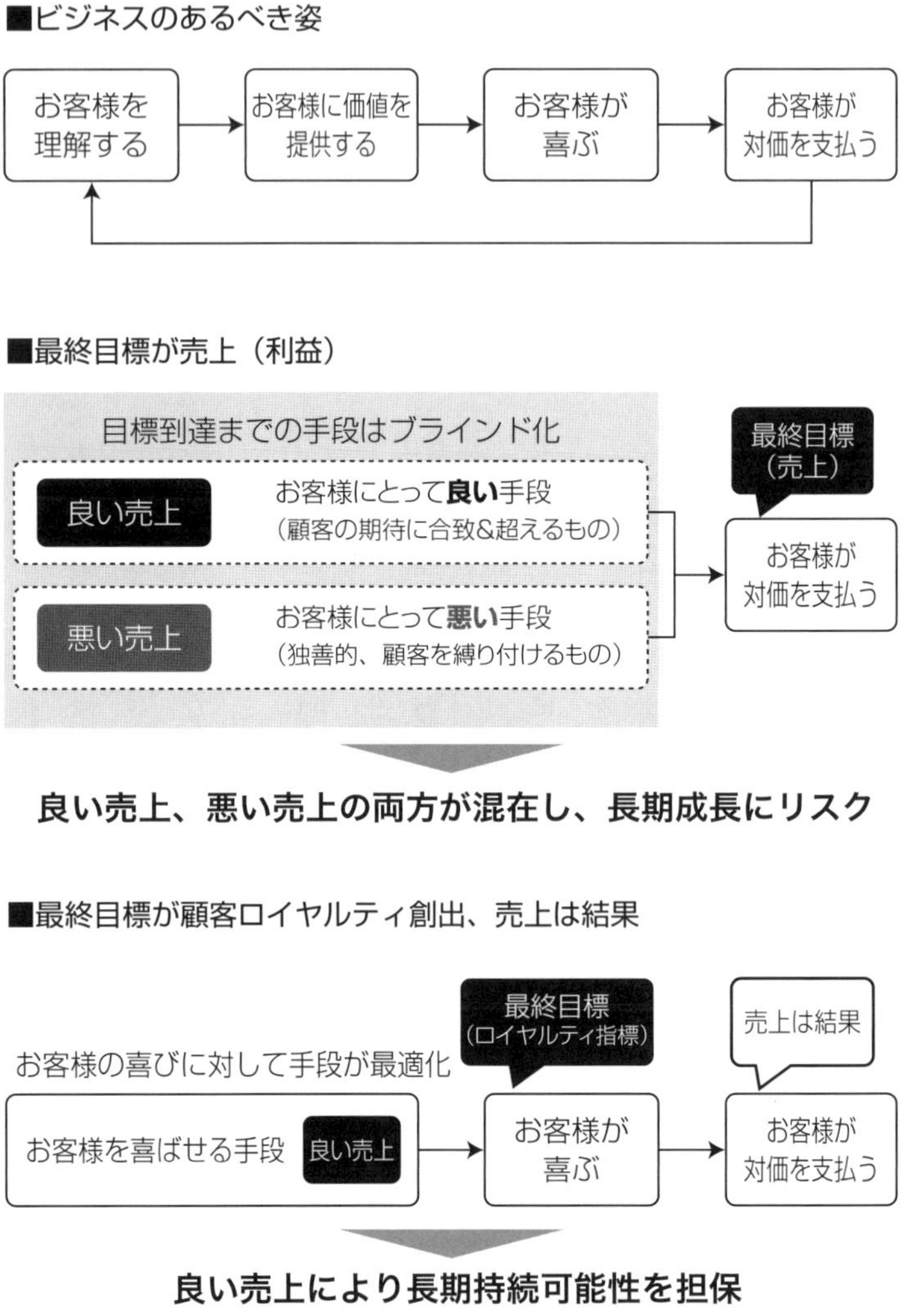

喜ぶ」部分に目標を置く、つまりロイヤルティ指標を経営の最高指標とするのである。これまで収益指標ばかり見てきた経営者にとっては突拍子もない話に聞こえるかもしれないが、フィリップスやアップル、チャールズ・シュワブなどロイヤルティ指標を経営の最高指標の一つとして導入する企業はアメリカで出てきており、高い業績を上げている。

ただし、この理想的すぎる話には条件がある。顧客満足と売上・利益が両立する状態、言いかえればロイヤルティ指標と収益が高く相関する状態でないといけない。「顧客満足度を上げても、収益が上がらない」というCS活動によくある課題を解決しておかないと、CSの時と同様に、活動が形骸化してしまうからだ。収益との連動がきわめて高いロイヤルティ指標があれば、収益の先行・予測指標として活用できるようになる。例えば、ロイヤルティ指標が下がってきた場合には、少し先に売上も落ちる可能性が高いというサインだととらえて、収益に影響が出る前に顧客価値を改善して、最悪の事態を避けられる。

このような指標を経営指標とすることは、いわゆる「良い売上」だけを目指す方向に経営の的を絞ることを意味する。これこそがロイヤルティ創出に取り組む第一歩となる。そして、誰もが理解できる数値で可視化されることにより、組織の共通言語となり、社員の仕事のベクトルを顧客志向の方向にそろえる力を持つ。さらに施策の効果検証基盤ともなるため、ロイヤルティ創出活動の土台となるのである。

2 ロイヤルティ指標を検討する三つの下準備

ロイヤルティ指標を検討する際の下準備として、①ロイヤルティ向上を目指す目的、②自社のターゲット顧客、③ロイヤルティを創出した結果として得られる収益指標の三点を確認しておくとよい。

①の「ロイヤルティ向上を目指す目的」は、顧客からの満足・信頼獲得こそが企業の存在価値であり、また人口減少、ＩＴの進展といった昨今の経済環境を見ても、今後の企業存続の必須要件であるからと言えるだろう。ただしそれぞれの企業でさらなる目的を持つこともあるため、それを整理し、ロイヤルティ向上に責任を持つ部署、関係者、経営陣などに説明し共通認識を得ておく。

②の「自社ターゲット顧客」は、事業展開の上ですでに定義されていることが多いため、目的と併せて再確認しておくとよいだろう。顧客ロイヤルティ改善と銘打つと、今存在するすべての顧客が対象であるかのように錯覚するが、これは危険である。自社の顧客とな

るべきではなかった顧客層も必ず存在するため、自社の顧客にふさわしい人は誰なのか、またどのような顧客は対象としないのかを明確にしておくと後々の混乱を防止できる。

③の「ロイヤルティを創出した結果として得られる収益指標」は、業種、業態によって異なるため検討が必要だ。例えば、消費財メーカーであればリピート購入率、教育産業であれば紹介率と継続年数、化粧品メーカーの場合は購入点数、自動車保険は継続率、証券会社の場合は預かり資産額など、既存顧客がファンになると具体的にどのような収益がもたらされるのか、その最たるものを定義しておく。またロイヤルティ創出は、持続的な企業成長の方策でもあるため、ここで定義するビジネス指標もできる限り中長期の収益指標、例えば1回あたりの購入金額よりは年間購入金額などを選択する。

ビジネス指標には、ロイヤルティの一般的な効果である、口コミ増加、購買単価の増加、長期継続による売上増加、クロスセル（関連商品の購入）による売上増加のすべてがあてはまると思われるかもしれないが、顧客の立場で考えていくと優劣があることが多い。

例えば、アパレルブランドの場合、そのブランドのファンになった顧客の来店頻度や購買額が高まることは予想できる。しかし、洋服という性質上、「友人にすすめると洋服が自分と同じになる」「友人とは好みが違うのでおすすめしたくてもしにくい」という理由から口コミはそれほど促進されないかもしれない。

このような場合には、口コミよりも、来店頻度や年間購買額に影響が出る可能性が高まる。また来店頻度も近くに店舗があるかどうかに依存するため、一概にロイヤルティと高く相関すると言えないかもしれない。

このようにビジネスの特性を踏まえて考えていくと、ロイヤルティが高まった先にどんな影響が出るのかが少しずつ見えてくるだろう。ここで検討した、影響を与えるビジネス指標は、後段、自社で選んだロイヤルティ指標が本当に使えるかどうかを検証する際に利用する。

この事前準備を終えると、いよいよ自社のロイヤルティ指標を探り当てる旅に入る。ロイヤルティ指標の要件は「企業が顧客志向で経営する際の経営指標足りうること」である。これをさらに分解すると、顧客にとっての価値を表すこと、その指標が向上することが中長期的に業績に貢献すること、という二つをクリアしなければならない。

3 顧客の好意度が測れる質問を選ぶ

指標検討で最初におさえるべき点は、顧客にとっての価値を表す指標であること、つまり「自社の顧客が自社の商品・サービス・ブランドを通じてどのくらい満足したり、喜んだりしているか」がわかる質問と評価スケールを見出すことである。

従来は「どのくらい満足しましたか？（5段階評価）」という満足度を聞く質問が一般的だったが、これ以外にも、「また購入したいと思いますか？（再購入意向）」「大切な家族や友人におすすめしますか？（推奨度やNPS）」「当社のサービスがないとどの程度困りますか？（必要度）」「感動した体験はありましたか？（感動体験）」など、顧客ロイヤルティを聞く質問はいくつか考えられる。

自社の顧客が「その商品・サービス・企業が好きで、購入（使用）し続けたり、人にすすめたりしたいと思う」ことが把握でき、顧客にとっても理解しやすく、自身の感情にそって自然に回答できるような質問を検討したい。例えば、「当社へのロイヤルティはどの程度ですか？」とストレートに聞いても、顧客は「ロイヤルティ」という言葉であなたの会社への愛着度を考えていないかもしれない。その場合、顧客にとっては自然な回答が妨げられてしまうため、別の聞き方を考える必要がある。またBtoBのサービスなど、顧客が「人にすすめると自社（自分）の優位性が失われる」と思うような業種では、推奨度の設問を「友人に」ではなく、「(同じ課題を抱える）同僚に」に変えるなどの工夫が必要である。

このように自社の業態、商品・サービスの特色などを踏まえ、顧客が本気で該当する企業やサービスを評価できる設問を検討する。筆者の経験上、多くの業種・業態でＮＰＳはよくフィットするため、ＮＰＳをベースに考えると近道である。また評価スケールは５段階では粒度が粗く、顧客の実態をとらえにくいため、最低でも７段階、理想的には11段階とすることをおすすめする。ちなみにＮＰＳは０～10の11段階としており、細かな分析にも対応できるようになっている。

「NPS」とはどのような評価指標か？

これまで代表的なロイヤルティ指標は「顧客満足度（ＣＳ）」だったが、現在では「ＮＰＳ（Net Promoter Score：正味推奨者割合）」が主流になってきている。

ＮＰＳは、米国ベイン＆カンパニーのフェロー、フレデリック・ライクヘルド氏が中心

◉図表1-2　代表的な顧客ロイヤルティ指標

代表的な指標	質問文	絶対評価	相対評価（競合比較）	回答本気度	収益相関
満足度（CS）	満足していますか？	○	×	△	×
リピート意向	また買いたいですか？	○	△	×	×
推奨意向（NPS）	おすすめしますか？	○	○	○	○
必要度	ないと困りますか？	△（大好き/大嫌いはわからない）	△	△	△
感動指標（CDI）	感動した体験はありましたか？	○	×	○	△
努力指標（CES）	お取引は簡単でしたか？	△	×	△	○
カスタマー・エクスペリエンス指標（CXi）	この会社（製品・サービス）は ・あなたにとって価値があるか？ ・簡単に利用できるか？ ・利用して楽しいか？	○	×	△	△

となって開発した調査手法で、近年、急速に広まってきた。その理由は、「指標のシンプルさ」や「収益相関の高さ」が受け入れられたからだ。

ＮＰＳ調査では、顧客に「当社（の製品、サービス）を親しいご友人、ご家族におすすめする可能性はどのくらいありますか？　0点（絶対おすすめしない）～10点（強くおすすめする）でお答えください」と尋ねる。9、10点をつけた人を「推奨者（Promoter）」、7、8点をつけた人を「中立者（Passive）」、6点以下をつけた人を「批判者（Detractor）」と定義する。その推奨者の割合から、批判者の割合を引いた数値がＮＰＳとなる。

ＮＰＳは、顧客の中に推奨者と批判者の

どちらが多いのかを定量的に表している。例えばＮＰＳが30であれば、推奨者のほうが多く、マイナス30であれば批判者のほうが多いことを指す。当然ながら、ＮＰＳのスコアがプラスで推奨者が多くいる状態であれば、継続購入、追加購入、さらにはよい口コミが起こって新規購入者が増えるため、企業の成長にプラスとなる。

ＮＰＳがＣＳに比べてとくに優れているのは、以下の三点だ。

1．「当社をおすすめしますか？」と聞くことで、競合や代替との比較の観点が自然に入って、顧客の未来の行動と整合性が高まり、収益相関しやすくなる

2．推奨する先を「友人・家族」として聞くことで、回答により重い責任が発生して回答の真実味が増す

3．評価スケールが11段階と細かく設定され、満足・感動の度合いの捕捉精度を高められる

ＮＰＳはＣＳに比べると、回答者がより真剣に競合など他の選択肢と比較しながら回答してくれるため、その後の購買行動とＮＰＳスコアが相関しやすい。そして、この収益相関性の高さが、多くの企業でＮＰＳが受け入れられる要因となっている。ＮＰＳの成り立ちやくわしい説明はライクヘルド氏の著書『ネット・プロモーター経営』（プレジデント社）にゆずるが、今のところ多くの企業で活用できる大変優れた指標であり、顧客満足度を使

◉図表1-3　NPSとは

当社をご家族やご友人におすすめする可能性は
どのくらいありますか？
0点（絶対おすすめしない）〜10点（強くおすすめする）でお答えください。

NPS＝推奨者の割合（%）－批判者の割合（%）（正味推奨者割合）

例　顧客100名中

例	推奨者	中立者	批判者	NPS
1	70名（70%）	20名（20%）	10名（10%）	60%
2	30名（30%）	40名（40%）	30名（30%）	0%
3	40名（40%）	10名（10%）	50名（50%）	−10%

っている企業はまずはＮＰＳへの変更を検討してみることをおすすめする。

ＮＰＳを第一選択肢としながら、他の指標や独自指標を検討することで、自社の業種・業態にあった指標を見つけ出す近道になるだろう。

ＮＰＳの対抗指標「ＣＥＳ」とは？

昨今、ＮＰＳは採用する企業も増えて一般化しつつあるが、その一方で、ＮＰＳの限界も議論されはじめている。

ＮＰＳは顧客が感動体験を得たときに大きくスコアが上がることが多いが、その前提として、その企業が提供する商品・サービスが顧客の支払う対価に最低限見合う状態であることが条件となる。この前提条件が整っていない状態で、NPSのスコア向上を目指して推奨者作り、つまり感動体験を提供しようと努力しても、思ったほどNPSのスコアは上がらず、「活動がペイしない」という結論に達してしまう。

また業界によっては感動体験を提供できる機会もそれほど多くなく、施策立案も困難なことがある。そのため、推奨者作りよりも、まずは顧客ロイヤルティを低下させてしまうような状況をとらえるべきだとして「Customer Effort Score（CES：顧客努力指標）」というロイヤルティ指標を選ぶ企業がアメリカでは増えている。CESは、「当社とお取引いただくのはどのくらい簡単でしたでしょうか？（聞かないとわからないことや、迷うようなことはどの程度ありましたでしょうか？）」といった質問文になる。

CESで低いスコアとなるのは、買った製品が壊れていてすぐに交換が必要になって手間がかかったり、顧客がコールセンターに電話してもたらい回しにされたりするような場合などである。つまり、CESでとらえるのは、顧客サービスとして基本的なことばかりで、「それが整っていないとロイヤルティを下げる」ことにつながりかねない「当たり前品質」の領域である。このような部分は、本来顧客が考えたり、問い合わせたり、混乱したりといった労力を払う必要がないものであり、この労力がどれくらいあったのかを測定する指標がCESとなる。労力が最小化されれば、ロイヤルティを下げる要因を除去でき、結果的にロイヤルティ向上が実現されるというのが、ベースとなる考えであり、ロイヤルティやカスタマーエクスペリエンス関連の米国のカンファレンスでは毎回のようにトピックに上がるテーマとなっている。

4 ロイヤルティ指標は「収益連動度」をチェック

ロイヤルティ指標を検討し、いくつかの候補指標が現れると、どれも捨てがたくなり「NPS、CS、再購入意向の三つをウォッチしよう」といった誘惑にかられる。しかし、複数指標を同等に扱うのはおすすめしない。複数の類似した指標があると、人によって解釈がずれたり、また自身に都合のよい指標を取り上げて意見を主張する人が現れるなど、組織として同じ方向を向くことが難しくなる。また、指標が多くなると、顧客へアンケートを取る際にも設問数が多くなり、回答率や回答精度の低下をもたらすことになる。そのため、最終的に追うべきロイヤルティ指標は一つとし、その総合指標を構成する要素としての子指標を定義するのが賢明である。

一つに絞り込む判断基準は、収益性との相関やインパクトにするとよい。CS調査で「大変満足」と回答した顧客が、必ずしも再購入などの収益を生む行動を取るわけではないことが、ＣＳ調査の形骸化を招いていると説明した。ロイヤルティ指標を決める際にはＣＳと同じ失敗に陥らないよう、収益との連動性を判断基準にする。

ロイヤルティ指標の候補が一つしかない場合にも、ＣＳの時のような逆相関の関係（顧客満足度は高いのに収益を生む行動につながらないこと）がないかどうかを確認する。

具体的には、ロイヤルティを測る質問をいくつか選び出したら、その質問を含む調査データがあればそれを、過去データがなければ新規調査を実施し、実際の「（ロイヤルティ指標の）質問の結果」と「収益性」がどの程度相関するか確認する。

例えば、ロイヤルティを測る質問として、「満足度（どの程度、満足しましたか？）」と「推奨度（ご友人におすすめできる度合いはどの程度ですか？）」の二つが候補となったとする。もし、過去に同様の設問で調査をしたことがあれば、それぞれの調査結果と、各回答者の収益性（一人あたりの年間平均購入額、継続年数など自社の中長期での収益のメインとなるもの。45ページの「③ロイヤルティを創出した結果として得られる収益指標」参照）との相関やインパクト係数を算出する。要は「大変満足」と回答した人は、「年間購入額50万円」、「やや満足」と回答した人は、「年間購入額25万円」など、ロイヤルティ指標の回答と実際の収益を並べて、よりロイヤルティが高ければ、収益も高いのかを確認し

◉図表1-4　ロイヤルティ指標と収益性の分析例

例　小売業における顧客ロイヤルティ指標定義

リピート率を縦軸に、横軸を顧客ロイヤルティ指標候補3種で相関係数を比較

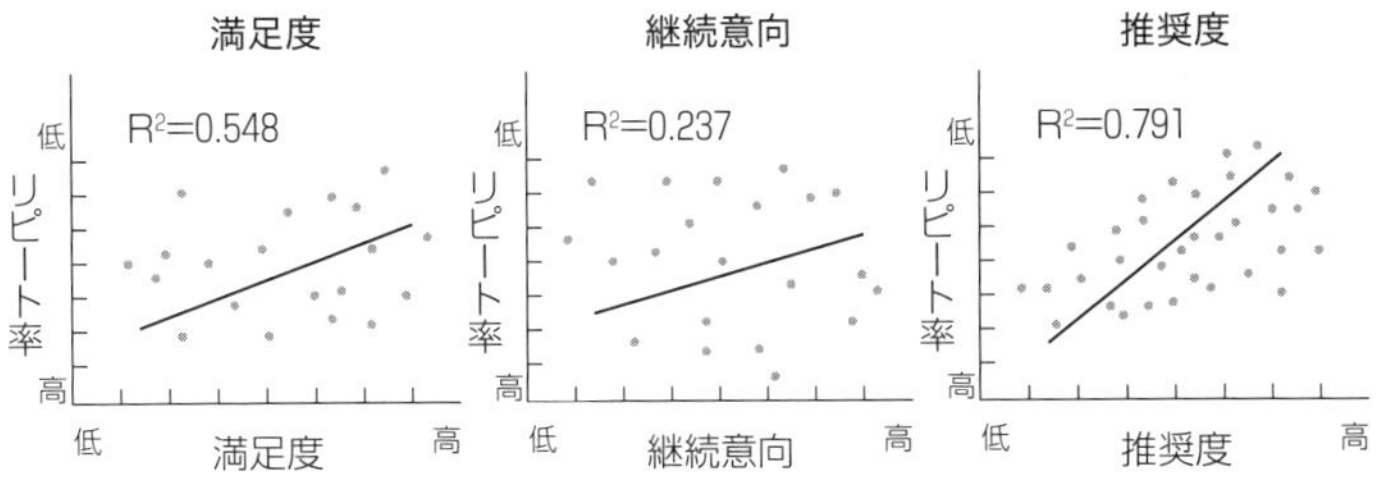

推奨度（右）が最もリピート率と
収益連動度が高いので、総合指標に決定

ていく。

このとき、調査に回答した顧客が特定できれば、実際の顧客データとひもづけることで収益性が正確に確認できるのでよい。そうでない場合には、回答者ごとに収益性がわかる質問を加えて新たに調査を行う必要がある。ただし、顧客は自身の購買頻度や購買額、継続年数などを正確に把握しているわけではないため、収益性部分を顧客の申告（回答）に頼るのは回答精度に疑問を残すことになる。今後、ロイヤルティ創出のために顧客からのフィードバックを定期的に獲得することも考えると、準備段階から自社で顧客の調査をできる土壌を整え、自社調査を可能としておくことをおすすめする。

過去に調査したデータを用いて、ロイヤル

ティ指標と収益性の相関をチェックする際には、各データの時間軸に注意が必要である。例えば、ある自動車保険会社では、NPSの収益性検証を目的に調査を行ったところ、ある顧客がつけたプロモータスコア（推奨度合）は2点だったが、その顧客はリピート率の高い長期継続者だったことがあった。一見するとロイヤルティと収益性が逆相関した結果である。しかし、よくよく調べてみると、この顧客はアンケート回答の1か月前に自動車事故を起こして、事故対応サービスを受けていた。しかしその時の経験を不満に思っており、次の契約更新のタイミングでは他社への乗り換えを検討していることがわかったのである。ロイヤルティ指標と「過去」の収益性の関連を見ると、このような問題が起こるケースがある。

ロイヤルティ指標は収益の「先行（予測）」指標とすべきであるため、未来の収益性で検証するのが正当である。この事例であれば、例えば契約満了3か月前のプロモータスコアと3か月後の実際の契約継続の有無をチェックするように検証方法を変えてみるとよい。さらに指標の精度をより高めたいのであれば、契約満了直前のプロモータスコアと実際の継続有無を見ることで、調査タイミングと実際の収益性との間に顧客体験が入り込む余地を極力少なくすることも検討できる。ただし、調査自体も顧客体験の一つとなるので、本当にそのタイミングでよいのかは顧客の視点で慎重に検討したい。

このように、現時点のロイヤルティ指標と過去の収益性の関連をひもとくには、顧客のイベントや接点が管理されていることが必要となる。いわゆる、カスタマージャーニーマップ、すなわち顧客が自社の商品やブランドとどのような接点を持ち、どのような行動、体験、感覚の変遷を辿るのかを「旅」になぞらえて可視化したもの、があれば、整理がつきやすい。カスタマージャーニーマップは次ステップで詳細を解説するが、顧客の体験を時系列にとらえてロイヤルティ指標と収益性の相関をとらえることである。ここで、データばかり見ていると矛盾を感じたり、調査タイミングと実際の顧客行動との時間のずれに気づかずに分析を進めてミスリードをすることもあるため、とくに過去のデータを使う時には顧客のジャーニーに沿って慎重に検討を進めるようにする。

独自指標を用いて驚異的な業績を生む北米の銀行——ＴＤバンク

カナダのトロントに本社を置くトロント・ドミニオン銀行（通称ＴＤバンク）は、顧客数２３００万人、店舗数約２５００店舗、総資産額９４５０億カナダドル（日本円約89兆円、２０１５年1月）と、総資産と時価総額でカナダ国内第2位、アメリカを含めた北米地域十大銀行のうちの一行に数えられる大手行である。ＴＤバンクは「America's Most Convenient Bank（アメリカで最も便利な銀行）」を標榜し、顧客体験をきわめて重視した経営で有名であり、NPS調査ではつねに上位にランクインしている。さらに2008年の金融危機にあっても業績は好調で、2001年に21億カナダドルだった調整後純利益は、その後13年間で81億カナダドルにまで増加、配当利回りは1994年から2014年までの間、年平均12％ずつ伸長しており、同業他社に比べても高い水準となっている。

TDバンクには「1 to say yes; 2 to say no」という標語がある。日本語なら、「まずは『できます』と言いましょう。どうしても難しい時だけ『できかねます』と言いましょう」という意味になる。

これは、多くの企業がコンプライアンスやマニュアルを重視するがあまり、顧客の要望にすぐにノーを突きつけることを疑問視し、自分達はつねに顧客の要望に真摯に寄り添い、顧客にとって最も利便性の高い金融機関となろうという価値観が込められている。

またTDバンクは全従業員が必ず一人一つ以上、顧客を感動させたストーリー（Wow Story）を持つことを義務づけており、そのストーリーは社内の事例データベースに蓄積され、全社員に定期的に共有されている。感動ストーリーといっても、「雨の日に傘を持っていないお客様に対して、駐車場のお車まで傘をさしてお客様をお送りした」など小さなストーリーでよいとし、従業員数と同数のストーリーがデータベースに集約されることを目指して日々活動している。

◉図表1-5　TDバンクの調整後利益推移

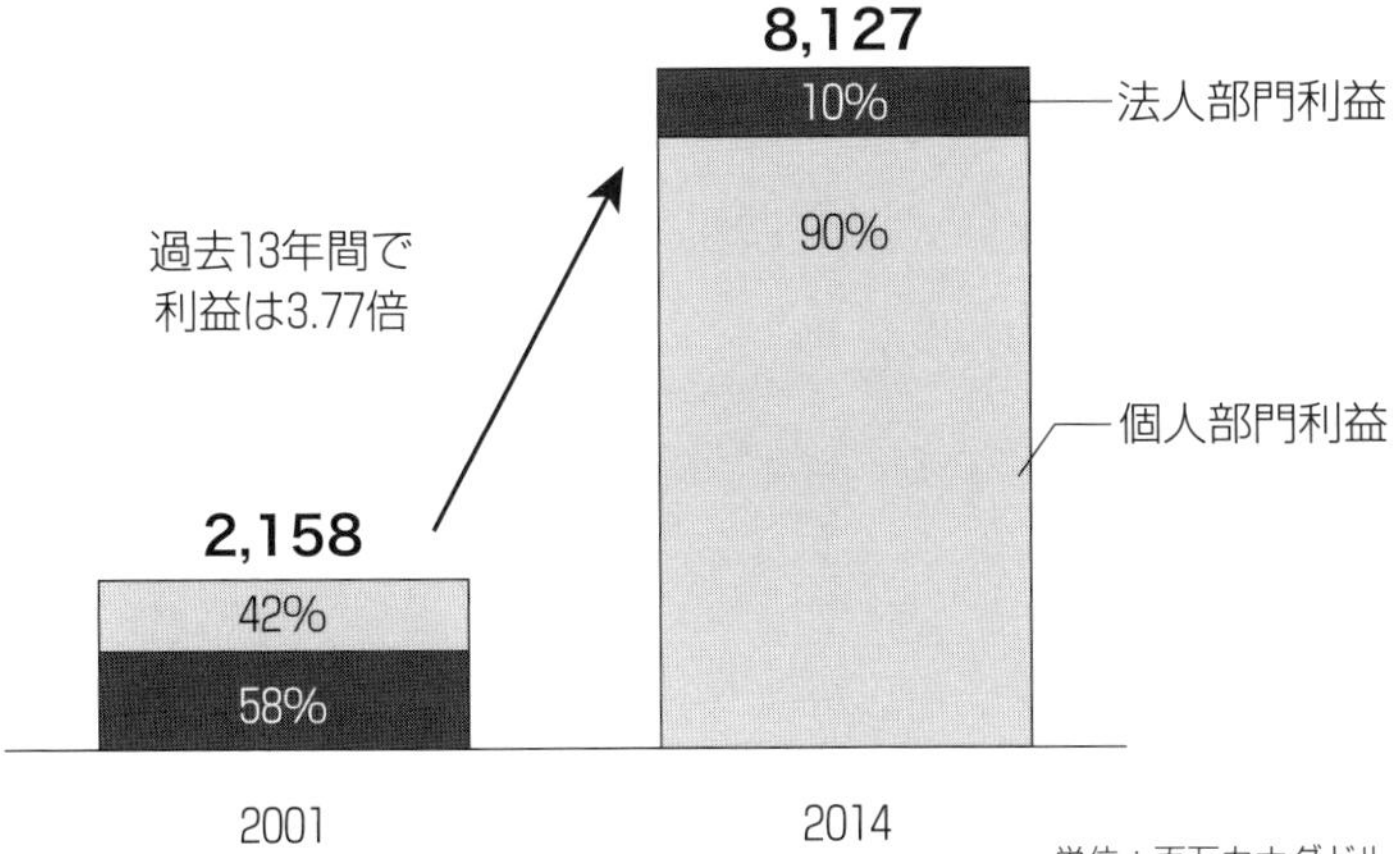

単位：百万カナダドル
TD Bank IR資料より引用・加工

さらにこのような顧客志向な価値観や制度を持つと同時に、その達成度合いは独自のロイヤルティ指標を用いて管理している。TDバンクのロイヤルティ指標は「CWI (Customer Wow Index)」と呼ばれ、NPSとほぼ同様の指標（推奨度）を採用している。これはこの会社が顧客からWow（感動の感嘆詞）と言って感動してもらうことを目指しているからこそのものであり、実際にCEO以下の全社員がこの数値で評価をされ、日々この数字を上げることを主眼において仕事にあたるよう指導されている。

5 NPSを上げたら売上が落ちる矛盾への対処法

ＮＰＳなどのロイヤルティ指標の有用性を経営者に説明すると「ＮＰＳばかりウォッチしていて本当によいのか？　ＮＰＳを上げようとすると接客時間が伸びて、接客量が落ちてしまうので、気づいたらＮＰＳは上がったが売上は落ちていたという結果になったりしないのか？」という疑問や不安を聞くことがある。

確かに顧客を感動させようとすると、営業現場やコールセンターでは一人当たりの対応時間を長く取り、懇切丁寧な接客をすればよいとすぐに頭に浮かぶだろう。その結果、売上にマイナス影響を与える懸念は確かにあるが、その状態を解決するには二つの方法がある。一つは、あらゆる顧客にロイヤルティの評価をしてもらうことであり、もう一つは、量的な指標を補助ＫＰＩ（Key Performance Indicator：重要業績評価指標）として設定してチェックすることである。

➡全顧客にロイヤルティの評価をしてもらう

とくに店舗やコールセンターなど顧客接点の現場でロイヤルティ調査を行うと、どうしても直近で接点のあった顧客だけに調査対象が偏ってしまい、全体像が見えてこないという問題が出てくる。この場合、冒頭の経営者の懸念である「ロイヤルティは上がったが、売上は落ちた」という問題を招きやすい。そのため、店舗に来て対応を受けた顧客にだけロイヤルティを評価してもらうのではなく、しばらく接点がない顧客にも調査を依頼することが必須となる。接点が少ない顧客のロイヤルティが低いと判明した場合、その理由として例えば「電話をしたがつながらなかった」「来店してみたが、外からのぞくといつも接客中なので足が遠のいていた」などの声が出ることが多く、丁寧な接客の弊害を感知することが可能となる。来店や購入、コールセンターへの問い合わせなど、特定の活動を行った顧客に対してだけ調査をかけるのではなく（このような調査をトランザクション調査と言う）、定期的に顧客と企業（事業）との総合的な関係性を調査（ブランド調査やリレーションナル調査と呼ばれる）することで、このような課題を浮き彫りにできるようになる。結果として、接客効率を上げ、接客量を維持・向上しながらロイヤルティを改善すべきだと現場が認識できるようになる。

これに関しては面白い事例もある。筆者らが自動車や住宅などの耐久消費財の営業職の行動分析をした際、顧客満足が高い営業マンの中には、顧客満足は高いが営業成績が悪いタイプと、顧客満足も営業成績もいずれも高いタイプの二通りいることがわかった。

彼らの行動を分解してみると、前者のタイプは、顧客から言われれば、何でも引き受けてしまう「お人好しタイプ」であり、顧客に何かを言われてから対応するので対応に時間もかかり、結果として接客キャパシティが少なく、上げられる売上にそもそも限界があることが判明した。例えば自動車販売であれば、納車直後の顧客から「車のキーをどう使うのかわからない」と電話があれば、すぐに顧客の元に駆けつけて丁寧にキーの使い方を教えるため、顧客はそれなりに感動し喜んでくれるが、その時間は他の接客はできないことになる。

一方、後者は、顧客の要望を先回りして応える「先手必勝タイプ」であり、顧客が後に疑問に感じそうな部分はすべて先手で対応し、それが顧客の感動を呼んでいた。例えば買い替え前の車が古いタイプの顧客には、新しい鍵の使い方（キーを差さなくてもエンジンがかかる）で迷う人がいるため、それを説明した紙を用意して納車時に説明のうえ渡すことで、後から「どうやって鍵を扱うんですか？」という電話がかかってくることを回避していた。顧客にとっても、何か疑問に思った時はすぐに「あの資料を見ればいいはず」とわかるため満足度が高い。さらに同じ資料を他の顧客に渡すこともできるため、効率も非常によく、結果としてより多く接客ができ、営業成績につなげることができていた。

言いかえるなら、前者は単なるお人好しで「労力」だけを使い、後者はイノベーター気質で「知恵」を使っているのである。

さらに面白いことに、どの業界でもトップ営業マンは自分の営業成績、例えば自動車であれば自分が過去に販売した通算売上台数、住宅業界であれば通算販売戸数、教育産業であれば教室の生徒数を1の位まで正確に記憶しており、いつ聞いても回答できるという特徴があった。逆にお人好しタイプは、概算でしか自らの営業成績を言うことができず、結果を出すことについてはあまり関心がないことが明らかだった。この事実からもトップ営業マンがつねに考え続けて知恵を使っていることがよくわかる。

➡量的な指標を補助KPIとして導入する

二つめの解決方法は、補助KPIとして、量的な指標、例えば接客数や訪問数、提案数などを置くやり方である。ただし数字の力は非常に強く、補助KPIといってもいったん目標数値化されるとそれをクリアしたくなるのが人間の特性であるため、補助KPIの設定と運用には細心の注意が必要になる。「接客数目標1日50人」と明確にすると、その達成のために行動が最適化され、いつしかロイヤルティへの意識が薄れるという本末転倒な状況に陥る可能性がある。そのため例えば「接客数は週平均200人を下回らないこと」など、概要での努力目標程度に抑えたり、あるいは個々人に目標数値を渡さずに上司が量の管理だけをして、目安を下回りそうな場合には、その理由をディスカッションし改善を加えるという使い方にするとよい。目標数値だけを渡して人の行動を管理するのではなく、「より多くの顧客に触れたほうがより成果が上がり、やりがいにつながる」と現場社員が心から思えるよう、モチベーションの源泉から量を担保できるようになることが理想的である。

例として、ある耐久財販売店において、ロイヤルティ指標の数値とともに、補助KPIとしてロイヤルティアンケート回収数を観測していたケースを紹介する。ロイヤルティ向上活動開始当初は目標に近い1日1000件程度のアンケートが回収できていたものの、徐々に落ちていき3か月後には1日500件と半分になった。

このときに「1日1000枚回収しよう!」と目標化して回復を狙うのが一般的だが、筆者がこの会社に提案したのは、アンケート回収が落ちているのはモチベーションが落ちているはずととらえて、そちらを変えていくアプローチであった。

具体的には、アンケート回収を担うのは現場の営業マンであることを踏まえ、アンケートを回収すると営業がうまくいく経験をしてもらうべく、以前回収したアンケートのうち、ロイヤルティスコアの高い顧客（この会社はＮＰＳを採用していたので推奨者）には、新製品やオプション品のご案内を積極的に展開するように提案した。ロイヤルティが高く、営業マンに信頼を置いている顧客はセールスを待っているという傾向があるため、これに従うのである。そうすることで、連絡を受けた顧客の多くが、連絡してくれたことやその提案に喜び、中には購入に至る人、またその連絡をきっかけに別の相談をして違うものを買う人が高確率で現れるはずという算段である。

実際にこの仮説通りになり、現場はこれまでのセールスよりもロイヤルティアンケートをベースにしたセールス展開のほうが圧倒的に効率がよいことを実感していった。さらにその経験をしてもらってから、なぜこんなに高効率なセールスができたのかを議論することで、現場はロイヤルティ調査結果の重要性を実感を持って理解でき、調査実施・回収へのモチベーションを上げることができたのである。

ステップ2

顧客を怒らせる方法を考える

――カスタマージャーニーマップ策定

顧客ロイヤルティ向上ステップの全体像

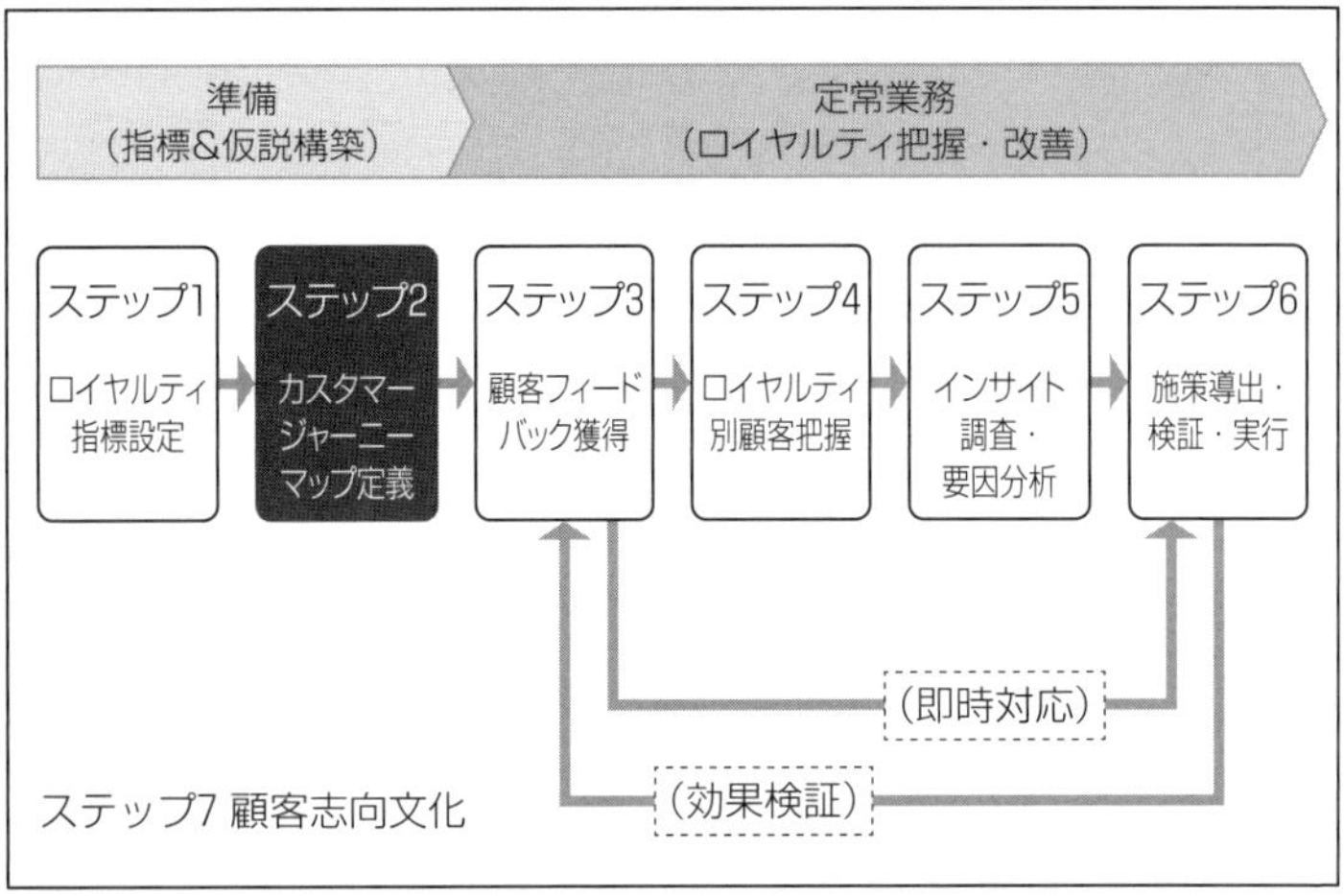

ロイヤルティ指標決定後には、カスタマージャーニーマップの作成に入る。カスタマージャーニーマップとは、顧客と企業との接触およびその時の感情を一連の流れとして可視化することを指す。このステップにより、自社が顧客に提供している価値を「顧客視点から」理解することができる。この理解をベースに実際の顧客にロイヤルティアンケートを行うのと行わないのとでは大きな違いが出るため、非常に重要なステップになる。つい先を急いですぐにアンケートを実施したくなるかもしれないが、冷静に顧客視点から自社が提供する価値を見つめる時間としたい。

「顧客のことはだいたいわかっている」という人であっても、実際にカスタマージャーニーマップを描くことで、思いもよらない課題や機会を発見することも多い。また、すでに認識している課題の原因を整理したり、構造的に理解する手法としてもカスタマージャーニーマップは威力を発揮する。一度そのやり方・効果を体感すると、実際にマップを描く作業をしなくとも、つねに顧客視点で考えられるようになるという利点もある。

前ステップで定義したロイヤルティ指標とカスタマージャーニーマップの二つが準備できると、実際の顧客にアンケートでフィードバックを取りに行くことができるようになる。

1 顧客との接触をどれだけ「部分最適」しても意味はない

企業は収益を最大化するにあたって、効率性を追い求めるために、「営業」「マーケティング」「開発」といった役割ごとに組織を分けて業務に当たるケースが多い。各部門は与えられた役割に習熟するとともに、一層の効率化を求めて業務改善を進めていく。いわゆる「部門最適」と呼ばれるものだ。

例えばコールセンターであれば、応答時間や電話の放棄呼率（コールセンターで応対する前に発信した側が切ってしまう割合）などをチェックしたり、顧客からコールセンター利用経験に関する満足度アンケートを取得して、分析を行い、対応やトークスクリプトを日々、見直している。このような部門だけで行う業務改善は、オペレーションの質やコスト効率を上げるメリットがある一方、他の部門の役割や業務に対する連携や関心を損なうというデメリットをもたらす。部門単位で仕事が自己完結する「サイロ化」と呼ばれる現象が起こるのである。

しかし顧客にとって重要なのは、企業の部門構造ではなく、自分のニーズをスムーズに満たしてくれるかどうかだ。例えば、コールセンターに電話をしたら10分以上待たされた挙句、「担当部署ではないので対応いたしかねます。担当部署にお問い合わせいただけませんか？」と言われたらどう思うだろうか？　ここで顧客は「違う部門に電話した自分が悪いので、また別の窓口に問い合わせよう。再度電話して待たされても仕方ない」とは決して思わない。長時間待ったのだから最初の電話で解決してもらうか、最低でも電話の転送をしてほしいというのが顧客の切なるニーズとなる。

顧客ロイヤルティ向上のためには「全体最適」

部門最適化は企業経営にとっては好都合だが、顧客ロイヤルティ形成の観点からは弊害となることが多い。複雑に経験がからまって発生する顧客ニーズに対応し感動を与えるには、このような部門最適の構造、つまりは組織が持つ壁を取っ払う必要がある。

従来のCS活動は、部門最適化の流れの中で行われてきた。部門最適を積み重ねていけば、その総和としての顧客満足も最大化されると信じられてきたのである。しかし、先ほどのコールセンターの例にある通り、部門と部門の間で顧客不満は生み出され、取り返しがつかないほど不快な思いを顧客が抱くことも多い。さらにどの企業も部門単体のクオリティは磨いているため、それだけで顧客に他の企業にはない感動をもたらすことは難しくなってきている。特定機能（部署）への評価は高いが、総合評価は低い企業が多いことがそれを物語っている。実際にマッキンゼーのレポートによると、ある業界では営業やコールセンター、配送など、各部門の満足度はいずれも90％近くあるにもかかわらず、総合満足度は65％にまで低下するというデータがある。これは部分最適では体験全体に対する満足や感動を作ることは難しいことを物語っている。顧客ロイヤルティに必要なのは全体最適化であり、それはまさにカスタマーエクスペリエンスを丁寧に設計して実現することにほかならない。

部門最適ではどこかで必ず伸び悩む

ところが、顧客ロイヤルティへの取り組みをはじめた企業の多くが、ロイヤルティ指標を部門最適化に使ってしまう。これではロイヤルティ創出は望めない。筆者が見てきた企業でも、ＮＰＳを導入したのはいいものの、「営業部はＮＰＳを3ポイント向上」「マーケティング部は2ポイント向上」と部署ごとに目標ポイントを割り当て、部門最適化を助長する運用をしていたケースがあった。これではせっかくの活動もすぐに頭打ちになってしまう。実際、この企業のカスタマーエクスペリエンス統括部門から「各部から顧客価値につながらない改善案ばかりが上がってきてしまい、このままだと目標のＮＰＳを達成でき

◉図表2-1　CS活動とロイヤルティ創出活動の違い

時期	これまで	これから
活動	従来のCS活動	ロイヤルティ創出活動
指標	顧客満足度	NPSなど
対象	部門最適化	全体最適化
視点	オペレーションエクセレンス （企業視点）	カスタマーエクスペリエンス （顧客視点）

ないので、どうしたらいいか教えてほしい」という相談がきたくらいである。

ロイヤルティ創出目標を部門単位に振り分けて、部門内に閉じた品質改善だけで達成しようとする企業は多い。品質改善は、ロイヤルティの低い顧客が多い時には不満解消が効いてロイヤルティスコアが上がるのでよいが、その先にあるロイヤルカスタマーを創出するところで伸び悩みが必ず起きる。ロイヤルカスタマー創出は全体最適かつ企業の総力戦となるため、体制が部門最適化状態のままではその域にまでたどり着けない。

ロイヤルティ創出を目指すのであれば、カスタマーエクスペリエンスでとらえた全体最適が必須であり、「ロイヤルティを上げたいのに部門最適オペレーション」という矛盾した運用にならないよう注意が必要だ。

2 顧客の経験をストーリーでとらえる「カスタマージャーニーマップ」

顧客ロイヤルティの創出に取り組むときには、企業側の視点に立った部門最適ではなく、顧客の視点に立った全体最適が求められる。その際に、顧客の経験をストーリーでとらえるツールが、カスタマージャーニーマップだ。

カスタマージャーニーマップとは、顧客が商品・サービスを購入・利用する際に、その企業との各タッチポイント（接触点）で発生するやりとりや、顧客の期待・感情・行動をプロセス化し、一連の流れとしてとらえることを指す。一連の流れは、いわゆる「旅（ジャーニー）」のようにとらえることができるため、この言葉が使われている。英語圏で使われたたとえだが、日本語では、そのまま「カスタマージャーニーマップ」か「カスタマーシナリオ（マップ）」といった言葉で使われている。

カスタマージャーニーマップを作ることによって、サイロ化した企業視点では見えにくい顧客側のプロセスを一つ一つ可視化してとらえることができ、課題の発見や部署間連携への意識を高め、結果として顧客ロイヤルティの創出を実現することができる。

⬇高級レストランのカスタマージャーニーマップを描く

カスタマージャーニーマップは具体例で理解するのがわかりやすい。例えば、ある高級レストランで考えてみる。まずは「顧客の行動の流れを書いてください」とレストランの経営者や社員に依頼すると、次ページの上図のようにせいぜいざっくりとした流れを書くにとどまるはずである。これが間違っているわけではないが、この程度の流れでしか顧客の行動をとらえられていないからこそ、顧客ロイヤルティが作れていないとも言える。カスタマージャーニーマップを描くポイントは、その名前の通り、顧客が経験するプロセスを、顧客の立場で詳細に書き出すことだ。詳細といっても、たった一人が経験する特殊なプロセスまでを書き出してほしいという意味ではなく、多くの顧客が体験する可能性がある主要プロセス、例えば、「食事中にトイレに行く」なども顧客体験として押さえておこうという意味である。「自分が顧客になったつもりで、レストランを利用するまでの流れを書いてください」とお願いすると、「顧客側から見たジャーニーマップ」のようになる。

よくあるパターンとして、レストランを知るきっかけは、友人の紹介や雑誌記事、食べログなどの評価サイトと想定でき、予約を取る際にさらにくわしく知りたいと思った顧客

◉図表2-2　高級レストランのカスタマージャーニーマップ
※実際のジャーニーマップには接点の詳細、思考・感情、課題なども記載する。

■レストラン側から見たジャーニーマップ

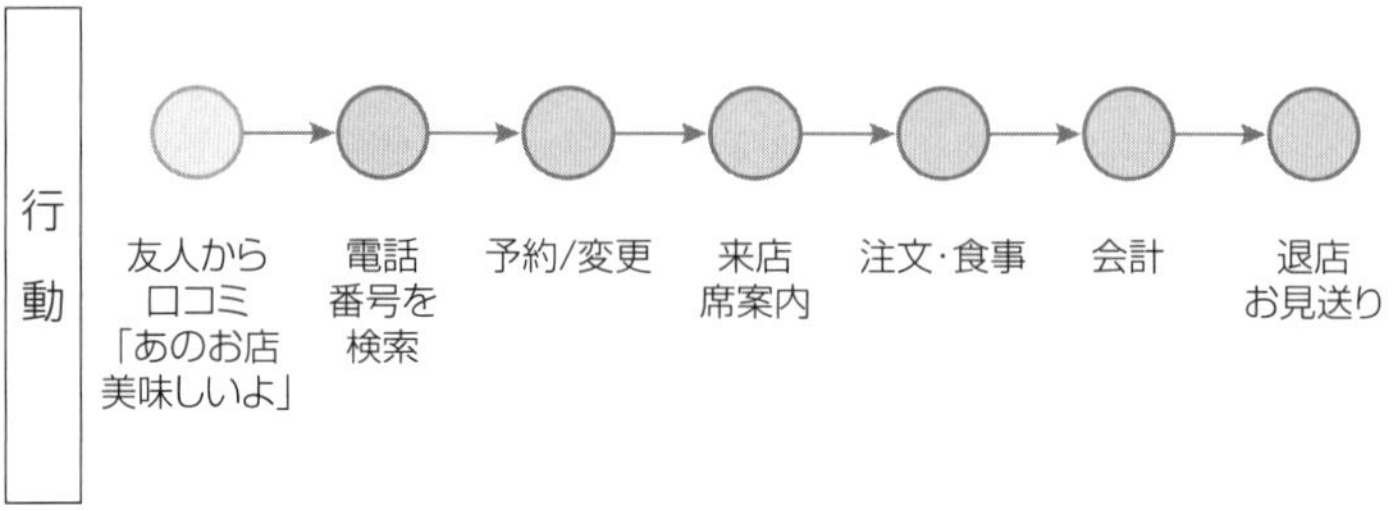

顧客の行動の流れをざっくりとしかとらえられていない

■顧客側から見たジャーニーマップ

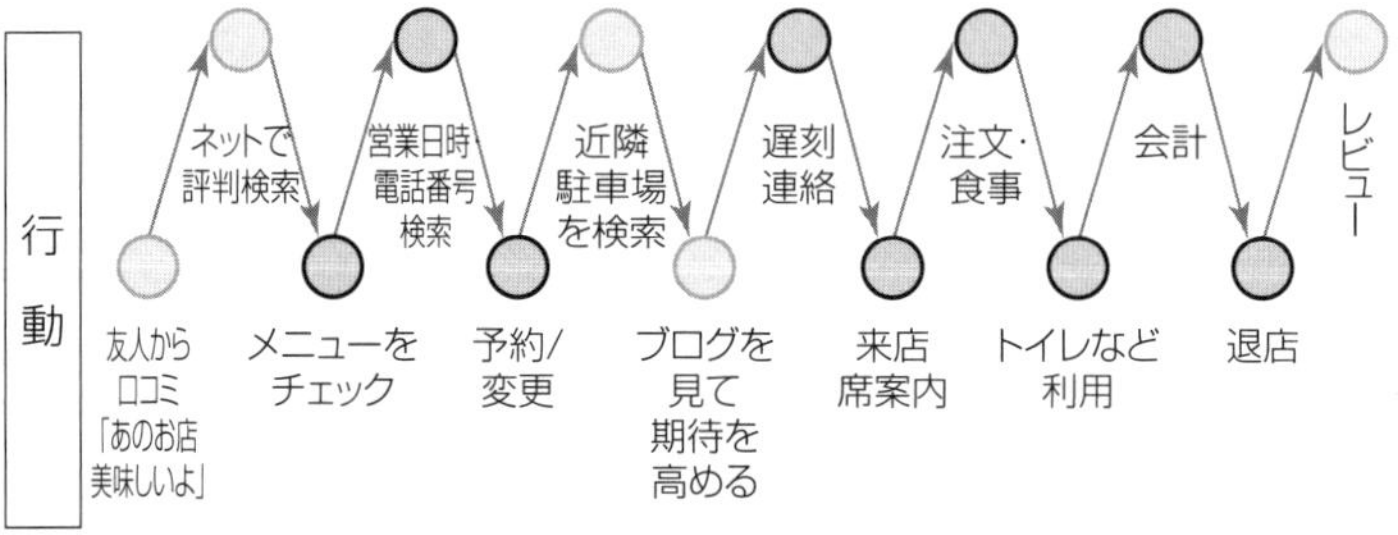

顧客の行動を詳細まで可視化し、現状把握、施策検討に活用する

はレストラン名で検索して、レストランのサイトに行く。そこでメニューや価格、雰囲気、予約方法などを調べるとともに、例えば車で行ったら駐車場があるのか、ないとしたら近隣駐車場はあるのか、駐車場が高いならタクシーのほうが割安か……なども気になる顧客がいるだろう。ここまで考えて、自社サイトを見ると、実は駐車場の情報が掲載されていないことに気づくかもしれない。また最初の図にはなかった行動として、「トイレなどの利用」とあるが、この時の顧客の感情を考えると、食事中にトイレに行こうとして席を立っても、トイレの場所がわからずキョロキョロしたり、場所を聞こうと店員を探すが、給仕に忙しい店員にうまく声がかけられない状況があることを理解できるようになる。とくに女性客にとっては気恥ずかしい瞬間であり、また店員にとっても必ず場所を聞かれて応えるのであれば、解決に向けて、例えば事前に説明しておくという対応を検討できる余地があることがわかる。

このように顧客の行動や文脈を可視化することで、現状を把握することや、顧客の状況に応じた施策検討に活用することができるようになるのがカスタマージャーニーマップの意義である。

カスタマージャーニーマップ作成を目的化しない

近年、カスタマーエクスペリエンスブームとともに、このカスタマージャーニーマップに対する関心も大きい。例えば、社長直轄でジャーニーマップを描くプロジェクトが走っている企業もある。顧客の視点から自社が提供する価値を見直してみるのはすばらしい取り組みだが、その一方で、「議論がなかなかまとまらない」「壁に貼ったものの誰も見ないでお蔵入り」「行動やニーズを書き出してみたもののいまいちリアリティがなく表層的」「課題は洗い出せるが対応優先度がわからずアクションにつながらないで結局書きっぱなし」「結果を受けていろいろ取り組んでみたもののどう成果につながっているのか、また投資対効果として見合ったのかわからない」など、多様な悩みを聞く。

このような混乱の多くは、顧客志向経営、あるいは顧客ロイヤルティ創出という大きな目的からジャーニーマップだけを取り出して、カスタマージャーニーマップを描くこと自体を目的化していることに起因する。ジャーニーマップはあくまでカスタマーエクスペリエンスを考えるうえでのワーキングツール（手段）であり、ロイヤルティ創出の仕組みの一要素にすぎない。本書ではロイヤルティを創出する要素を明確にしたり、社員個々が顧客視点になるための気づきツールとしてカスタマージャーニーマップを活用していく。

◉図表2-3　カスタマージャーニーマップ

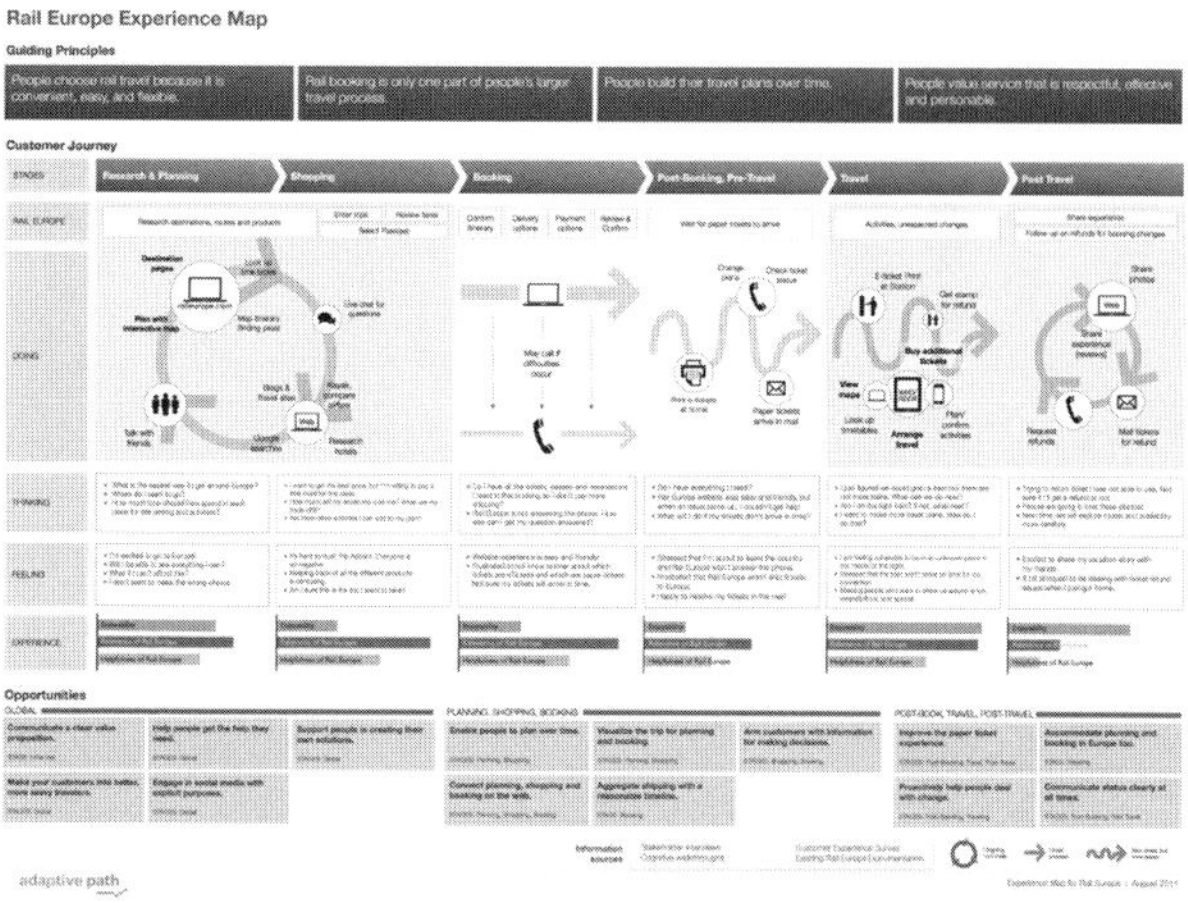

アメリカのAdaptivePath社作成の鉄道会社のカスタマージャーニーマップ。鉄道での旅行を楽しむ顧客について、旅の企画〜旅行中〜終了後までの流れを具体的な施策とともに示している

カスタマージャーニーマップ作りは顧客ロイヤルティ創出に責任を持つ部署が主体となり、できる限り経営陣を巻き込みながら部門横断で取り組むのが望ましい。また事業部制を採用している企業の場合は、顧客がその事業部の中で閉じられた体験しかしないのであれば事業部ごとに、そうでない場合は事業部をまたいで検討すべきだろう。顧客にとっては、事業部制やカンパニー制であることとは一切関係なく、一つの会社として見られている。その期待にうまく応えない限り、顧客から信頼を獲得するのは難しい。

カスタマーエクスペリエンスとどう違うのか？

時折、カスタマーエクスペリエンスとカスタマージャーニーマップを混同していたり、両者の違いを質問されることがあるため整理しておく。

カスタマーエクスペリエンスは、顧客と企業の一連の関わりと、その時に抱く主観や無意識的な認識を意味している。エクスペリエンス、つまり「経験」の中には、物理的なやり取りという経験と、感情的な経験の両方があり、両方が複雑にからみ合って最終的な顧客の感情が形作られるという概念である。

一方、カスタマージャーニーマップは顧客が取る行動を可視化するツールである。カスタマーエクスペリエンスという概念が上位にあり、その具体的なとらえ方の一つの手法としてカスタマージャーニーがあるという関係になっている。

カスタマージャーニーマップが失敗する四つの理由

カスタマージャーニーマップは近年日本企業にも広まり、一般化してきたと言える。しかし、実際に取り組んでみたものの、うまくいかないという声をよく聞く。状況を分析すると、失敗するのには以下の四つの理由、「あいまいな目的設定」「企業視点」「課題の羅列に終始」「ビジネス指標との相関が曖昧」がある。以下、順番に説明する。

●1．あいまいな目的設定

カスタマージャーニーマップの使い方は、目的によって異なるため、何のために使いたいのかを明確にしておくことが望ましい。主な目的にはつぎの三つがある。

カスタマージャーニーマップの利用目的
目的① カスタマーエクスペリエンスの課題発見
目的② 関係者とのカスタマーエクスペリエンス及びその課題共有
目的③ カスタマーエクスペリエンス（業務プロセス）の現状把握

「カスタマージャーニーマップを作ったところ、部署間連携不足など、たくさんの課題がわかった。作ったマップは壁に貼って皆が課題認識を持てるようにしたが、誰も見ていないのが悲しい」という話をよく聞くが、これは目的の①と②が混在していることになる。目的①のために作成したマップはあくまでワーキングツールであるため、共有には向かないことも多い。三つの目的のうちのどの目的でマップを描くのか、その後どう使いたいのかを明確にしておくと効率的だ。

ロイヤルティ向上の仕組み作りにおいては、主目的は「目的③現状把握」であり、現状を把握するなかで、サブ目的として「目的①課題発見」もできるとなおよい、ととらえてほしい。ここで作ったマップは、次ステップの定量調査で顧客に評価してもらう項目を検討する際の下地となる。

●2.「企業視点」から抜け出せていない

企業からの視点を抜け出せず、顧客の視点に立てていないことは少なくない。

とあるオンライン販売の会社から、「キャンペーンのカスタマージャーニーマップを描いて実行しているが、いまいち成果に結びつかない」という相談を受けた。データをよく調べてみると、キャンペーンを認知している顧客の割合は全体の二割と低く、残り八割はキャンペーン実施の事実を知らず、「このサイトではキャンペーンはない」ととらえられていたことがわかった。企業側はキャンペーンに向けた準備に追われるため、いつしか全顧客がキャンペーンを知っているものと勘違いしてしまうが、大半の顧客にとっては「なきもの」として扱われていたのである。描いたカスタマージャーニーマップを見せてもらうと、顧客がキャンペーンメールを当然のように開封し、読み、興味があればクリックしてキャンペーン詳細を見に行く流れしかなく、八割のキャンペーンを知らない顧客群についてのジャーニーはなかった。

ここでの本当の課題は、この企業と顧客の間にある認知のギャップであり、キャンペーンの成果最大化のために取り組むべきは「キャンペーンを認知していない八割の顧客のカスタマーエクスペリエンスをどう改善するか」であった。そこには、企業としてとらえきれていない事実が多々ある可能性があり、その分伸びしろも大きい。例えば、キャンペーンを利用しない顧客は、一度もキャンペーンメールを開封したことがないのか、それとも過去に一度開封したが、その時のメール内容が自身の希望や期待と異なるために見なくなってしまったのか、またはタイトルのつけ方に問題があるのか、それともキャンペーン自体に期待をしていないのか、などといった仮説を立て、顧客の立場で経験を追っていくとマップを作る価値が出てくるのである。

●3．「課題の羅列」に終始している

カスタマージャーニーマップを描いて課題が見えたのであれば、それらを整理分類して構造化してとらえる必要がある。このポイントを忘れてしまうと、根本原因が見えずに表面的な改善に終わってしまい、効果が限定的となる。

以前、ある大手企業が作成したカスタマージャーニーマップを見せてもらったところ、80個の課題が羅列されており、その課題に対応するソリューションが一つ一つ提示されていた。しかしこの形だとビジネスに役立てることはきわめて難しくなる。なぜなら、80個の課題に一つ一つ対応することはヒト・モノ・カネの観点から限界があり、そもそも本当にその一つ一つに対応する必要があるのかも疑わしい。

ここで重要なのは、課題の根本原因をとらえることである。そうすれば例えば、80個の課題も三つの根っこに帰結することがわかったりする。根本原因がわかれば、大きな打ち手につなげることもでき、もぐら叩き的なアプローチから脱却することも可能になる。主要因の特定は、定量・定性調査を行うことでクリアになるため、次ステップ以降で紹介する調査を実施してほしい。

●4．ビジネス指標との相関が曖昧

カスタマージャーニーマップを描いて課題や打ち手が見えてくると、その課題の重みをとらえずにすぐにできるところから改善に手をつけてしまうケースがある。しかし、一見課題に見えることでも、収益に与えるインパクトが少ないのであれば、より重要度の高い課題解決に着手したほうがよい。このような判断を行うためには、カスタマージャーニー

◉図表2-4　カスタマージャーニーマップの成否を分ける4つのポイント

ポイント	失敗	成功
ビジネス上の課題	目的設定があいまい	課題設定が具体的
視座	企業視点	顧客視点
課題の整理	課題の羅列	構造化されている
ビジネス貢献	ビジネス指標との相関があいまい/ない	ビジネス指標との相関が明確

マップとビジネス指標との相関を見ていくことが必要であり、このために必要となるのがロイヤルティ指標（ステップ1で定義した指標）と、顧客フィードバック調査（次のステップ3で実施）である。調査を通じて、各タッチポイント評価とロイヤルティ指標との相関も見られるようになるため、例えば「コールセンター対応はロイヤルティ指標（およびそれと相関するビジネス指標）にどれだけ寄与しているのか？」が数字でクリアになるのである。

このようなデータがあれば、効果が最も高いものはどれなのかを判断できるようになり、カスタマージャーニーマップを描いた価値がぐっと高まるのである。カスタマージャーニーマップを描いて、すぐに改善活動を行うものの、結果につながりにくいと感じているケースの多くはこの数値的な検証が足りていないことが多い。

3 カスタマージャーニーマップの描き方

カスタマージャーニーマップが、顧客ロイヤルティを向上するうえで必要不可欠な、顧客の一連の行動を可視化するツールだと説明した。ここからは、具体的にどう描いていくかを説明していく。

❶顧客の立場に立とうとして、顧客の姿が頭に浮かんだ人は失格

カスタマージャーニーマップを描く際にはとにもかくにも「顧客視点で」「顧客の立場に立って」と言われるが、ここには意外な落とし穴があるので注意したい。

例えば、あなたが「顧客の立場に立とう」と思ったとして、今頭の中に出てくるのは誰の顔か、少し考えてみてほしい。

過去または現在自分が会ったことのある顧客や、具体的な知り合いでなくとも、普段「お客様」と呼んでいる人の顔が浮かんではいないだろうか?

しかし、顧客が見ているのは、あなたの企業が提供する製品やサービスであって、自分

◉図表2-5　企業起点ではなく顧客起点で考える

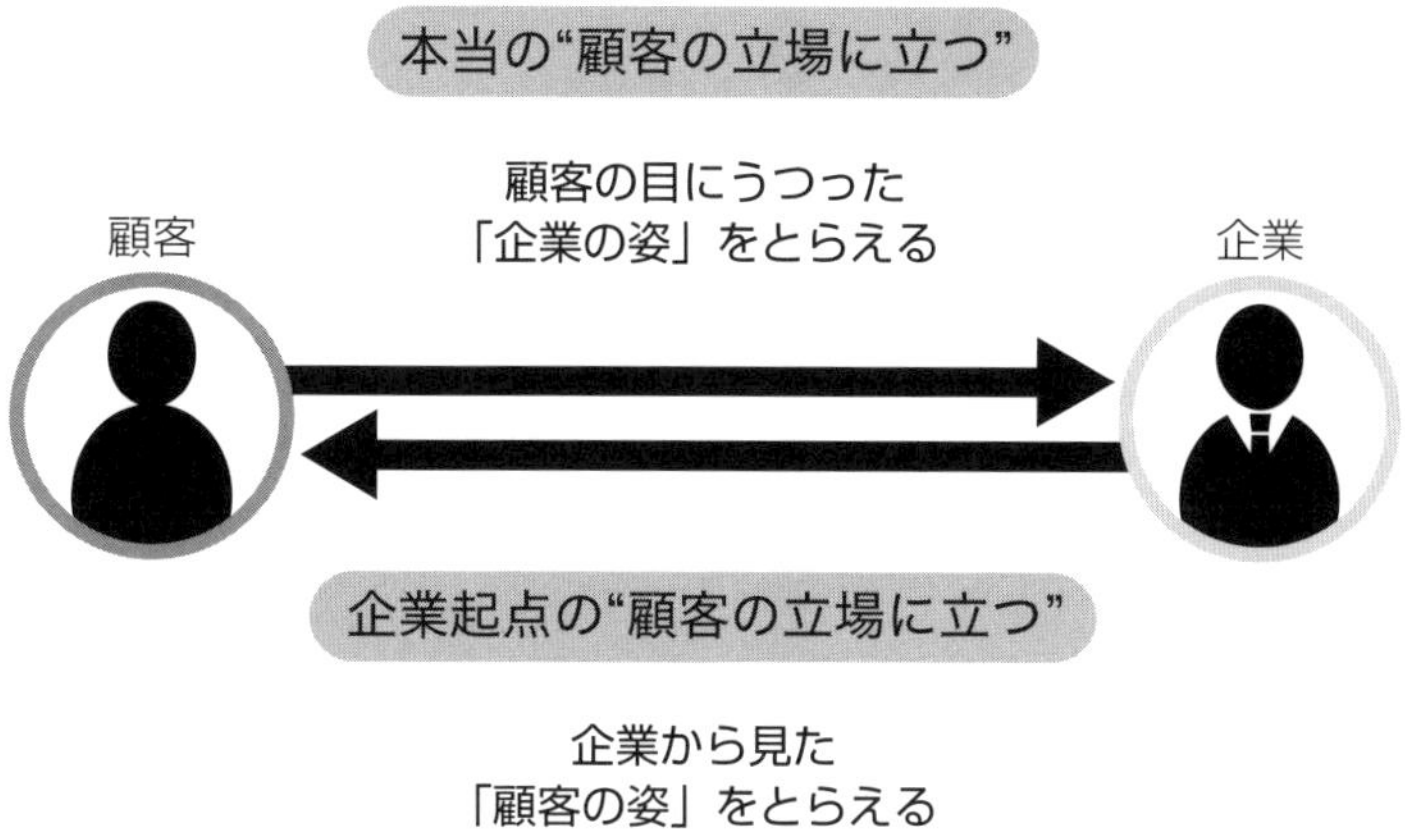

(顧客自身)の顔ではない。本当に顧客の立場に立てたのであれば、頭の中に浮かぶ景色はあなたの企業、製品、また、社員の顔や姿でなくてはならない。

ビジネスだけではなく、日常の人間関係でも相手の立場に立つことの重要性はよく言われる。例えば、妻を喜ばせようと花を買って帰る男性が、「びっくりするけど少し照れながら喜ぶかな?」と奥さんの顔を思い浮かべているのは、妻の立場に立っているとは言えない。妻の立場に立てば、おそらくこうだろう。仕事帰りに毎日小走りで小さな子供2人を保育園に迎えに行き、慌ててご飯の支度をして、その間にも兄弟げんかの仲裁、宅配便の受け取り、お風呂の準備、おむつ交換、風邪気味の子供の鼻水をとる……などをしているドタバタの中、玄関が開く音がして、そこに花束を抱えて立つ夫の姿があった場合、真っ先に思うのは、「ああ、今日は早く帰ってきてくれてよかった。ご飯の準備している間、ちょっと子供見ててくれない？　え、花？　ああ、ありがとう。あとで飾るわ（心の声：花を買う時間があったらもっと早く帰ってきてほしかった……）」が本音かもしれない。

相手の立場に立つとはこのように「相手から見た自分の姿」を頭の中に思い描いて、そこから相手の気持ちを感じ取ることなのである。本当の意味で相手の立場に立つことができれば、相手から見た時に自分達がどうあるべきなのかを議論できるようになるため、そのままアクションにつながりやすい。

⬇まずは「お客様を怒らせる方法」を考える

本ステップにおけるカスタマージャーニーマップ作成の目的は、カスタマーエクスペリエンスの棚卸しにある。

カスタマーエクスペリエンスがどのように形成されているのかを知るために、タッチポイントや提供価値を顧客視点で洗い出し、次の調査設計につなげていく。また、現状を理解する過程で出てくる課題もすべて書き留めておきたい。これらはカスタマーエクスペリエンス上の課題仮説となり、定量調査の結果を読み解くうえでの大きなヒントになる。

実際にカスタマージャーニーマップを描く際には、例えば「今回はこの製品の検討から購入、利用、サポート、長期継続利用、または離脱まで、顧客の一連の体験やニーズ、心理、課題を洗い出す」など、自社のビジネスにとって重要なカスタマージャーニーをできる限り具体的に設定して書き始める。また必要に応じて複数のジャーニーマップを描いてもよい。

しかし、カスタマージャーニーマップをいざ描こうとすると、真っ白なキャンバスを目前に手が止まったり、考えが縮こまることが往々にして起こる。顧客視点になろうと思っていても、実際には部署名など、企業視点でタッチポイントを羅列してしまうことも多い。そのため、より顧客の立場で想像しやすい領域である「顧客を怒らせる体験」を考えてみるとよい。怒らせる体験が何かわからなければ、過去にコールセンターに入ったクレームや、顧客からの投書、個人の経験などを参考にする。怒らせる方法は、喜ばれる方法よりもより思いつきやすく、人が怒るポイントは汎用性が高く、どんな顧客にも適用できることにくわえ、顧客への感情移入もしやすいという特徴がある。

顧客を怒らせるストーリーを描く際のポイントとして、自分の知っていることを羅列して終わるのではなく、「この状態の顧客にこのメールが来たらどう思うか？」と自社が提供するタッチポイントをあてていき、新たな発見を得るよう努めるとよい。こうすること

◉図表2-6　怒らせるジャーニーマップとロイヤルティを高めるジャーニーマップ

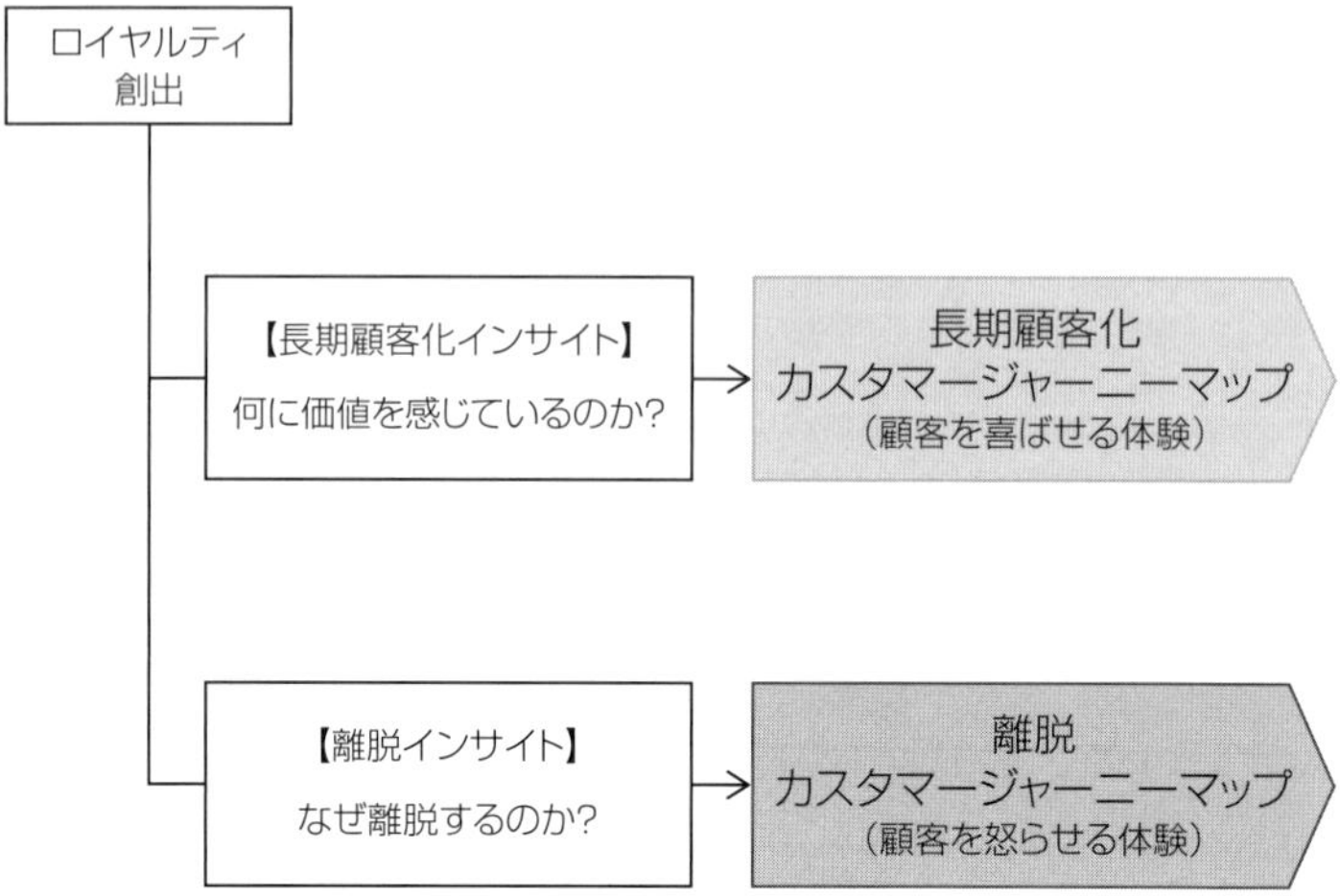

で、気づいていなかった顧客の感情や怒らせてしまうポイントを理解できるようになる。この作業だけで今まで気づいていなかった課題を目の当たりにして、眼から鱗が落ちるような感覚を味わう人も多い。

作業を進めるうち、顧客の信頼を失うのは、小さいつまずきが積み重なって、臨界点を超えるという蓄積型が多いことに気づくだろう。企業視点では大きなクレームにばかり目が奪われるため、顧客を怒らせるのは例えば電話対応で重大な過ちを犯した時など、1回の接触ですべてが決まるように感じてしまう。しかし、タッチポイント一つ一つでの小さな疑問や、タッチポイント間での連携不足など、ちょっとした不信が積み重なって、最後に爆発するケースが実は多い。本章冒頭で示した「一つ一つのタッチポイント評価は高評価だが、総合評価は低い」という満足度データはこのことを物語っているのである。

⬇「最高のファンになってもらう方法」を考える

怒らせる流れが書き終わったら、次にファン顧客となるジャーニーマップを描いてみる。こちらも、例えば営業やコールセンターなどの顧客と直接接点がある部門に聞くと、ファン顧客のエピソードが出てくることがあるので、それらを参考に書いていくとよいだろう。ただし、ここで描くのはよく言われる「売上の多いお客様」という意味でのロイヤルカスタマーではない。あなたの会社を心から信頼し、ファンとして家族や友人にも推奨してくれ、さらに自分自身もより長く、より多く買い続けている顧客である。そのような顧客がどうしてファンになったのか、そのジャーニーを書いてみると特異なタッチポイントがあったり、他の顧客にも展開可能な属人的対応があったり、通常とは違うタッチポイントの順序が要因であったりとロイヤルカスタマー創出のヒントが得られることがある。先の「怒らせる方法」同様、これらの発見点はあくまで想定上の仮説であり、本当にロイヤルカスタマー創出に寄与するかどうかは、次ステップ以降の各種調査と照らし合わせて見ていくことになる。怒らせるジャーニーマップ、ファンのジャーニーマップが描けたら、可もなく不可もないという中立的な顧客のマップも描いてみる。実際には中立的な顧客からきっかけを経て、ファンや不満者に分岐することが多いが、極端な例から描きはじめることでこれら中立的な顧客のことが想像しやすくなり思考が進む感覚になるはずである。

網羅性、完全性、正確性にこだわりすぎない

カスタマージャーニーマップを作る際に、「含めるべき要素は何か？」という議論が起こるが、決まりきった形があるのではなく、企業や人によって表現の仕方は大きく異なる。図表2―7を参考に特定の顧客セグメントの特定の状況までの行動ステップ、実際の行動、期待やニーズ、タッチポイント、感情の起伏などを時系列で示せばよいが、顧客の立場に立って、「この段階では競合のパンフレットも見るはず」など、自社のタッチポイント以外の要素も必要に応じて記載していくことをすすめる。これにより、顧客が持つ情報や、その時の感情が理解できるようになるため、より適切な施策を打ちやすくなるためである。また、タッチポイント（「何で」）は洗い出せるが、各タッチポイントにおいて顧客にどういう情報や印象を与えたいのか（「何を」）、また与えているのかという点を見落としがちになる。この「何を」「何で」は顧客ロイヤルティを測るうえでのドライビングファクター（構成要素）となるため、この段階で現状のものは洗い出しておくとよい。

◉図表2-7　カスタマージャーニーマップの要素

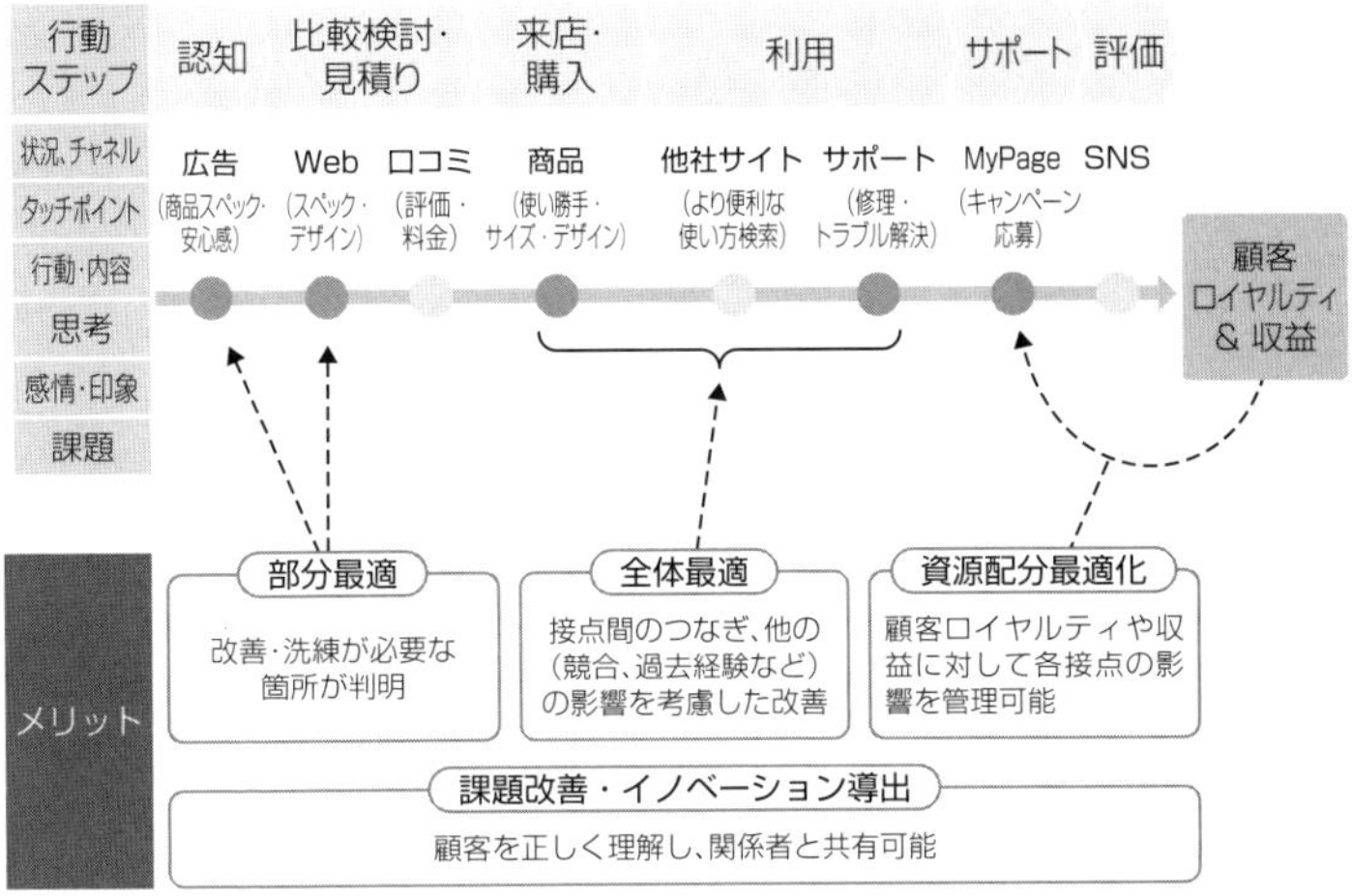

この時、どこまで正確に、かつ詳細に書くべきか迷うだろうが、網羅性や完全性にこだわって時間を使い過ぎないほうがよい。この段階ではある程度顧客共通の動きを描き、後段で実際の顧客に調査した後に、少しずつ書き足したり、修正したりして完全性を高めていくとよい。

カスタマージャーニーマップを描く際には、どの顧客のどんなプロセスをどこまで描くのかを決め、できる限りそのプロセスに関わる複数の部署の人と共同で作業をするとよい。ワークショップとして顧客が触れる接点に携わる部署からは人を呼び、一緒にわいわいガヤガヤ作るのが有効だ。一人や同一部署のメンバーと作業するよりはより多くの顧客への示唆、実態理解が促進される。この作業だけで課題を把握でき、改善を行った例も多くあるほどに顧客の視点から改めて自社の商品・サービスを見ると、気づいていない顧客価値が多くあることに驚くだろう。

⬇カスタマージャーニーマップの発展的活用法

カスタマージャーニーマップは一度定義すると、新たな情報・データを加えていくことで、異なる分析や活動に活用することが可能になり、長く使い続けることができるのである。具体的には、以下の五点である。

①顧客価値の全体像の理解

顧客視点での体験だけでなく、それをもたらす内部の業務プロセスやシステム、またその裏に控えるシステム会社やアウトソース先、管理部門など、カスタマーエクスペリエンスを支える生態系（エコシステム）までをも可視化することで、全体のつながりを理解することができるようになる。実際により大きなマップを描くことで、「システム会社の仕事の仕方が当社の顧客を向いていないため、カスタマーエクスペリエンスが悪くなっている」という課題に気づいた企業もあった。

②自社の立ち位置の評価

作業を通じて現状の強み、弱みや課題を把握し、競争環境を理解することに活用できる。顧客体験のプロセスを見ていくと、「実はできていない」「連携が悪くて顧客にとって問題が起こりそう」「この点は競合のほうが強い」といったポイントが見えてくるため、現状のカスタマーエクスペリエンスの出来・不出来をある程度評価できる。

③カスタマーエクスペリエンスの再設計

②を受け、現状のカスタマーエクスペリエンスを改善し、新たな施策や未来のエクスペリエンスを計画する際に活用が可能になる。

④意識合わせ、文化作り

顧客起点で考えることで、社員が顧客に共感し、顧客志向の文化醸成につなげていくことができる。

⑤戦略への貢献

より重要なジャーニーに予算を配分するなど、全社の資源配分の最適化を考えるツールにできる。またプロセスが明らかになることで、タッチポイント間のつなぎをどう連携させるべきかがわかり、組織設計の検討材料にすることもできる。

ステップ3

顧客の声を集める
——顧客フィードバックの獲得

顧客ロイヤルティ向上ステップの全体像

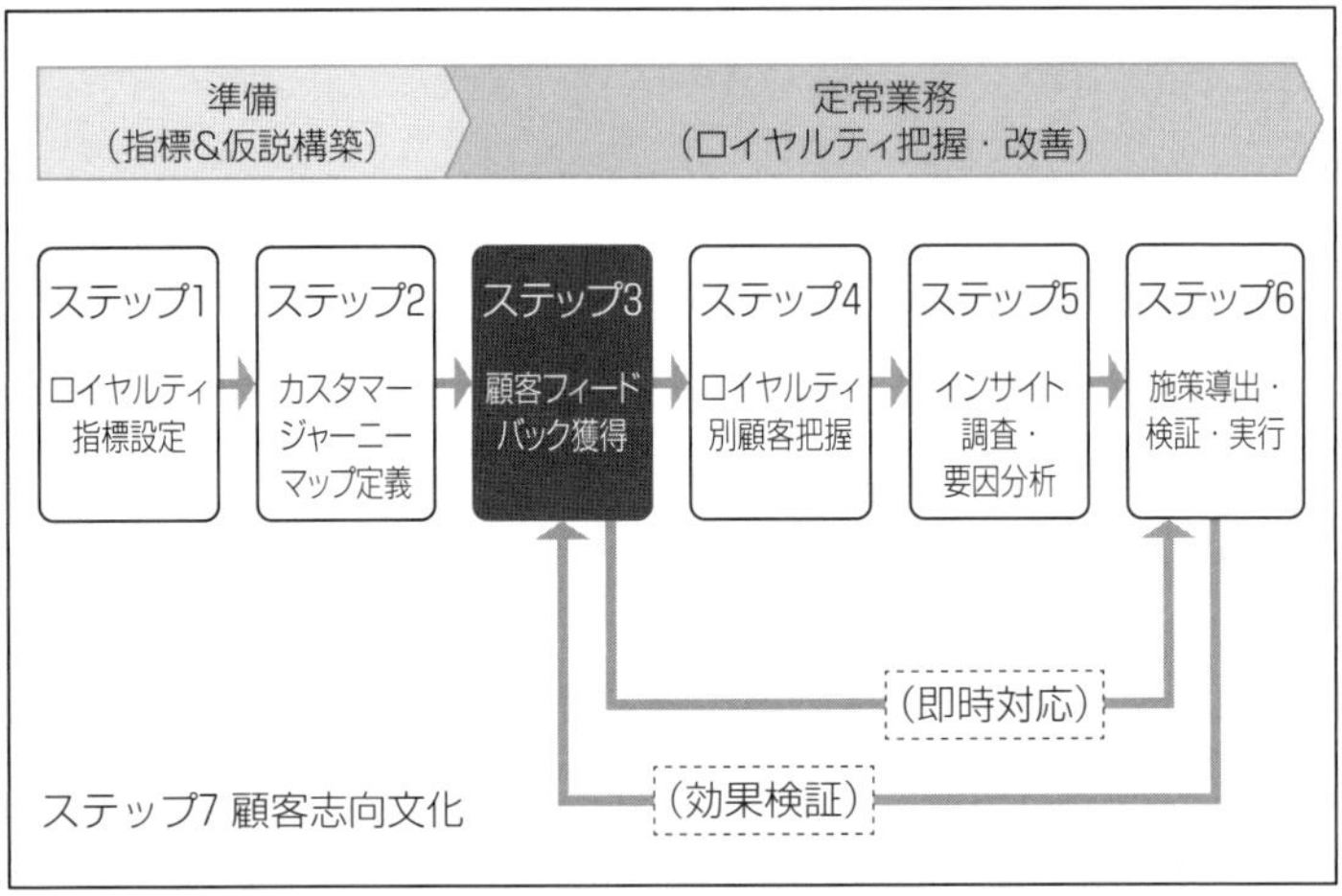

ロイヤルティ総合指標を決め、カスタマージャーニーマップで現在のビジネスのプロセスおよび顧客の行動を可視化するところまでは、顧客ロイヤルティを測る事前準備にすぎない。

ここからは、現状を把握し改善を行うというPDCAを回すステップに入る。これは理想的には企業内で日々行われているべきプロセスであり、このプロセスが仕組みとして企業内に浸透・定着している企業こそが、顧客志向で経営できていると言われるにふさわしい。

例えば、顧客志向で成長をしている星野リゾートでは、宿泊した顧客からのアンケートを日々収集・分析し、インサイトを見出したうえで改善に活かしている。右図にある定常業務（ロイヤルティ把握・改善）を社内に定着することができれば、顧客ロイヤルティは確実に上がり、それにともない収益成長を見ることができるようになるのである。

顧客ロイヤルティは結局のところ「顧客がどう思っているのか？」という主観に集約されるため、顧客に聞かないと何もわからない。そのため、定常業務のスタートは顧客に聞くことからである。

1 「顧客からのフィードバック」を獲得する仕組みをつくる

顧客ロイヤルティ創出の鍵となるカスタマーエクスペリエンスの正体は、顧客の主観であり、つまりは「どう思っているか？」という顧客の素直な気持ちであるため、これを理解するためには顧客に聞くしかない。顧客がどのように感じているのか、またそれはなぜなのか、このシンプルな問いを発し続け、顧客の声、および声なき声を聞き続けることが成功の秘訣である。きわめてシンプルなことだが、シンプルゆえに難しく、つい聞きたい声だけ聞く、自分の主張に合うように解釈を加えるなど、せっかく獲得した顧客のフィードバックを歪めてしまうといったことが起こりやすい。それを避けるために定量・定性の両面からアプローチしていく。

総合指標とドライビングファクター

ステップ1で定義した顧客ロイヤルティ指標とステップ2で書いたカスタマージャーニーマップは対応関係にある。カスタマージャーニーによってカスタマーエクスペリエンス

◉図表3-1　顧客ロイヤルティ指標とドライビングファクターの相関図

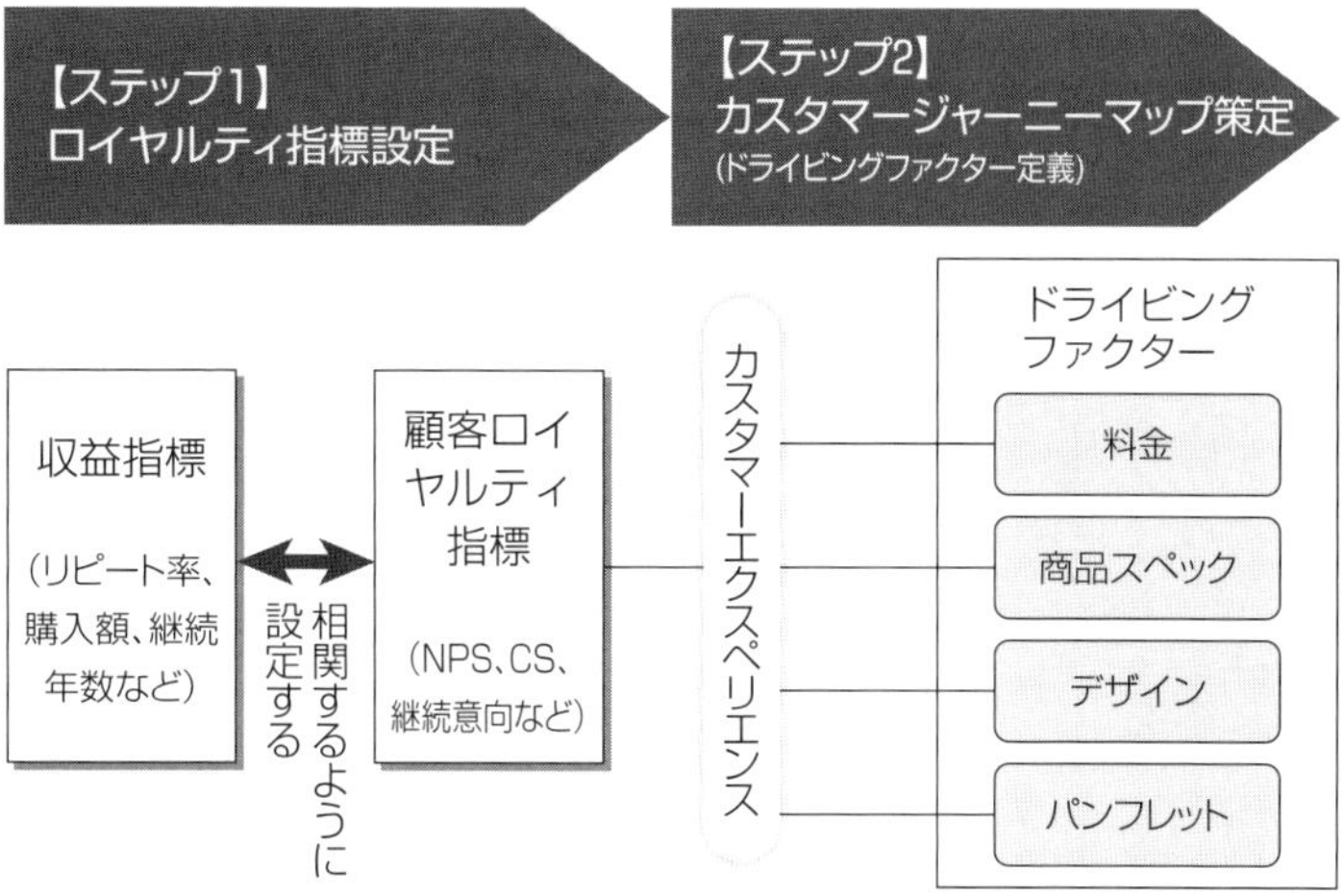

が形成され、その結果、企業に対するロイヤルティが創出されるという関係にある。そして、カスタマージャーニーマップに描かれた、企業が顧客に提供する価値の一つ一つを顧客ロイヤルティ創出要素という意味でドライビングファクターと呼ぶ。

例えば、製品のスペック、デザイン、カラーバリエーション、価格、サポート体制、広告など、顧客が感情を動かされるような要素はすべてドライビングファクターとなり、それらが相互にうまく作用することでロイヤルティが形成されていく。そして、ロイヤルティが高まることで、リピートや他商品の購入、また新規顧客の紹介が起こり、結果として売上やコストなどの収益指標も向上する。

このような関係の中で、とくに顧客ロイヤ

ルティ指標とそのドライビングファクターの現在の評価を調査するのが、このステップ3の目的である。ロイヤルティ指標は、ステップ1を経て一つに定まっているため、まずはジャーニーマップからドライビングファクターをいかに選び出し、アンケート調査に組み込むか検討を進める。

⬇アンケートで顧客に聞くべきドライビングファクターの見つけ方

カスタマージャーニーマップを描くと、顧客が多くの要素と接していることがわかる。そのすべてについて、顧客からのフィードバックを得るのが理想的ではあるが、アンケートの設問数が多くなったり、顧客の記憶も曖昧で正確な回答が難しいものも多くなったりして現実的ではない。そのため、顧客に聞くべきドライビングファクターは、優先度にしたがって取捨選択する。

そのときに有用なのが、「接触量」と「顧客の関与度合い」の二軸で評価する方法だ。図表3―2のように横軸にそのドライビングファクターとの接触量を取り、縦軸に顧客の関与度を取って、各ファクターをマッピングしていく。

横軸の接触量とは、例えばＥＣサイトなら全顧客が接するウェブサイトは「接触量が多い」となり、右横に位置することになる。また、接触する顧客数が少なかったとしても、

◉図表3-2　ドライビングファクター優先度評価フレームと評価例

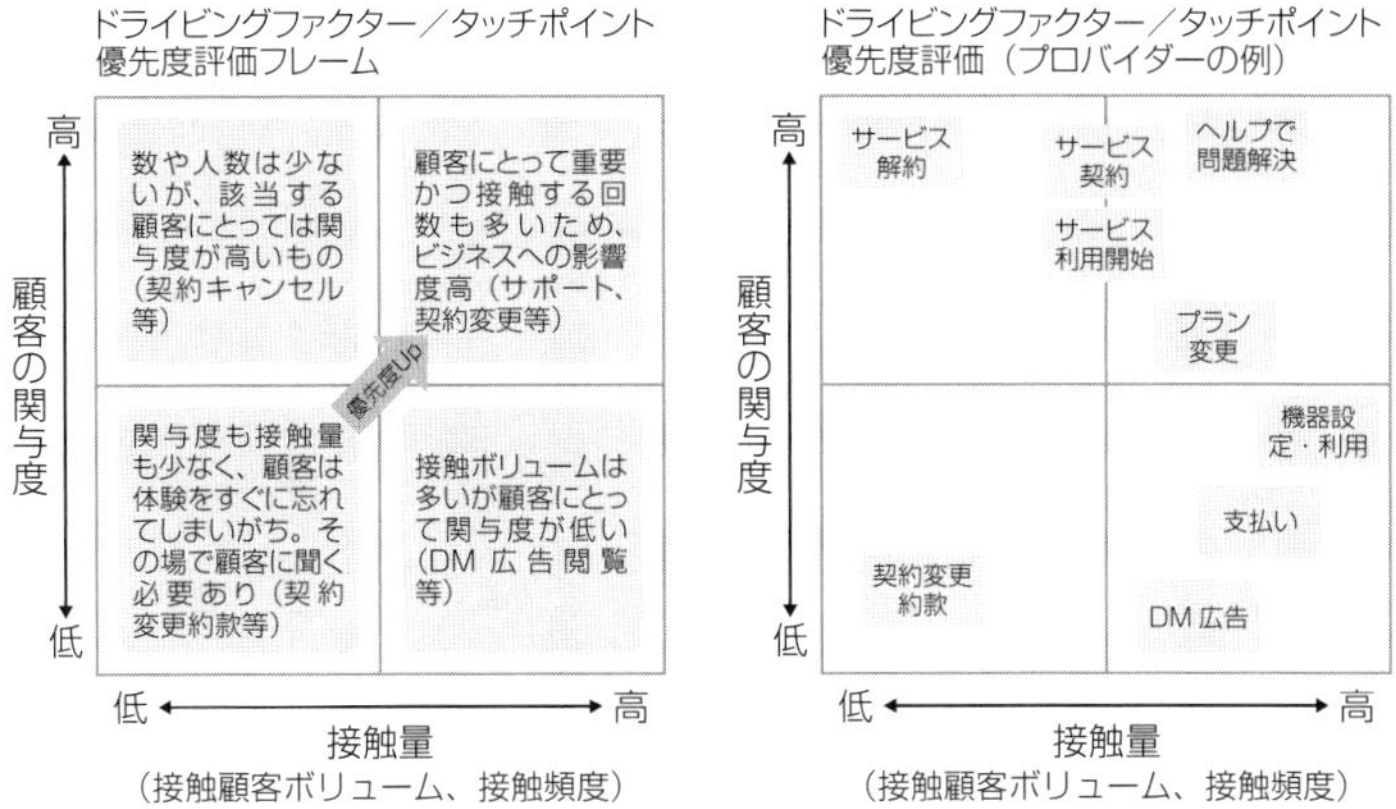

関与度が高い状況は顧客が以下を感じている時
•ハイリスク　•緊急　•高コスト　•好意的感情

一人が何度も触れるものも同様に「接触量が多い」として右横に配置することができる。

縦軸の関与度は、顧客の心理的なインパクトを表す。例えば、サービス解約のための電話手続きは、スムーズに達成できないとクレームにつながりやすく、それだけ顧客にとっての必然性、関与度が高いと言える。この場合は、グラフの上部に「電話による解約は関与度高」として配置できるだろう。このように、数年に1回しかないような状況でも、顧客が非常に緊迫している場合には、関与度が高いとなるのである。関与度の高いファクターもまた、ビジネスにとって大きなインパクトを持つため、二軸が両方とも高いものは顧客からのフィードバックを得るうえで優先度が高いものとして扱うことができる。

⬇総合調査と個別調査

顧客フィードバックには「総合調査（またはブランド調査、リレーションシップ調査とも呼ばれる）」と「個別調査（またはトランザクション調査、タッチポイント調査とも呼ばれる）」の二種類がある。

総合調査は、顧客がその企業にどの程度のロイヤルティを感じているのかを定期的に把握することを目的とした調査で、年に1～4回大々的にアンケート調査の形で実施することが多い。また業界内での相対的な位置を確認するために、調査会社に依頼して競合も含めたロイヤルティを把握する際も、この総合調査を行うことになる。

一方、個別調査とは、例えば店舗での商品購入経験やサポートを受けた経験など、特定の経験についての満足度やロイヤルティを調査することを指す。例えばアップルの場合、オンラインのアップルストアで買い物をすると、すぐに購買経験に関するアンケート調査がメールで配信されるが、これはまさに個別調査である。この調査では、ウェブでの購買体験の総合評価から、ウェブ購入のきっかけや商品の探しやすさ、決済のしやすさなど、オンライン購入についてのドライビングファクターの満足度を細かく聴取しており、オンラインストアの改善に活かしているものと推察される。

◉図表3-3　総合調査と個別調査の位置づけ

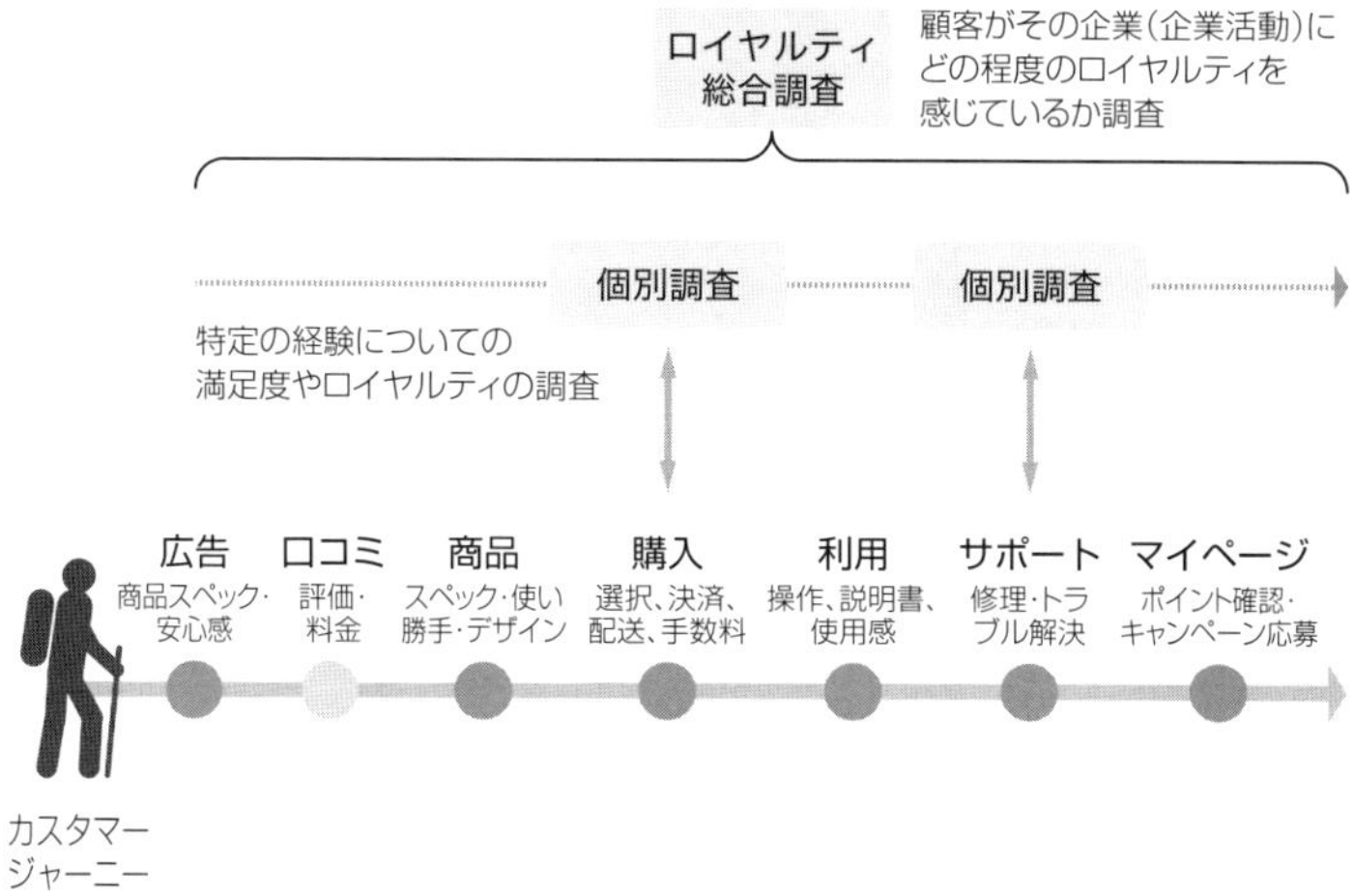

企業経営においては、様々な体験を経た顧客が現時点で企業にどのような思いを抱いているのかが一番重要であるため、総合調査を基本として把握していく。そのうえで、とくにキーとなる体験については個別調査でもその良し悪しを細かく確認し、改善につなげていくという二段構えが調査の全体像となる。

優先度が高いドライビングファクターが、例えば「オンラインストアでの購入体験」であれば、総合調査で「オンラインストアでの購入体験がある方は、その時の満足度をお聞かせください」という形で調査しつつ、さらにアップルのように購買直後の記憶が新鮮なうちにオンラインストアの詳細についても個別調査にもかけるとよい。

2 うまく聞かないとデータもゴミになる——調査設計のコツ

顧客ロイヤルティ向上は顧客に聞くことから始まると言っても、うまく聞かなければせっかくの顧客の声も価値が半減してしまう。また回答に偏りがあるなど、精度に問題があれば、せっかく定量的に取ったデータそのものの信頼性を損ないかねない。適切な顧客からの回答率を上げ、顧客の本音を引き出し、その後の顧客行動を占えるような精度の高い回答を獲得するためには、質問の仕方やタイミングに工夫が必要になる。総合調査でも個別調査でも基本となる方針はまったく同じである。以下に解説する。

❶最も聞きたい内容を最初に聞く——質問の構造と順番

顧客満足度や顧客の愛着度を調べる顧客ロイヤルティのアンケートは、非常に粗末な作りをしているものが多い。具体的には、顧客に誤解を生みかねない質問構成や専門用語の多用、またどこに回答を書いたらよいのかわからない、など初歩的なミスを犯している調査票も案外多い。筆者らは、顧客がアンケートを回答する様子の行動観察を数多く実施し

◉図表3-4　調査票の基本構造とイメージ

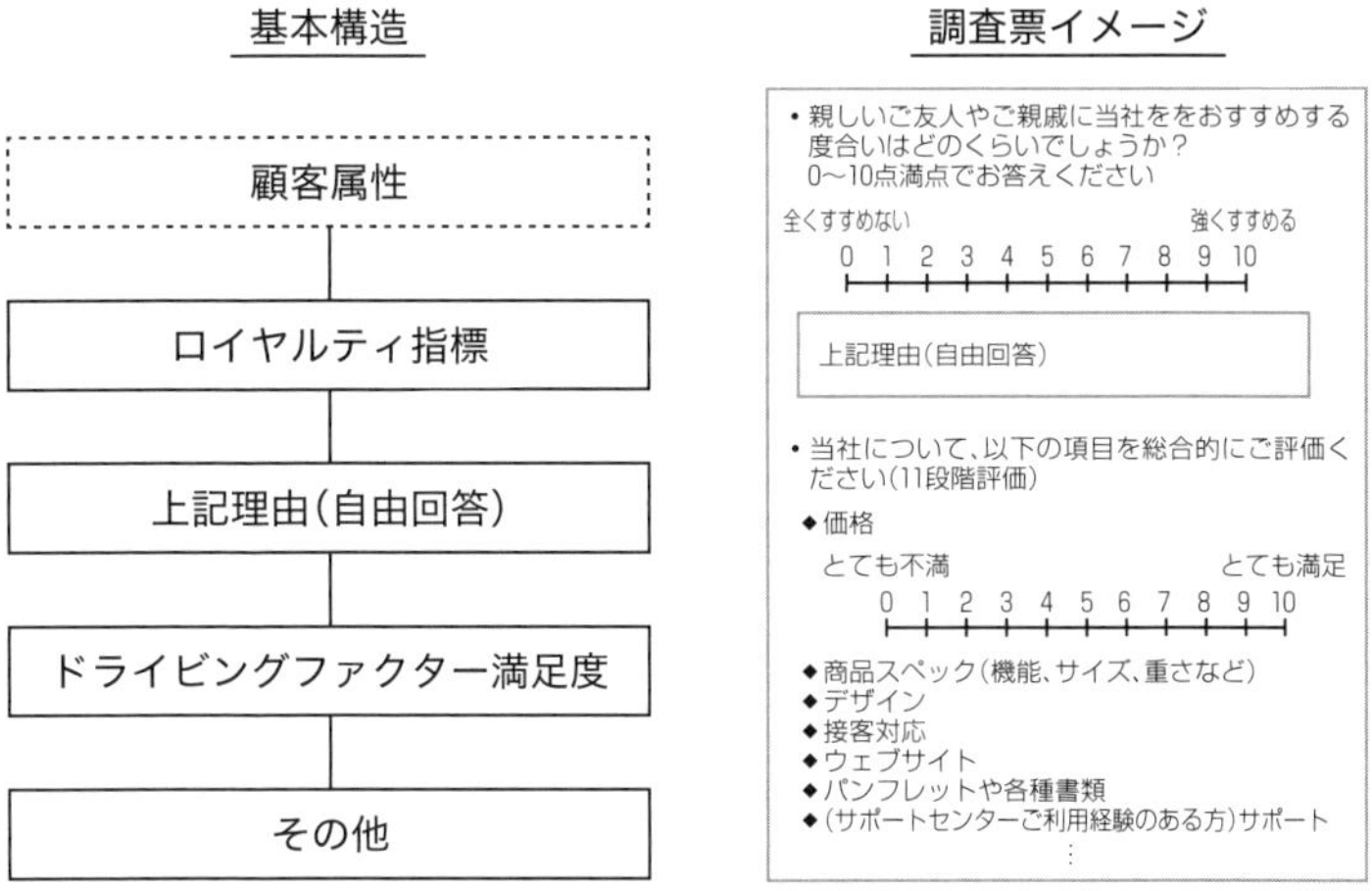

ているが、アンケートは表記の仕方一つで回答が大きくぶれたり、さらにひどいものだと顧客に悪印象を持たれてしまうなど、きわめてデリケートなものである。そのため、アンケート設計は慎重に行うとともに、でき上がったアンケートは、すぐにリリースせずに何度もテストして、顧客にとってわかりにくい点や誤解を生む部分がないかを検証・修正するプロセスを経たい。

　質問を設計する際には、回答バイアスを避けるために「最も聞きたい内容を最初に聞く」のが原則である。顧客ロイヤルティを知りたいのであれば、まず最初にNPSなどのロイヤルティ指標についての質問をするとよい。その後、その理由を自由回答で取り、さらにロイヤルティ向上の要因となるドライビ

◉図表3-5　調査設計のゴールデンルール

やってはいけないこと	やるべきこと
・複雑な質問や指示をしない ・二重質問をしない ・誘導的な質問や曖昧な表現を用いない ・すでに知っている情報を聞かない	・総合的な評価を最初に聞く ・顧客の体験シナリオに沿った調査フローにする ・顧客にとって評価の決め手となった出来事を取得する ・最低一問は自由回答に ・評価のスケールやアンカー部分に記載する説明文はつねに同じものを使う

ングファクターの満足度を取得する。この三段構成が基本となる。

最初に個別のドライビングファクター満足度から質問すると、そこで回答した結果に引きずられて、あとにあるロイヤルティ評価に影響を与えてしまう可能性が高まる。例えばサイロ化が進んだ現代の企業において、コールセンターやウェブサイト、商品スペックなど個別の要素の満足度は高くても、トータルでその会社へのロイヤルティは低い結果となることが多い。そのため、ドライビングファクターの満足度から先に聞いてしまうと、「各要素に高い満足度をつけたのだから、総合的なロイヤルティも高くしておかないと矛盾してしまう」と顧客が無意識のうちに感じてしまい、総合的な評価が実際よりも上振れしてしまうのである。

ドライビングファクター満足度を聞く場合にも、順序が回答に影響を与える可能性を懸念する声が聞かれるが、これは聞く内容に依存するためその都度、考えていくしかない。いわゆる順序効果があると想定される場合には、質問の順番がランダムになるよう質問票を分けたり、オンラインアンケートであれば出し分けることなどを検討するとよいだろう。

自由回答欄を最低一つは設ける

大規模に調査を行う場合、集計・活用しきれないという理由から自由回答欄を省略することがあるが、これはおすすめしない。必ず最低一つは自由回答欄を設け、数値回答には現れない顧客の声を獲得する機会を得るようにする。

自由回答はテキスト解析ツールで回答結果を集計して、定量的に把握するよりも、定性的に使うほうがえてして効果的である。集計して定量的な検証を行うのは、よほど明確な仮説がある場合に限定するとよい。普段のロイヤルティ調査では集計せずにざっと目を通すようにすることで分析者に調査結果が「人間の回答である」という肌感をもたらし、調査結果から得られる示唆をより深いものにしてくれる。そうでないと、数値処理に終始してしまい、顧客の存在感や実感のともなわない結果を導き出してしまう。自由回答は、あくまで顧客一人一人が自分自身と向き合いながら記述してくれたものであり、顧客の感情や思いといった数値回答の裏に潜む顧客心理や、企業側が気づいていない観点が生々しく綴られている。これをある程度知ったうえで数値結果を見れば、得られる洞察の幅や深さがより増していくのである。

例えば、満足度やNPSなどのスコアが低い顧客の自由回答を見ると「○○さんの対応が本当にひどかった。全部こちらのせいにされて、言い逃れしてきて、二度と貴社からは買わないと思った」「長年契約しているが長期顧客に対して何のメリットもない。いつも新規顧客にばかりキャンペーンをしていて、顧客を何だと思っているのかと常々感じている」と怒りが伝わるような文面が並ぶことがある。一方で、スコアが中程度の顧客の自由回答は「もう少し安かったらいいのですが……」「人におすすめできるかというと、他にもまだ選択肢がありそうなので5点をつけました」など、怒りはないが、感動するほどでもない人が多そうだということがわかる。このように見ていくだけでも、スコアとスコアの間にあるギャップについて、一定の仮説を持つことができるのである。

筆者の会社では、分析時に最高スコア（NPSなら10点）と最低スコア（NPSなら0〜3点程度）の自由回答を最初に読み込んでから分析に入る。最もギャップのある部分を定性的に知ることで、中庸となる部分にもある程度予想をつけられるようになる。さらに、例えば「コールセンター対応によって推奨者となっていそうな群」「製品スペックによって推奨者になっていそうな群」など、推奨者にもいくつかの類型がありそうだというような仮説が立てられる。その結果、全体を分類、パターン化していくヒントを得ることができる。自由回答を読み込まないと、「10点のスコアが１５０人」というただの数値データだけで終わりかねないのである。

一方で、「顧客の自由回答に引きずられすぎると、データが知らせる顧客インサイトに気づけなくなるのでないか？」との懸念もある。だが筆者の経験上、自由回答を見て肌感をつかむより、データのみからインサイトをとらえるほうが実は何倍も難しい。高度な分析者が社内にいる、もしくはアウトソースできるのであればよいが、そうでないなら自由回答をヒントに分析をするアプローチのほうがはるかに生産的と言える。

自由回答を聴取するメリットは他にも二つある。一つは低評価者フォローのときである。低評価者フォローとは、調査の結果、低い評点がつけられた場合に、すぐに顧客に連絡をしてお詫びをするとともに、ヒアリングをしてロイヤルティ課題を探る活動である。その際に自由回答があると、顧客とのコミュニケーションの際に役立てることができる。自由回答部分に「店員の対応が悪かった」と書かれていたのであれば、フォローコールの際に「対応に不手際があったようで、大変失礼いたしました」というひと言から会話をスタートさせると、その後のコミュニケーションがスムーズになる可能性が高まる。

もう一つのメリットは、顧客の回答ミスが探知しやすくなる点である。例えばロイヤルティやドライビングファクターの満足度はすべて低いが、自由回答にはその企業を絶賛するようなことが書いてあるような場合、顧客が評価スケールを真逆に勘違いして回答したことが推測できる。もしこのような回答が多ければ、顧客が早とちりなのではなく、調査票の作りに問題があることが検知でき、調査票改善の契機ともなりえる。

⬇設問数は少ないほうが回答率が上がる

設問数は少なければ少ないほうが、回答率が上がる。アンケート回答に協力した際、延々と質問が続くため、途中で「もういいや」という気持ちになって回答を中断した経験はないだろうか？　長すぎるというだけで回答率を下げるため、調査は極力シンプルにするのが基本となる。

調査を行う場合、費用もそれなりにかけているため、つい「この機会にあれもこれも聞きたい」という誘惑にかられるが、その後の意思決定やアクションに結びつくものだけに限定するよう心がけ、設問数を抑えるべきである。設問はふくれ上がりやすいため、「抑える・削る」気持ちで質問設計をするぐらいがちょうどよい。

総合的な顧客ロイヤルティを測る調査の場合、最もシンプルなもので、「ＮＰＳやＣＳ

などロイヤルティの度合い」「その理由（自由回答）」の二問だけでもよい。実際には、その後に、個別のドライビングファクター満足度や顧客の経験、属性を聞く質問が続くことが多いが、設問数が少なく、所要時間が短いほど回答率が高まりやすいのは事実である。

また設問のわかりやすさ、答えやすさも回答率に影響を与える重要な観点である。設問数が多くとも一つ一つの設問にぱっぱと回答できる場合と、設問は少ないがじっくり考えないと回答できないような場合では、設問数の多い前者のほうが回答率が高くなりやすい。とくに、古い記憶を思い返すような設問、例えば「コールセンターの対応はいかがでしたか？」といった設問に対して、コールセンターを最後に使ったのが五年前の場合には、記憶が曖昧で回答がしづらく、適当な回答を誘発する恐れすらある。

このような事態を避けるためには、質問票を作成したら、それに対して回答者に近い属性の人に回答してもらって、「文章がわかりやすいか」「誤解を生まないか」「設問数は多すぎないか」などを検討するとともに、回答に負担感がある場合には、事前に「所要時間約5分程度」などと記載して軽減策が取れないか？」などをチェックするとよい。このようにして、設問数をなるべく少なくすると同時に、回答しやすさにも十分に配慮をしていくことが必要である。

➊適切な顧客に適切な頻度で聞く

顧客からフィードバックを取るにあたり、「誰に聞くか」は大きな問題となる。理想的には顧客全員からフィードバックを獲得できるとよいが、現実には難しい。そのため、なるべくサンプル数を大きくするとともに、回答者における収益性の偏りを最小化することがポイントとなる。「収益性が偏る」とは、例えば収益性が極端に低い層ばかりに調査をかけてしまうような状況を意味する。ロイヤルティの高低と収益性の高低の相関が知りたい調査であるにもかかわらず、回答者の収益性が偏ってしまうと全体像を見失うことになる。この段階では、まだロイヤルティの高低がわからないため、少なくとももう一方の評価軸である収益性の偏りをなくしたサンプリングを行うように努めたい。

さらに調査後の改善活動は、ビジネス上のターゲット顧客、つまり収益性が高く、ロイヤルカスタマーにしたい顧客群から活動に取り組むのが合理的だ。例えば、キャンペーンで大幅な値引きをしたターゲットセグメント外の顧客と、定価でいつも購入してくれるターゲット顧客とがいれば、より後者のほうがロイヤルティ改善に資する層であり、実際にこれら顧客のほうにカスタマーエクスペリエンスを改善する余地がかなりあることが多い。そのため、調査サンプルを絞る場合には、ターゲット顧客を優先するのが賢明だと言える。

◉図表3-6　顧客の収益性に注目して回答者を選択

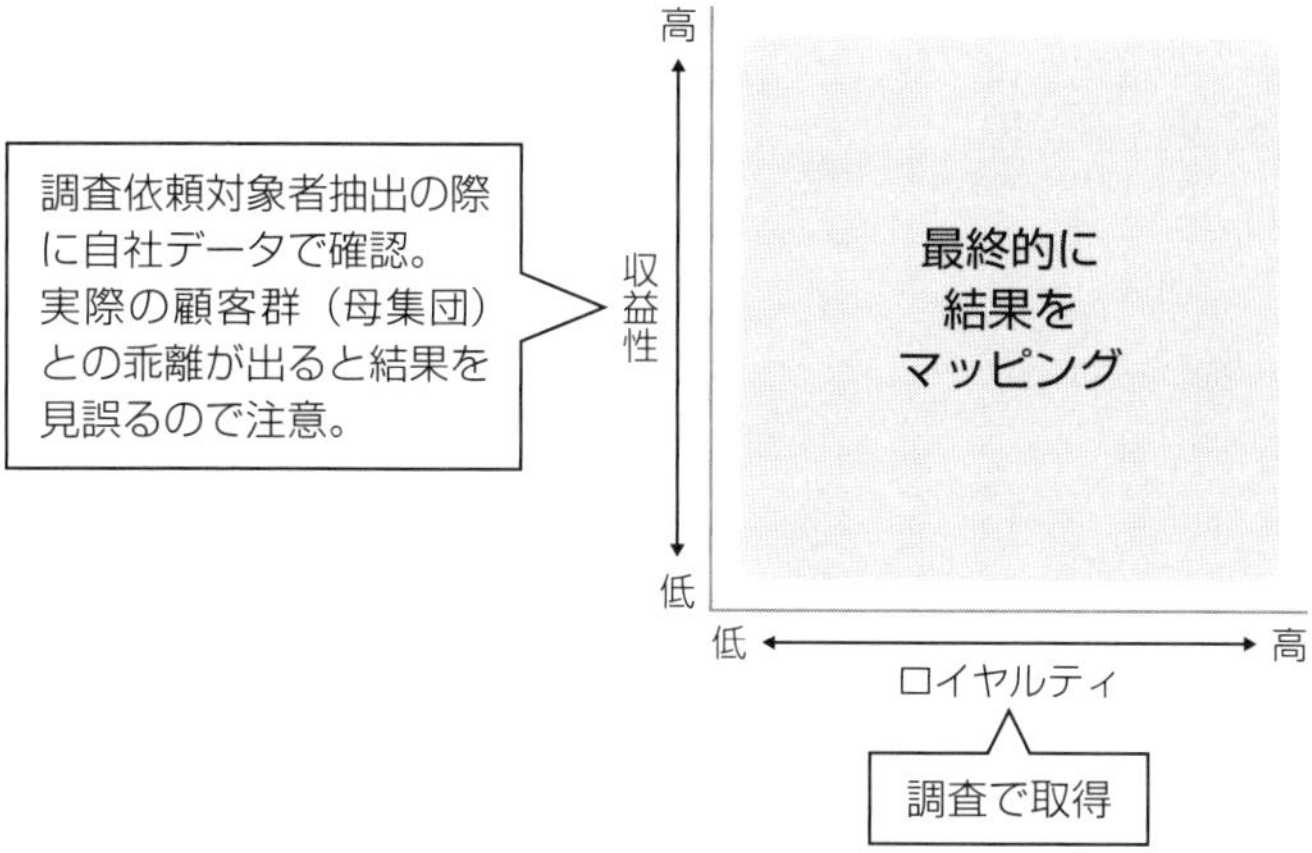

こうしてまずはターゲットかどうかや、顧客の収益性を軸に調査サンプルを抽出して調査を開始することで、調査結果であるロイヤルティの度合いと収益性との関係もクリアに見えてくるようになる。ただし、調査の頻度が高すぎると、顧客に悪印象を与えるため調査タイミングに注意をする。とくに総合調査も個別調査も実施している企業の場合、例えば、「前回の調査から90日間を経るまでは次の調査を依頼しない」といったルールを決めて運用するとよい。

定量化できないドライビングファクター

顧客ロイヤルティの創出要因となるドライビングファクターはそのすべてを定量化できるわけではないことを理解しておく必要があ

る。例えば、「価格」「商品スペック」「デザイン」「店員の対応・態度」など言語で明確に定義でき、顧客も評価可能な要素もあれば、「なんとなくこのお店で買えば間違いないと思った」といった顧客自身も言語化しにくい要素も存在する。

このような定量化が難しいドライビングファクターは、単発の定量調査ではなく、ロイヤルティ創出の仕組み化の中でとらえていく。具体的には、まずは顧客へのインタビューや行動観察などの定性調査や、社内のフロントスタッフへのヒアリングなどを通して、定量化しづらいが確実に顧客に影響を与える要素を見極める。そして、それらの要素を言語化して改めて顧客にアンケートで問うというＰＤＣＡを回すことで、徐々にその実態をとらえられるようになる。

筆者が携わった、ある金融機関のロイヤルティ創出プロジェクトにおいて、顧客へのインタビューを行っていると、どの顧客もこの会社から商品を買い続ける理由として「この会社は信頼できそうだと思ったので」「なんとなく信頼できる気がした」など、「信頼」という言葉が多く聞かれた。信頼できる理由は知名度や実績、商品性など様々あるが、顧客にどの要素が強いかたずねてみると「そういう要素をぜんぶひっくるめてトータルで信頼できる感じがする」とのことで、「明確に要素の優先順位を区別できていない顧客が一定数存在する」という仮説を立てることができた。そのため、定量調査の項目にそのまま「この会社への信頼感はどの程度ありますか？」を追加して調査したところ、ロイヤルティ指標として取得したNPSときわめて強く相関していることが判明した。つまり、より信頼してもらうことで、よりNPSが上がるということがわかったのである。

次に、「ではどうやったら信頼してもらえるのか？　信頼感が高い人に共通する要素は何か？」という課題設定をし、アンケートの分析とさらなる定性調査、また過去の施策の結果分析などを踏まえて「信頼感の醸成ステップ」を導き出し、それにもとづき新たな施策を実施したところ、大きくNPSを向上させることができた。この事例は、「信頼感」という多少曖昧な要素であっても、それが顧客にとって重要であるなら、そのまま定量化を試み、分析の過程でより明確な要素に分解していくことの重要性を端的にあらわしている。定量調査を実施する場合、後のアクションにつながりやすい要素、例えば「コールセンターでオペレータの挨拶は気持ちのよいものでしたか？」などを調べたくなるものだ（悪い結果が出れば挨拶を改善するなどアクションが明確になるため）。しかしこれは企業視点を顧客に押しつけているにすぎない。顧客が感じる要素はより多様で曖昧なことのほうが多く、簡単に量的な証明ができる範囲にイノベーションの種があることはむしろまれである。そのため、最初からすべての要素を企業側にとって都合のよい項目で定量化しようとしたり、定量化されたものだけを信じて突き進もうとしすぎないようにしたい。

3 調査も「カスタマーエクスペリエンス」の一部と心得る

アンケートやインタビュー調査はどこの企業でも少なからず実施しているが、このような調査自体も重要なカスタマーエクスペリエンスの一部であることを認識しておく必要がある。

アンケートといっても、その本質は顧客と企業との対話である。対話である以上、一方通行ではなく、双方向のやりとり、つまり意見を聞いたら、必ず改善に活かし、また実際に改善した旨を顧客に知らせる、という相互対話の関係を構築しないといけない。

筆者が体験した例では、星野リゾートの対応は秀逸だった。以前、星野リゾートが運営する「星のや 軽井沢」に宿泊した際、まだ開業直後ということもあってか宿泊していて不安になった部分がいくつかあったため、それらをアンケートに記入して提出した。すると、数か月後に、アンケートのお礼とともに、「みなさまのご意見を参考に、以下の点を改善しました」と写真つきで改善箇所が解説された手紙が届いた。そこにあった改善点はすべて自分が指摘したことばかりだったために、自分のアンケートが少しは役に立てたことを実感するとともに、星のやおよび星野リゾートに対してきわめて好意的な感情を抱くに至った。

その後、星野リゾート代表の星野佳路氏と知り合い、直接話を伺うと、宿泊者アンケートをきわめて重視している旨や、「星のや 軽井沢」の開業当初のアンケートは、一律にお礼の手紙や改善報告をするのではなく、顧客ごとに「自分が指摘した内容が改善されている」ことがわかるよう複数のパターンの手紙を作成して送信したことなどを明かしてくれた。ここまで徹底することで、多少手厳しい指摘をした顧客であっても、あっという間にファンにすることができるだろう。

またソニー損保でも、顧客に「事故対応満足度アンケート」や「継続手続きの満足度調査」などを実施し、それぞれ低評価の顧客には役職者からフォローコールを実施している。このような対応を検討すると、多くの企業では「火に油を注ぐ結果となって、余計にお客様を怒らせてしまうのでは？」といった議論に陥りがちになる。しかし、ソニー損保のCX（Customer Experience）デザイン部長によると、フォローコールを実施すると多くの顧客がポジティブに驚き、「お忙しい中、そこまでしていただいてありがとうございます」という言葉をかけてくれるなど、むしろ関係が良好となるケースのほうが圧倒的に多いそうである。

このような好例がある一方で、大半の企業のアンケートは、顧客から聞くだけ聞いて、何も結果を返さないという一方通行のものである。このような聞きっぱなしのアンケートを繰り返していると、回答率が下がるだけでなく、アンケート協力を依頼するたびに「どうせ回答しても使われないんだろうな」という印象を顧客に与えてしまい、ブランドを大きく傷つける結果となる。そのため、聞くタイミング、方法、内容、頻度は慎重に設計し、うまくいかないときには修正を繰り返しながら、顧客にとって信頼形成につながる調査を行う必要がある。「NPSを取ってみたい」程度の考えであるならば、調査を実施しても顧客に悪い印象を与える可能性のほうが高いため、まだ手を出さないほうがよいだろう。

あなたが経営者ならば、自社で過去に実施した顧客満足度調査がどのように活用され、改善に活かされたのか、またアンケート協力者に「ご協力いただいたおかげで改善できました」と伝達できているのか、社内で確認してみてほしい（企業理念に顧客本位や顧客のために……とうたっているのであれば、確認するまでもなく経営者として把握しているべきであるが、多くの経営者は把握していないのが現実である）。そして、顧客が「この会社は自分の意見を聞いてくれている」と信じられるようになるまで対話を続ける覚悟があるのか、実際のアンケート調査を実施する前に今一度確認することをおすすめする。

4 調査バイアス・不正との戦い方

どんな調査でも、何かしらのバイアスが入るのは避けがたい。しかし、顧客ロイヤルティという企業成長の源泉を測るとき、バイアスがあまりに大きければ、経営の意思決定を歪めてしまうほどのインパクトを持つ。顧客主観という曖昧性が高いものを扱うがゆえに、バイアスが付け入る隙も大きい。扱いにくいものを頑張って扱おうとしているからこその宿命ではあるが、対策方法もある。

ロイヤルティの調査を本格的に始めた会社がまずぶつかる壁も、バイアスに起因する評価の偏りである。「スコアが上振れしている気がする」「満足度の高そうな顧客にだけ調査依頼しているのではないか」など、とくに対面サービスで現場社員が顧客に直接調査依頼をしているケースでは、顧客フィードバックの正当性に疑念が生じてくる場合が多い。

この場合、徐々に社員（とくに現場社員）が調査の信頼性を疑い始め、ロイヤルティ向上活動へのモチベーションを低下させてしまう。ここをうまく乗り越えられず、調査自体をやめてしまった大手エレクトロニクス企業もある。

よくあるバイアス発生原因と対処法についていくつか紹介するので、事前に対処し回答の正確性をできる限り担保するための参考としていただきたい。ただし、調査バイアスや不正は、事前の周到な準備だけで解決するわけではない。トライアル導入や運用を進めながら、微修正を重ねることも重要である。

調査結果と社員評価をひもづけると危険

NPSなど顧客ロイヤルティのスコアと現場社員の評価や報酬が連動している場合、現場社員には「自分の評価を上げたい」という動機が強く働くため、不正に操作される可能性が高い。

筆者が実際に顧客として経験した、ある携帯電話会社では、店舗での端末の購入手続が終わると、担当の店員から、「後ほど今回のご購入についてのアンケートをメールで携帯まで配信させていただきます。率直な感想をお伝えいただきたいのですが、あちらに貼ってあるポスターをご覧いただいておわかりの通り、私は今お客様評価が2位で、あと少しで1位が取れそうなんです。ただ、『大変満足』の最上位評価をいただいた場合しかポイントがつかないので、どうかよろしくお願いします。あ、もちろん、率直な評価で結構ですからね」と言われたことがある。こう言われてしまうと、いくら「率直な評価でいい」

と言われていたとしても、特別に悪い印象がない場合には、最上位評価以外つけにくい。結果として評価が上振れしてしまう。評価操作はこのような高評価依頼だけではない。BtoB企業では顧客評価のタイミングになると顧客を接待したり、別の商品をおまけでつけたり、評価の〝買収〟も行われてしまう。

さらに、不満そうな顧客にはアンケートを依頼しなかったり、紙やハガキなどでのアンケートで悪い評価が帰ってきた場合、自分で破り捨てて返答がなかったものとするなどの回答サンプル操作も発生する。

このようなバイアスを排除するには、例えば、

- 顧客に調査趣旨を説明し、担当社員から高評価依頼があった場合には報告をしてもらうようにする
- 顧客からの評価と従業員評価の連動性を弱める（そもそも高く連動させることはおすすめしない）
- 顧客評価が低いことを問題視するのではなく、改善できたことを評価する。また評価が低い場合でも、カスタマーエクスペリエンスの考えに則り、必ずしも一人の担当者が問題ではなく組織の課題であることと、改善こそが重要であることを教育する
- 現場社員ではなく本社や第三者を起用して調査を実施する

・顧客フィードバック獲得時期の予測をつきにくくする
・対面だけでなく郵送やネット調査でもフィードバックを取得するなどサンプリングの手段を広げる

といった対策を検討する。業種業態、またフィードバックの獲得方法によってどのような対策が有効かは変わってしまうため、これらを参照しながら解決策を検討してほしい。

⬇対面販売、担当営業制では顧客は正直に回答しない

プレゼントキャンペーンなどに応募する際、「たくさん意見を書いたり、『今後、お知らせメールを受け取る』にチェックしたほうが当選しやすいのでは？」と考え、実際に本音よりも少しだけよい評価をしたことはないだろうか？　このように企業に対して顧客が意思表示をする際、よりよい扱いを今後も受けたいという動機が働き、評価が上振れすることがしばしば起こる。とくに「抽選で○名にプレゼント」といったインセティブつき調査の場合に多い。また、B to Bや対面営業のように個人間の関係性が強ければ強いほど、顧客はその担当者や企業に対してよほどの不満や悪い経験がない限り、悪い評価をつけたがらない。率直に書くことで相手が傷つくことを恐れたり、それによって関係性がぎくしゃくしたり、また対応が悪くなることを懸念するためである。

正直なフィードバックをもらうためには、調査の意義を伝えるとともに、回答による不利益はない旨を顧客にしっかりと伝達する。また小売店や販売店など、対面営業のシーンで評価を依頼する場合、記名式ではなく無記名にすることでより率直な意見が引き出せる可能性が高まる。一方無記名の場合、評価が悪い顧客にすぐにフォロー連絡することや、収益性との相関分析ができなくなるというデメリットもある。またその場での回答だと遠慮されるため、回収率は多少下がるが自宅などで回答してもらい、返送してもらうという手もある。どの方法にもメリット・デメリットがあるため、課題となりそうな状況を見極めたうえで慎重に設計していくとよい。

ある耐久財の販売店の店頭で営業マンから顧客にアンケート回答を依頼する形でNPS調査を行った際、評価スケールを0点〜10点の11段階として、0点に「まったく推奨しない」、10点に「強く推奨する」、5点に「あまり推奨しない」と3か所のスコアにアンカリング（その評点の意味を言葉で記して回答者に評価規準を与えること）の説明文を補記した。5点の上に説明文を書くかどうかは意見が別れるところだが、日本では11段階スケールに慣れていないこと（アメリカでは学校の評価スケールが11段階）や、中庸を是とする国民性からか5点に評価が寄りがちだ。そこであえて5点部分にややネガティブなスコアであることをテキストで示した。このアンカリングにより、評価にばらつきが生まれて、より顧客の本音に迫れるケースもあるが、この販売店では対面の場で関係性悪化を懸念した顧客によって、6点～10点に評価が集中し、NPSが高く出てしまった。テスト評価の段階でこの事実に気づいたため、検証として5点の上のテキストを削除して調査をしたところ、より点数のばらつきが生まれた。他の調査項目の評価結果と照合しても、このほうが自然な結果であると結論づけることができ、調査票を修正することができた。このように関係性の悪化を懸念することで評価が上振れ傾向にあるときには、質問票のちょっとした説明などでもそれがさらに助長されるため、設計と検証、改善の繰り返しが必要となる。

嫌いな理由がうまく言えないと評価は上振れする

人が何かを評価をする時には、「なぜそう思うのか」という理由が求められるように感じる。評価が高い場合には、誰も傷つかないため「とにかくこれはいい」という漠然とした理由もありだが、評価が低い場合には、誰かがそれによって傷つくことを恐れ、誰もが納得できる明確な理由がないといけないような錯覚にとらわれる。そのため、うまく理由を言語化できない時や時間がない時には、悪い評価をつけること自体をやめてしまうことがある。このような心理がロイヤルティ調査で働いた場合、やはり評価が上振れしてしまう。とくに、顧客が企業や商品に思い入れが少ない時、「説明をするのが面倒」「別に自分にとって（評価することは）得なことではないから何でもいい」という心理が働いて、評価が甘くなる傾向が強い。無難な評価や甘めの評価をしておくほうが顧客にとって手間と心理的負担がないため、自然に発生してしまうバイアスではあるが、ロイヤルティを正しくとらえるうえでは極力排除しておきたい。対処方法は大きく三つある。

一つめは、関係悪化回避のバイアスと同様、調査の意義を伝えて、率直な意見を最も歓迎する旨をしっかり顧客に伝えることである。くわえて、回答結果を受けて改善がされていることを顧客が認識できれば、正直に回答する動機づけがされるため、過去の調査結果と改善の関係性を伝えるようにするとよい。

二つめは、質問の仕方や構成を工夫することだ。例えば、最初にNPSなど点数で聞ける項目を聞いて、その後に自由回答をお願いすることで、理由づけすることなく最初に直感的な感想を引き出せる。また、ロイヤルティ向上要素であるドライビングファクターの満足度を聞く際には、「料金」「味」「アクセス」などの項目それぞれの絶対的な点数を聞くのではなく、満足した順番に並べてもらったり、10点ある点数を割り振ってもらうといった相対評価を依頼することで、本音を引き出しやすくなる。

最後に、紙面やメールではなく、電話など人が聞き取りをする調査手法を用いることである。電話調査会社に依頼して第三者からの調査としている企業もあるが、それではもったいない。電話であれば顧客の微妙なニュアンスを逃さず、「遠慮なく正直に思ったことをおっしゃってください」などとフォローすることで本音を引き出すことができる。

5 悪い評価への即時対応

ロイヤルティ指標でも顧客満足度でも、調査に協力をしたあとに、その結果がどう活用され、何か具体的な改善につながったのかを顧客が実感できるケースはきわめて少ない。また自分が不満を書いても、その不満に対応してくれたり、逆に賛辞を送っても、それが企業にとって嬉しかったのかどうかも知らせてもらえないことが多い。このような一方通行の顧客満足度評価を繰り返してきた結果が、前述した調査バイアスにもつながっている。

アメリカでは、ロイヤルティ調査で顧客から悪い評価が返って来た場合には、即時対応をする企業が多い。例えばNPS調査においてプロモータースコアが5点以下の顧客には、48時間以内に担当のマネージャーからフォロー電話をして、不満の原因を探り、その場で解決できることは改善策を顧客に提示するというルールを設定している。

日本でこの話をすると、「電話をすることで顧客感情を逆なでして火に油を注ぐリスクがある（なので寝た子を起こしたくない。寝た子のままでいてほしい）」「不満顧客に対応できるスキルを持つスタッフが少なくて非現実的」などのできない理由を上手に並べるが、悪い評価に即時対応することで全体として結果がますます悪くなることは決してない。もちろん、個々のケースにおいては、厳しい顧客対応を迫られることもあるが、怒っている顧客をそのままに放置して、悪い口コミを言われるより、一人でも多くの顧客の不満を取りのぞく努力をしたほうが顧客も企業もお互いに幸せなのは自明である。さらに、このような一連のプロセスを回すことにより、顧客ロイヤルティを下げる原因とその対応策を組織的に学び、知見を蓄積することができる。顧客の不満リカバリーよりも、むしろこのような現場の知見を蓄積することに重きを置いて、プロセスを回し続けている企業もある。

このような仕組みを持つことで、徐々に顧客の不満が減り、結果としてロイヤルティを上げていくことができるのはもちろんのこと、このような活動によって顧客志向の文化が組織に形成されていく。顧客志向をお題目で示すだけでなく、仕組みや現場の活動に落ちて初めて文化や価値観として個々人に浸透していくのである。

6 三つの基本集計

顧客からフィードバックを集めたら集計を行う。基本集計項目は「①ロイヤルティ指標基本集計」「②ドライビングファクター基本集計」「③両者の相関分析」の三点となる。

①ロイヤルティ指標基本集計では、NPSやCSなど獲得したロイヤルティのスコアを集計し過去調査との推移を分析する。NPSの場合には推奨者割合から批判者割合を引いて算出すると決まっているが、CSやリピート意向の場合には、平均値なのか、「大変満足」の比率なのかなど、あらかじめ集計値として採用する算式を決めておくとよい。

②ドライビングファクター基本集計も同様に、ドライビングファクターごとの満足度平均や不満者割合などを算出する。そして③としてロイヤルティ指標と各ドライビングファクターがどの程度相関するのか、相関係数や回帰直線の傾きなどを用いて集計する。

ベーシックな分析手法では、横軸にロイヤルティ指標に対する各ドライビングファクターのインパクト係数（回帰直線の傾きの値を採用）、縦軸にロイヤルティ指標と各ドライビングファクターの相関値をとって、各ドライビングファクターをマッピングした重要度

◉図表3-7　3つの基本集計項目

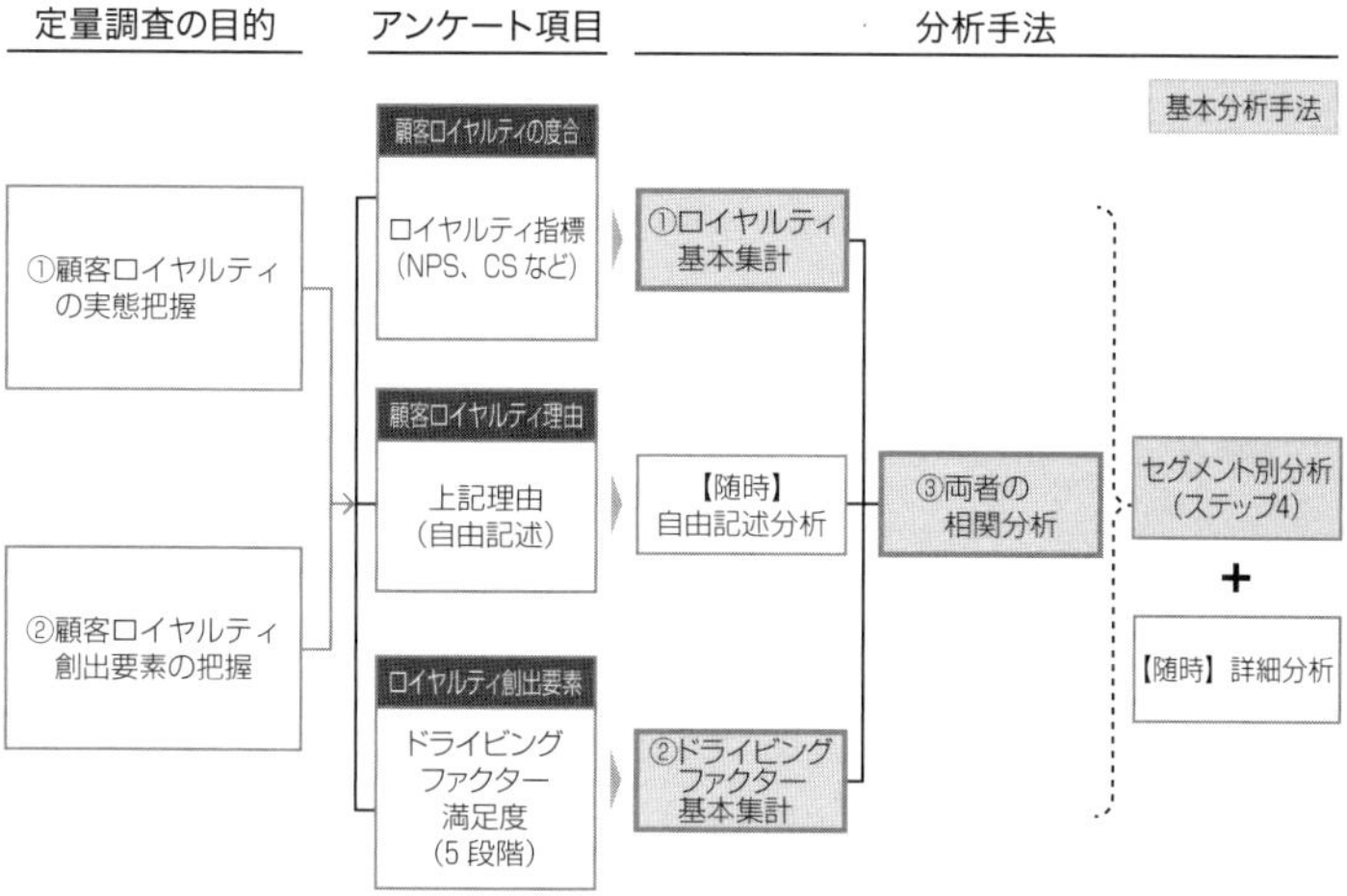

分析がある（次ページ図表3―8参照）。このような見方をすることで、調査時点においてドライビングファクター同士の比較から、ロイヤルティに最も相関が強く影響力のある要素がわかるようになる。また各ドライビングファクターにおいて不満者の割合が高ければ、その分、改善余地が大きいとも言えるためこれも同時に色分けしておくとよい。こうすることで、重要かつ改善余地の高い要素を見つけやすくなる。

ただし、このような分析は、一見いかにも「分析しました」感があってよいように見えるのだが、実際には占い的要素が強いことも多い。その理由は大きく四つある。

一つめは、ここで分析できるドライビングファクターは、あくまで顧客に聴取できた分

◉図表3-8　ロイヤルティ指標とドライビングファクターの重要度分析

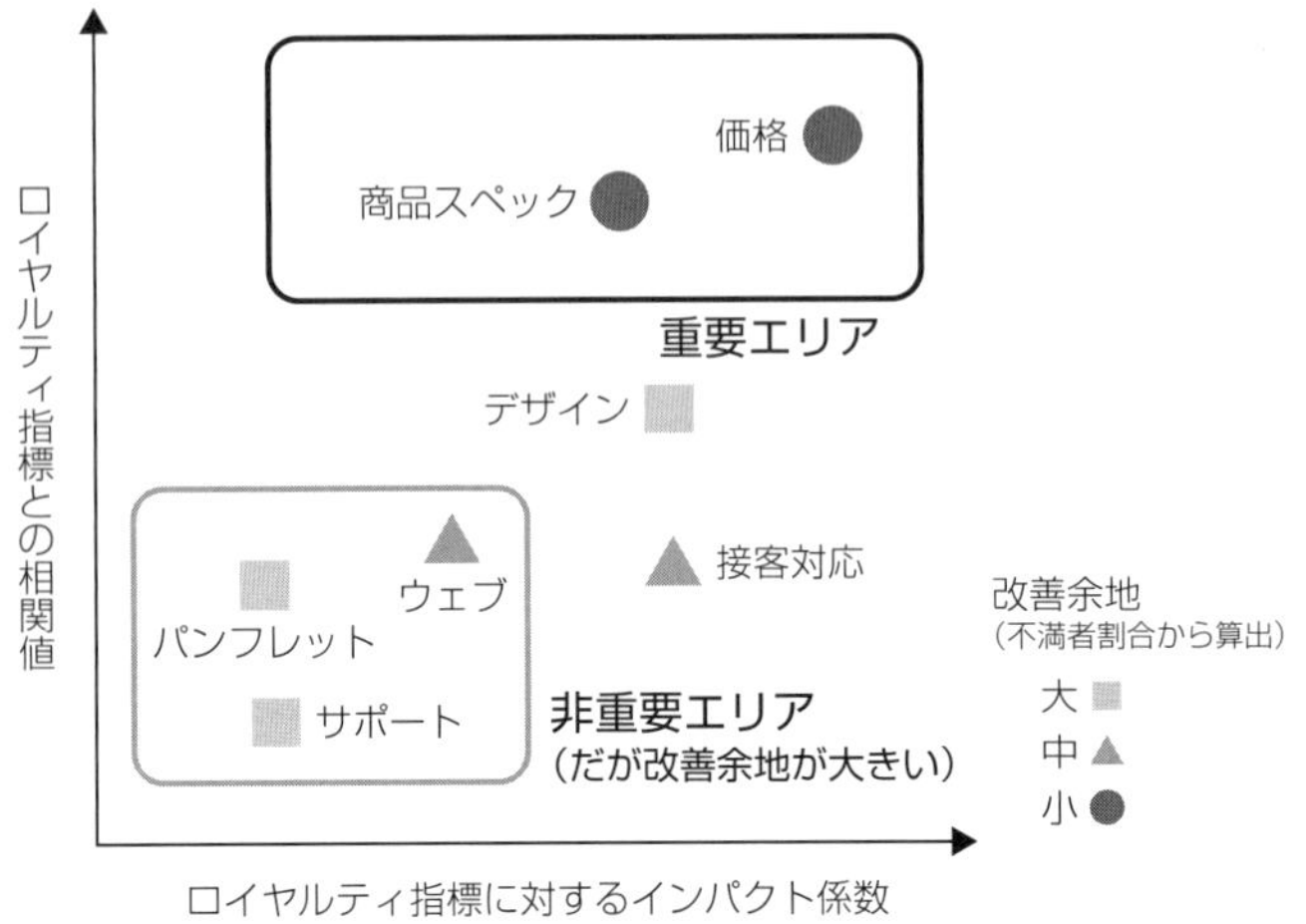

だけを並べたにすぎないことからである。上記のようなグラフを見ると、どうしてもここに書かれた要素がすべてであるように見えてしまうが、実際には要素同士が関連していたり、実は聴取できていないような要素が隠れていたりする可能性も高い（このような内容まで解析する場合には重回帰分析や因子分析、構造方程式モデリングなどを検討するとよい。それぞれの説明は131ページ参照）。また例えば右上に提示された「価格」というファクターがきわめて重要なものに見えるが、これは絶対的に重要というよりは、他のファクターとロイヤルティ指標との関連度よりは相対的に重要というだけであり、絶対視はできない。このように書くと、調査の意味がないように感じてしまうかもしれないが、調査

が持つ前提や限界を理解して見れば示唆はある。複雑なビジネスの事象と顧客感情をとらえようというときに、それらをすべて把握しきる完璧な調査は存在しないため、あくまで顧客に聞けた項目を比較していることを念頭に置いて見ることが重要である。

二つめは、質問者の意図と顧客の解釈がずれている可能性が往々にしてあるためである。例えば「お電話でのご予約経験がある方は、その時の対応についてお答えください」とアンケートで書いていても、顧客は「この企業に電話した経験」と無意識のうちに読み替えて、質問されている「予約電話」ではなく、単なる疑問の「問い合わせ」のために電話した経験について回答してしまうようなことが頻繁に起こる。どんなに注意文言を目立つように書いていても、顧客の勘違いを完全に排除することは難しいため、ドライビングファクターが細かく、顧客にとって誤解しやすい項目が多い場合には、回答の信ぴょう性がどうしても低下してしまうのである。

三つめは、仮に「スマホアプリを使ったことがある人は、その利便性の高さに感動して全員最高満足度をつけた」など、ドライビングファクターの満足度が最高や最低などある点に集中すると、ロイヤルティ指標との相関が出なくなってしまうため、そもそも相関分析ができなくなるという限界がある。現実的には全員が同一回答をする可能性はきわめて少ないため、相関分析自体は可能だが、このようなケースでは相関が低いため非重要エリアにプロットされ、結果をミスリードしかねない。たとえ相関が低くとも、そのドライビングファクターに触れた人全員がきわめて高い評価をしており、さらにまだ少数の人しかそのドライビングファクターに触れていないのだとしたら、企業としては、力を入れるべき領域である可能性が高いのである。そのため、今後にとっては「重要」となりうる要素が、分析上はあくまで「非重要」と判定されてしまうのである。

四つめは、上記をより広くとらえた概念でもあるのだが、相関分析はある特定の時点における結果であって、未来を予測するものではないということである。例えば、現状「パンフレット」がロイヤルティに相関がないからといって、優先度が低く見直しの必要性が薄いというわけではない。現状ロイヤルティ創出には寄与していないものでも、寄与するよう改善するという考え方ができるためである。パンフレットの例であれば、顧客の期待を超えた感動を呼ぶようなパンフレットに作り変え、結果として顧客が感動したならば、ロイヤルティに効く要素になりうるのである。

以上のように、相関分析はあくまで現時点までの成績表であり、未来予測とは異なる。そのうえで、過去の実績から考えれば「こういう可能性が高そう」と推定をかけたり、施策の前後での推移を見る時に用いれば有意義に活用することができる。また社内に統計の専門家がいる場合には重回帰分析[*1]や因子分析[*2]、また構造方程式モデリング[*3]と呼ばれるより高度な分析手法を用いることにより分析の精度を上げることができる。それでもこのような定量的な分析は精度が高い占い程度にとらえ、より真実に近づくために、次ステップ以降で紹介するロイヤルティ別に定性的な仮説を出して、顧客データなどの事実データで裏付けを見ていく。

※1重回帰分析：複数の説明変数（数値）と、一つの目的変数の関係を求め、説明変数から目的変数を推定する分析方法。世の中の事象は複数の要因によって決まることが多いため、要因間の影響度合いから結果を予測する。またその予測精度も算出可能。

※2因子分析：複数の変数のうち相関が強いものに共通する基準（共通因子）を探し出す分析手法。複雑な現象を背後に潜む原因を探って理解したい時、また少数の説明要因に話をまとめたい時によく用いられる。

※3構造方程式モデリング：SEM、共分散構造分析とも呼ばれる。各種変数間の理論的な関係性をモデルとして仮定し、それが妥当であるかどうかを検証するための統計的分析手法。相関分析、回帰分析、因子分析を統合した分析で、実際には観測できない因子や複数の従属変数を分析内に含むことができる。複雑な人の心理、意思決定を解析できる手法として、マーケティングや社会調査、心理学などの分野でよく用いられる。

ステップ4

顧客は6タイプに分けて考える

――ロイヤルティ別に顧客の特徴把握

顧客ロイヤルティ向上ステップの全体像

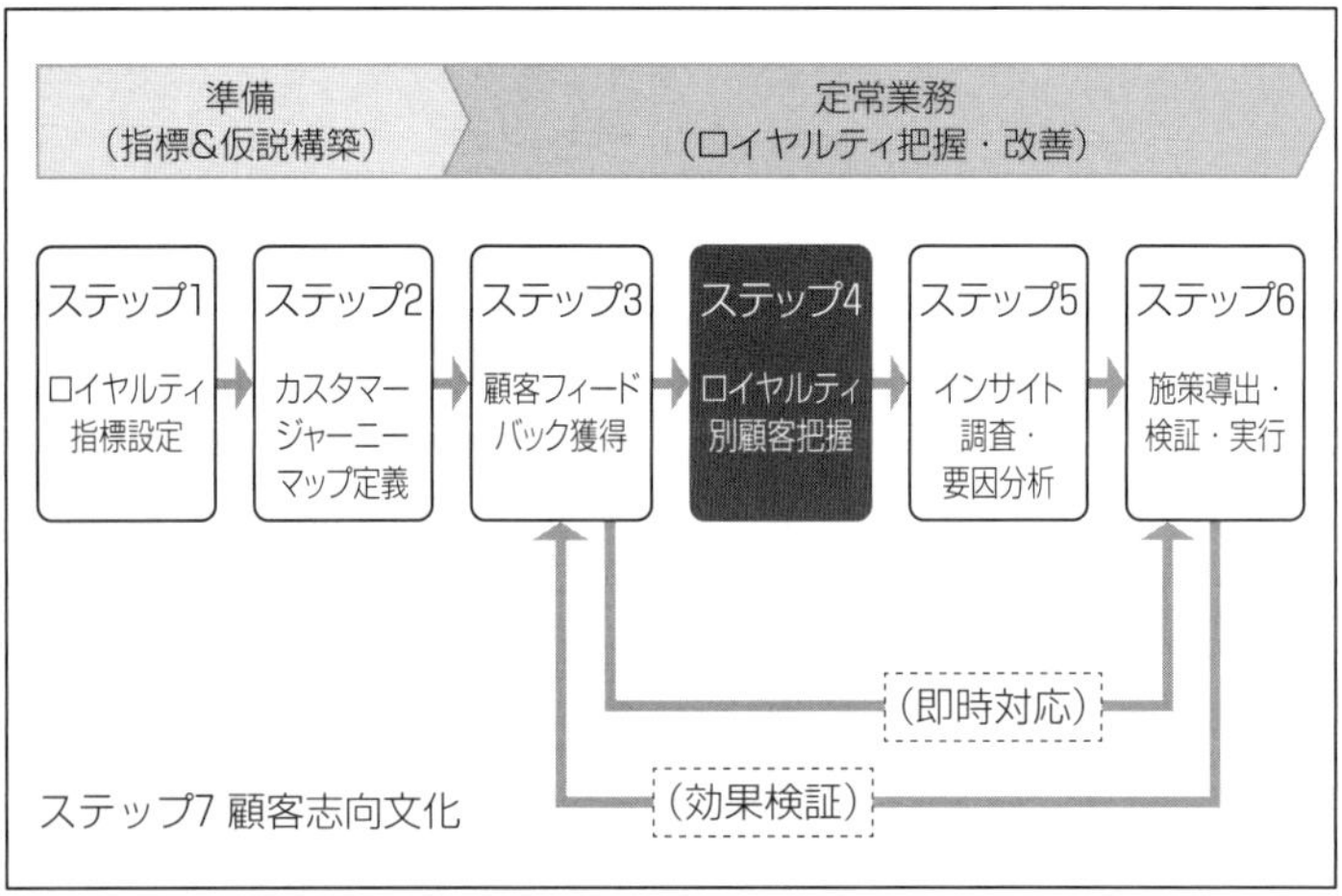

顧客から得たフィードバックは、単に数値で顧客の意識を可視化するだけでなく、ロイヤルティという軸で顧客を分類し、具体的なロイヤルティの課題仮説を導き出すことにこそ、その真髄がある。ここからはロイヤルティ別に顧客を分類し、ロイヤルティの高い顧客、中程度の顧客、低い顧客の内訳やその理由を分析していく。

『イシューからはじめよ』（英治出版）に、「分析とは比較、すなわち比べること」という解説がある。一見複雑に見える分析でも、「比較」「構成」「変化」の三種類の比較を組み合わせているにすぎないという。顧客ロイヤルティを分析する際も、ロイヤルティの高さで顧客を分類し、それぞれの顧客群の特徴を比較することが基本となる。各顧客群のアンケート結果のみならず、実際の顧客データと突き合わせて分析していくことで、なぜロイヤルティの高い層と低い層が存在するのか、またその違いはどこにあるのかという仮説を浮かび上がらせることがこのステップのゴールである。

1 顧客は「好意度」と「収益性」で6タイプに分類

ロイヤルティとは、顧客が対象企業に好意や愛着を持って、購入し続けたり、口コミをしてくれることだと定義した。ここでは、その実態に迫るべく、「ロイヤルティ(好意度)」と「収益性」の二軸に分解して分析していく。

具体的には、顧客から集めたロイヤルティ指標のデータは、ロイヤルティがきわめて高い層、中程度の層、悪い層の三段階に分類したうえ、さらに収益性の高低で六つに分ける。この六つの分類による分析は、NPSを開発したベイン&カンパニーでも「顧客グリッド」による分析手法として頻繁に紹介されている。

この手法では、ロイヤルティと収益性で分類した六つの象限の差異を見ることで、「①ロイヤルティの詳細」「②顧客像とドライビングファクター」「③活動優先順位」の三点を把握していく。また実際には、六つの分類を基本として、必要に応じてさらに細かく分けて分析することもある。以下、NPSを例にとって説明していく。

◉図表4-1　顧客ロイヤルティ別分析

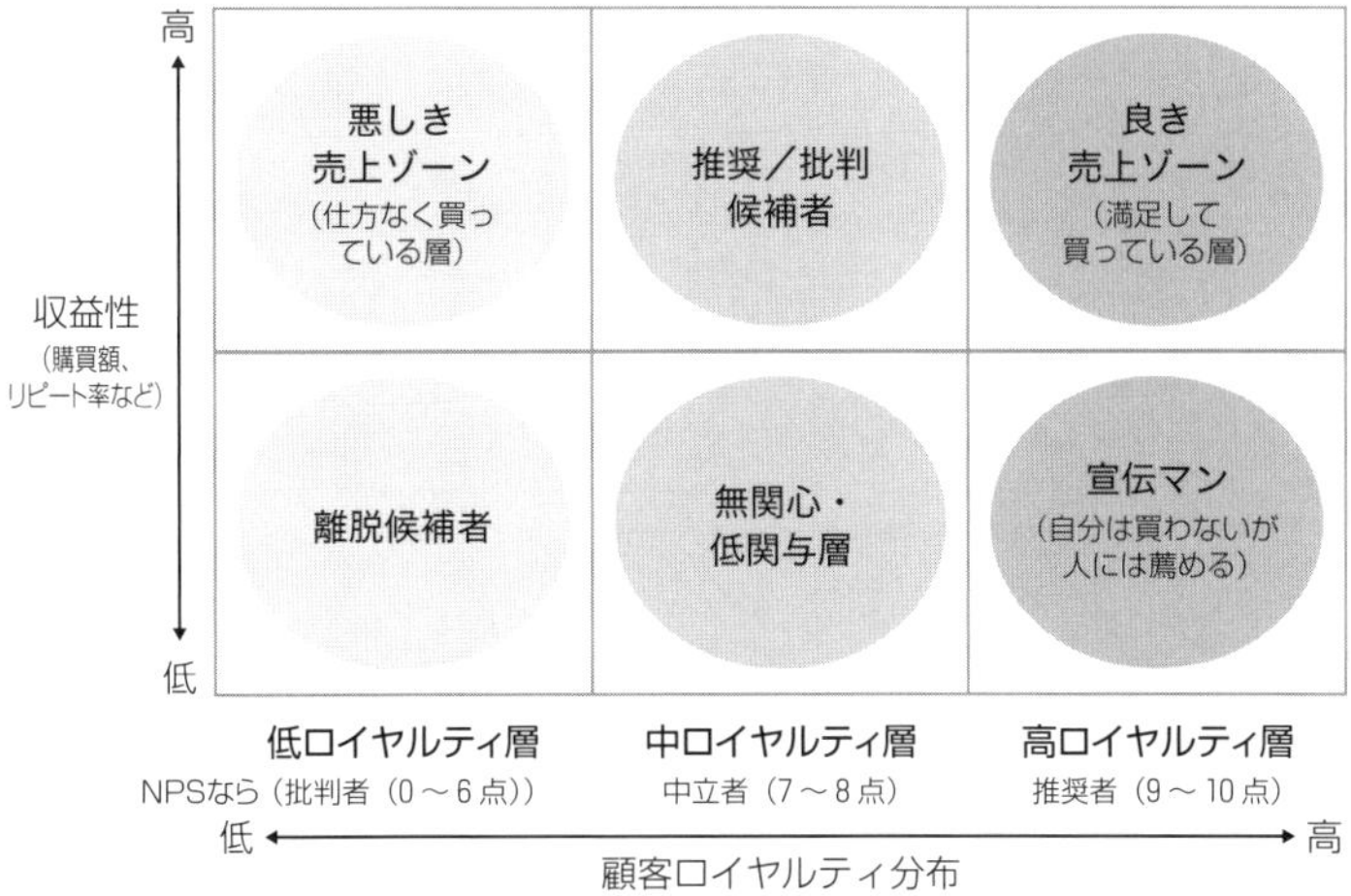

ロイヤルティの詳細分析

基本集計では、自社のロイヤルティの現状を「NPS（正味推奨者比率）」や「満足度平均」などの数値で把握したが、ここではより詳細に顧客を分類して見ていくことで、課題仮説の導出につなげていく。具体的には、上図のように横軸にロイヤルティの高低、縦軸に顧客の収益性を取ってプロットし、各カテゴリーに何人いるのか、どこがボリュームゾーンなのかを把握する。顧客の収益性は、顧客別の売上や粗利益のみならず、獲得・維持コストやサポートコストまでをも賦課してリアルデータで算出するのがベストだが、難しい場合には、推定で考えてみたり、収益性に最も直結する指標を使うなど、各事業の形態に合わせて工夫をするとよい。縦軸の収益性の中に引かれた横線は損益分岐点を表しており、この線より上にプロットされれば高収益、下の場合には採算ラインを割り込むことを意味している。このようにしてプロットした図を眺めるだけでも、多くの仮説を持つことができるようになる。

例えば、収益性の高い顧客であっても、左上の象限「悪しき売上ゾーン」に集中していれば、顧客が本当の意味では価値を感じずに対価を支払い続けている「悪い売上」が多いことがわかる。この顧客群はすでに不満が顕在化されているため、離脱するきっかけを待っている状況であり、早急に手を打つ必要がある。

右上の象限「良き売上ゾーン」は収益性も高く、好意度も高い真のロイヤルカスタマーとなり、ここが多ければ多いほど理想的な状態だと言える。

真ん中のゾーンは、顧客が「可もなく不可もなく」と認識していることを表している。このゾーンのうち収益性が高い顧客（「推奨／批判候補者ゾーン」）が多いときには、「寝た子による売上」「ステルス売上」など企業にとっては好ましい状況でないことが多いため注意が必要である。以下に詳細を説明する。

「寝た子による売上」とは、顧客が「この商品が買えるのであれば、別にどこの企業からでもよい」という態度で、惰性的に買い続けてくれている状態である。「寝た子」と名づけているのは、他の選択肢を検討することなく、ただ漫然と購買継続してくれているためである。収益性は高いが、その企業・商品である必然性を欠いているため、顧客基盤として脆弱と言わざるをえない。金融や通信など、どの企業から購入しても商品性に違いが少ない場合に起こりやすい。このような顧客層は、競合が魅力的な価格や条件を提示してきた際に、簡単に離脱する可能性が高いため、企業にとっては薄氷の売上である。この場合、「寝た子は起こすな」という格言に逆行して、きちんと商品や企業の強み、価値を伝える努力をしてこれらの顧客層の好意度や必然性を上げていくように活動する必要がある。

「ステルス売上」とは、顧客にとってはほとんど価値がないにもかかわらず、巧妙な手口で顧客に気づかれずに収益を上げている状態を示す。例えば、携帯電話サービス、銀行、スポーツジム、不動産販売などが、複雑でわかりにくい契約によって、顧客の判断ミスやルール違反を誘い、これを通常よりも高い収益源としている。何かと批判の多い携帯キャリアの2年縛り契約や、当初無料だったオプションの解約し忘れによる課金などもステルス売上の代表的なものである。この「ステルス売上」が問題なのは、企業は悪意をもって搾取しようという意図があるわけではなく、収益性の高いビジネスモデルを思いつき、それに邁進した結果、実は顧客から搾取していたという構造になっている点である。そのため短期的にはとても儲かるが、不満をつのらせた顧客を近い将来敵に回すことにつながる。

実際に顧客がこのような課金に気づくと、企業への信頼を一気に喪失し、即座に離脱するのみならず、悪評を他者にばらまき、新規顧客獲得にもマイナスの影響をおよぼすという最悪の状態になる。自社の「ステルス売上」の有無をチェックするには、以下を判断基準とするとよい。

- 最も収益性の高い顧客は、商品・サービスの本当の内容を知った時に最も不満を感じる理由が多い顧客である
- 顧客が違反してくれたほうが収益性の高いルールがある
- ルールやサービス体系が理解しにくい、あるいは守りにくい。実質的に顧客にルール違反や判断ミスをさせやすくなっている
- 顧客の離反を防ぐために、契約書によって縛りがかけられている

これまで見てきたように「推奨／批判候補者」ゾーンにプロットされた場合、潜在的な離反リスクがある可能性が高いため、原因を探る優先度が高い。このようにロイヤルティと収益性で顧客を分類することで、企業もしくは調査対象の事業の顧客価値提供量と対価のバランスがつまびらかになるのである。

❹ロイヤルティ別顧客像とドライビングファクター分析

各象限にどの程度の顧客が存在するかわかったら、次はなぜその象限にいるのか、顧客像とドライビングファクター（ロイヤルティを上げるための要素）を探る。

例えば、「収益性もロイヤルティも高い顧客は、なぜそれほどまでにロイヤルティが高いのか？　特定の経験、例えばコールセンターへ問い合わせた経験があり、その経験が感動を生み、ロイヤルティが高まったのか？　または別の理由なのか？……」といった問いを発し、答えになるような仮説を他の象限との差異から探していく。その結果、ロイヤルティの高い層は低い層と比べて、「コールセンター対応への満足度が0.9ポイントも高い」という具合に把握していく。

ここで、データだけに頼って機械的な計算で差異を導き出すだけではなく、自由回答欄のフリーコメントを手がかりに使うとよい。具体的には、まずはロイヤルティごとにフリーコメントをざっと読んで、ロイヤルティの高低を分かつ要因を感覚的でよいので把握し、粗い仮説を自分の中に持っておくようにする。

例えば、ある証券会社の調査例では、「ロイヤルティの高い顧客群は、ロイヤルティが中程度の顧客群に比べて、営業マンへの満足度が高い。フリーコメントにも具体的な営業担当の名前を記載して『○○さんの対応がよいから』と書いてくれた人も多かった。一方で、ロイヤルティの低い層は『営業がしつこい』という意見も散見されたので、実際に営業との接触頻度、タイミング、内容を調べるとより差異がはっきりするのではないか？」とロイヤルティについての仮説を一歩進め、実際のデータで深く掘り下げることにした。

そして、実際の接触データや過去の調査結果を見ると以下のような事実を得ることができた。

- ロイヤルティが高い層と中間層では、営業担当者の接触頻度にはほとんど差がなく、むしろ高頻度接触の場合にはマイナス評価に傾く傾向がある
- 高ロイヤルティ層の担当営業は接触のタイミングや内容が絶妙
- 接触頻度が低くとも、近況伺いのような中身の薄い接触はマイナス評価になる
- 顧客が持つ銘柄に動きがあった時など、顧客にとって証券会社から連絡があることが自然かつ、自分では知りにくい情報提供をされた時に評価が上がる
- 営業マンが自社の利益を損ねてでも顧客利益を守ろうとする助言、例えば、投資信託の購入を検討している顧客に対して、「今は買わないほうがいいと思う」などのアドバイスをくれる時に、感動や信頼が生まれ、ロイヤルティが大きく創出されている

営業マン対応を改善する場合には、「月一回は近況伺いをしよう」など接触頻度にばか

◉図表4-2　具体例　顧客ロイヤルティ別分析例（某証券会社）

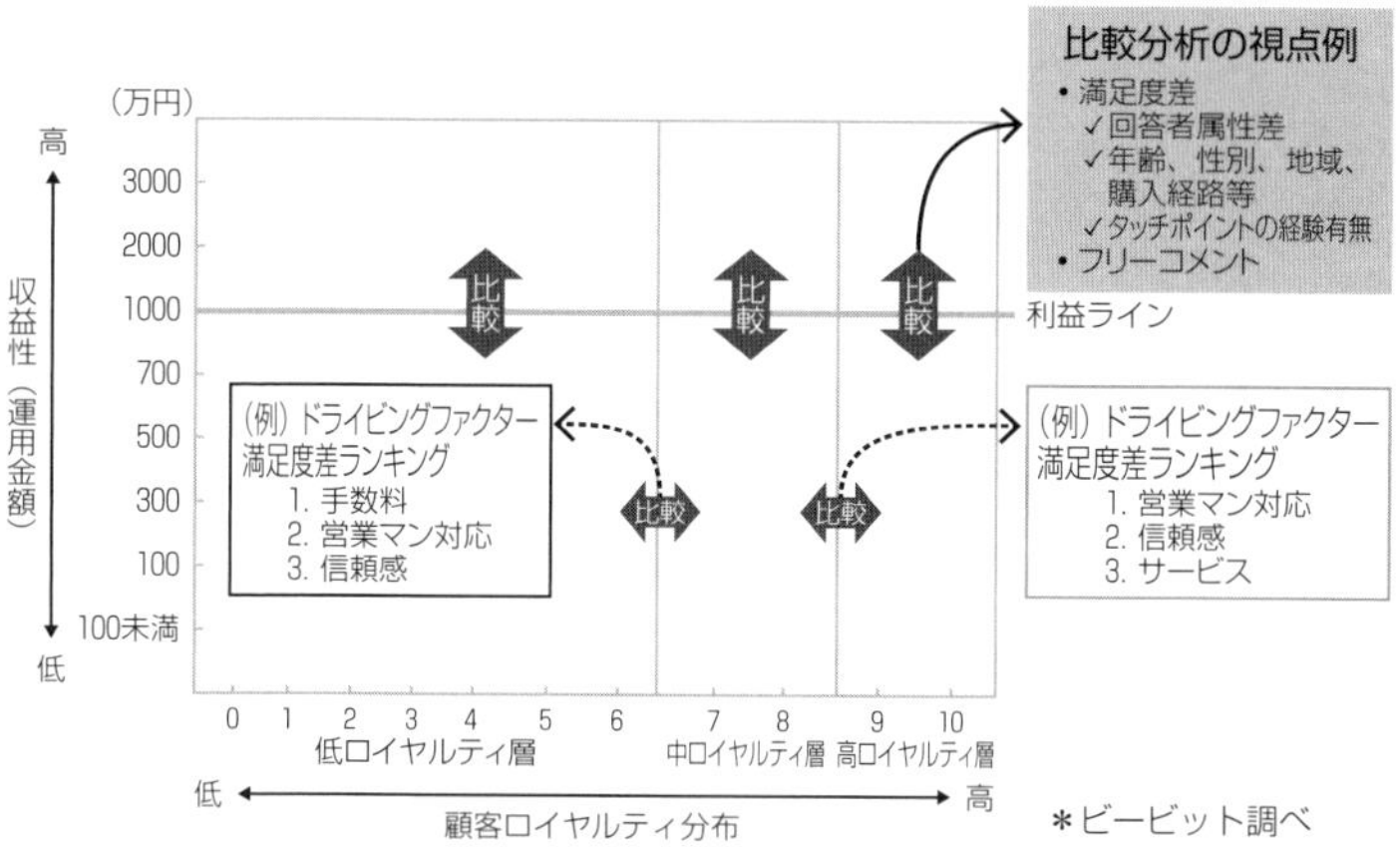

＊ビービット調べ

6つのゾーンを比較・分析してドライビングファクターを特定する

り注目が集まるが、フリーコメントによる肌感をベースとして検証していくことで、頻度ではなくタイミングがより重要であることをつかめたのである。

このように、分析当初は精度の粗い仮説であっても、実際の顧客データで検証していくと、徐々に仮説の精度を高めていくことができ、ロイヤルティ別の顧客像や改善施策が浮かび上がってくる。定量データ、フリーコメント、実際の顧客属性などのデータの三点を行ったり来たりしながら、ロイヤルティを分かつ要因についての仮説をスパイラルアップして行くイメージで取り組むとよい。

またデータがこの三点で足りない時には、補完的に他のデータを使うのがおすすめだ。

例えば、タッチポイント単位で実施している満足度調査結果や、コールセンターの問い合わせログ、コール件数、平均応答時間などのオペレーションデータ、その他過去の調査結果、顧客をよく知る現場社員へのインタビュー、ＳＮＳなどでの顧客の声など、社内外にあるデータで肉付けして検証するとよい。

過去のデータや社内ヒアリングである程度、差を生む要因がわかる時もあるが、そうでない場合も多い。例えば前ページ図表にある低ロイヤルティ層と中ロイヤルティ層のドライビングファクターを比べると、手数料に対する満足度差が最も大きいことがわかる。フリーコメントを読んでも、ロイヤルティが低い層は「手数料が高い」と不満をあらわにしていたが、ここですぐに「手数料への不満＝手数料が高いことが要因」と結論づけてしまうと、カスタマーエクスペリエンスの向上はあっという間に手詰まりになる。例えば、何と比べて手数料が高いと思っているのか？　どういう状況で高いと認識するのか？　など、不満の要因をさらに掘り下げていくと、思いもよらない真因が見えることがある。そのためには実際の顧客に会って質問をぶつけるなどして反応をみるのがベストであり、この方法については次ステップにて詳述する。

➊活動の優先順位づけ

この段階で、顧客像や改善施策案の概要が見えている場合には、活動の優先順位づけができる。まだ「課題はわかるが、それをどういう施策で解決すべきか見当もつかない」ような状況では、次の定性調査を実施し、施策の方向性を明確にしてから改めてこのステップに戻って活動の優先順位づけを行ったほうがよい。優先順位づけの基準に「(施策の)改善難易度」という項目があるため、ある施策の方向性が明らかでないと優先順位づけが難しいためである。

活動の優先度をつける際には、全社への説明責任を果たすべくその基準が誰の目から見ても明確で透明性のある判断基準を用意する。活動の優先順位をつける基準には以下のような項目がある。

1. **ロイヤルティ改善効果**……ドライビングファクターの相関係数やインパクト係数、対象顧客ボリュームから、改善活動を行うと、ロイヤルティ指標はどの程度向上するのか予想。
2. **改善難易度**……改善に要するコストや期間、また関連する部門数等から改善活動の難易度を想定。
3. **改善余地**……ドライビングファクターの平均満足度や満足度分布から、改善余地を想定。平均満足度がすでに高い場合には伸びしろが少ない。

◉図表4-3　NPSが高いほど再購入率も高くなる

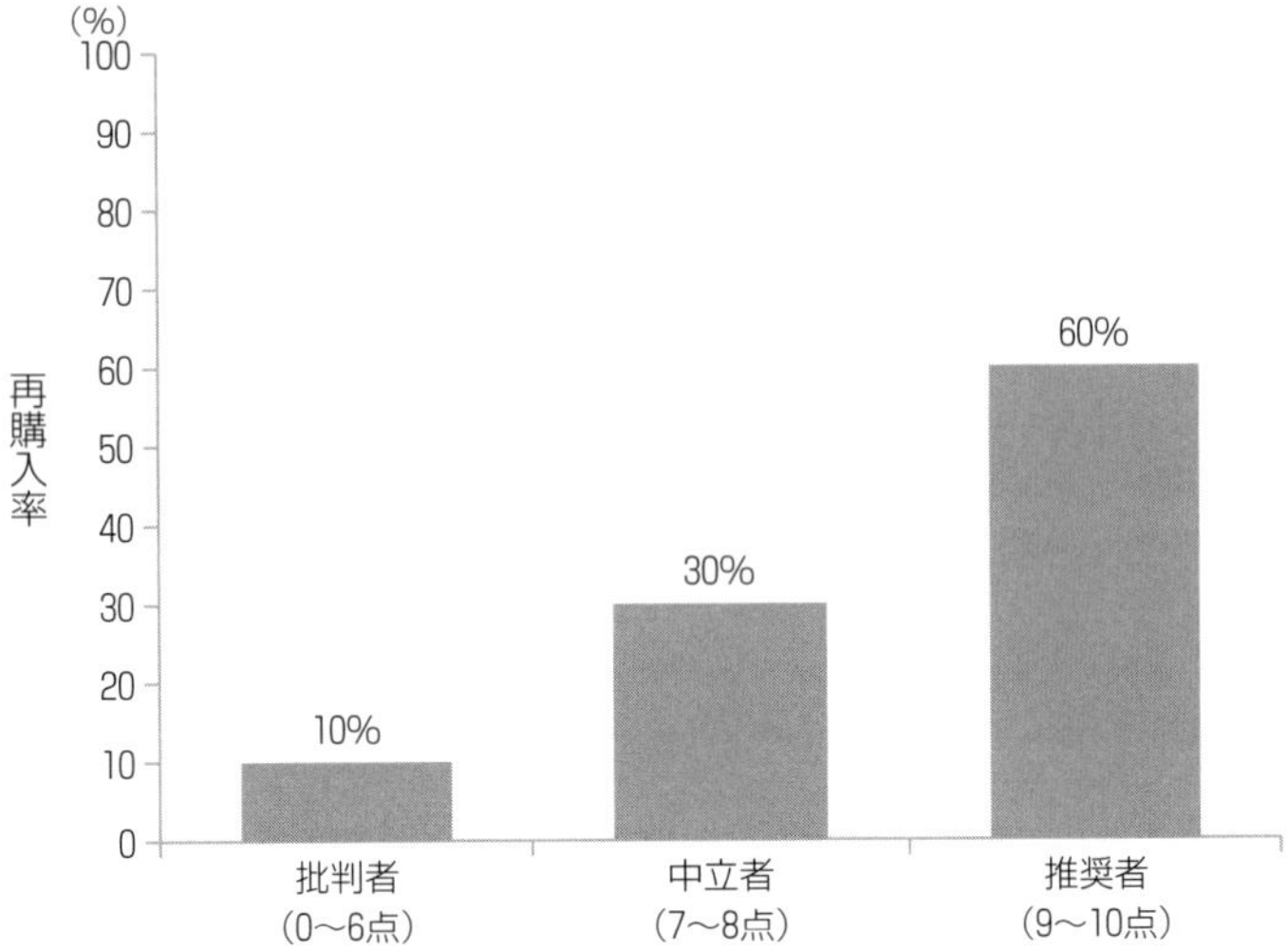

◉図表4-4　実際のプロジェクトで実施した改善方針の優先順位づけ

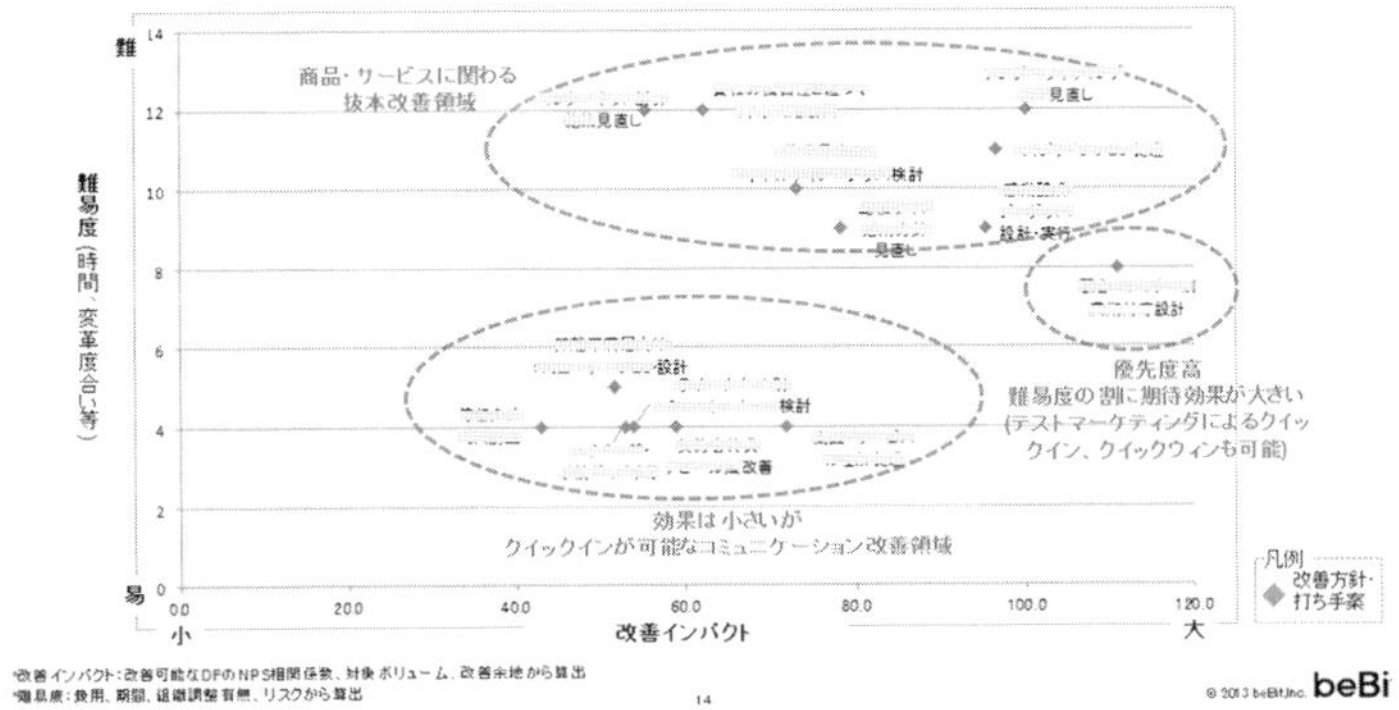

実際の資料のため一部ぼかし処理した

4. **リスク**……その領域を改善することによるリスクの有無や高低を確認。

5. **ビジネス成果創出時期**……売上やコストダウンなど、改善がビジネス指標に反映されるまでの期間を想定。中には2～3年を要するものがあるため、それを受け入れられるのかどうか判断。とくにロイヤルティ創出活動の開始当初は社内にアピールするための小さな成功事例が短期的に必要なことが多く、成果は小さくともスピード重視という判断もありうる。

6. **アピール度**……社員にとっては小さな改善であっても、顧客や業界にとっては顧客志向経営をアピールするうえで象徴的で大きな評価につながるものもあるため、社内外への影響度合いを想定。

これらのうち、最も重要となるのはやはり1の「ロイヤルティ改善効果」である。これに関しては、ロイヤルティと収益性で顧客を分類し、それぞれの特徴を定量・定性両面で見ていくと、「どのセグメントの、どの要素を改善すると、最もロイヤルティが上がるか」が見えてくるようになる。とくに収益指標と十分な相関のあるロイヤルティ指標を採用できている場合、現状のロイヤルティ指標の数値を使って、ロイヤルティ改善の定量的な効果予測が可能となってくる。図4―3はNPSと再購入率の関係性を表したグラフだが、中立者のうち20％を推奨者にできた場合の効果を試算してみる。中立者は全顧客の40％だとすると、そのうちの20％の顧客、つまり全顧客の8％を推奨者として増やすことができたことになる。そのため再購入者数は、「全顧客数×（8％＋60％）」で求められ、そこに平均単価をかけると売上増加見込みを立てることができる。この例ではNPSを批判者、中立者、推奨者と三つにくくったが、回答者データが膨大にある時は0〜10点の各スコアごとに再購入率を計算し、「プロモータスコア8点の人を9点にできたら……」と仮定して成果試算をしてもよい。このような考え方の場合、スコアの分布がより多いカテゴリーの顧客に絞って施策を打つことで、より大きな成果をもたらすことができるため、活動の優先順位づけの一つの視点となる。

2 分析すると見えてくるもの

ここからは顧客をロイヤルティ別に分析した時に見えてくる結果について代表的なものをいくつか紹介する。

具体的な改善方針とデータによる説明

顧客ロイヤルティ別に分けて分析するメリットは、なんといってもロイヤルティ向上という目的に直結していることだ。当たり前のように聞こえるだろうが、各企業が実施している顧客満足度調査結果を見ても、満足度の高低別に分析している例は実は多くない。本来であれば、満足度が高い群、低い群に分けてその差異を見るとよいものを、「男女別の満足度」「年代別満足度」などと、顧客属性を軸にした満足度・ロイヤルティ分析ばかりが出回っている。このような属性別に満足度やロイヤルティの度合いを見ても、満足度差の原因についての仮説や解決施策案が浮かぶことは少ない。

その理由は二点あり、一つめは複雑化する現在のマーケットにおいて、男女や年代といった属性による差が少なくなっていること、もう一つは、人間を無理矢理、旧来型のセグメントで分類しているため、一人の人間としてのリアリティのある顧客像が感じられないためである。きわめて定性的な話ではあるが、一人の人間が持つ感情としてのロイヤルティをとらえない限り、有効な差や施策を見出すことは難しい。相手にするのは、生身の人間であり、一人一人が一定の時間軸の中で企業と関わり、その流れの中にロイヤルティの高低を分かつ要素があるため、やみくもに顧客を性別や年代、居住地域で分類してしまうとロイヤルティ創出要素が分断されて見えなくなってしまうのである。カスタマーエクスペリエンスという概念が注目を浴びているのも同じ背景である。

顧客をロイヤルティの高低に分けて差異の分析を行うと、ロイヤルティの高い顧客と低い顧客の傾向や差が見えやすい。

例えば、ロイヤルティの高い顧客は、カスタマーサポートからのアウトバウンドコール（企業側から顧客へ発信する電話）を受けた経験がある一方で、ロイヤルティが低～中の顧客は、サポートを受けたことがないなど、経験値に隔たりがあることがわかる。この場合、接触量が足りないとも読み替えられるため、ロイヤルティ向上のために、過去3年以上接触がない顧客に何かしらのコンタクトポイントを設けてみてはどうか、という仮説がすぐに思い浮かぶ。もちろん、簡単に思いついた仮説でロイヤルティが上がるほど甘くはないが、すぐにアクションが見えてくるのは、ロイヤルティ別分析の大きなメリットだ。

アクションに落ちない顧客分析が多い中で、ロイヤルティ別分析を使って浅い仮説と言えどもアクションを見出し、小さく試行することで、さらなる仮説導出、軌道修正が可能となり、徐々にロイヤルティを創る真因に近づくことができるようになる。結果として、短期間で大きなロイヤルティ向上を果たすことができる。また定量調査をベースとしているため、活動の優先度もつけやすい。「どのセグメントの、どのドライビングファクターを

◉図表4-5　ある企業におけるNPSと実際の平均紹介回数の相関

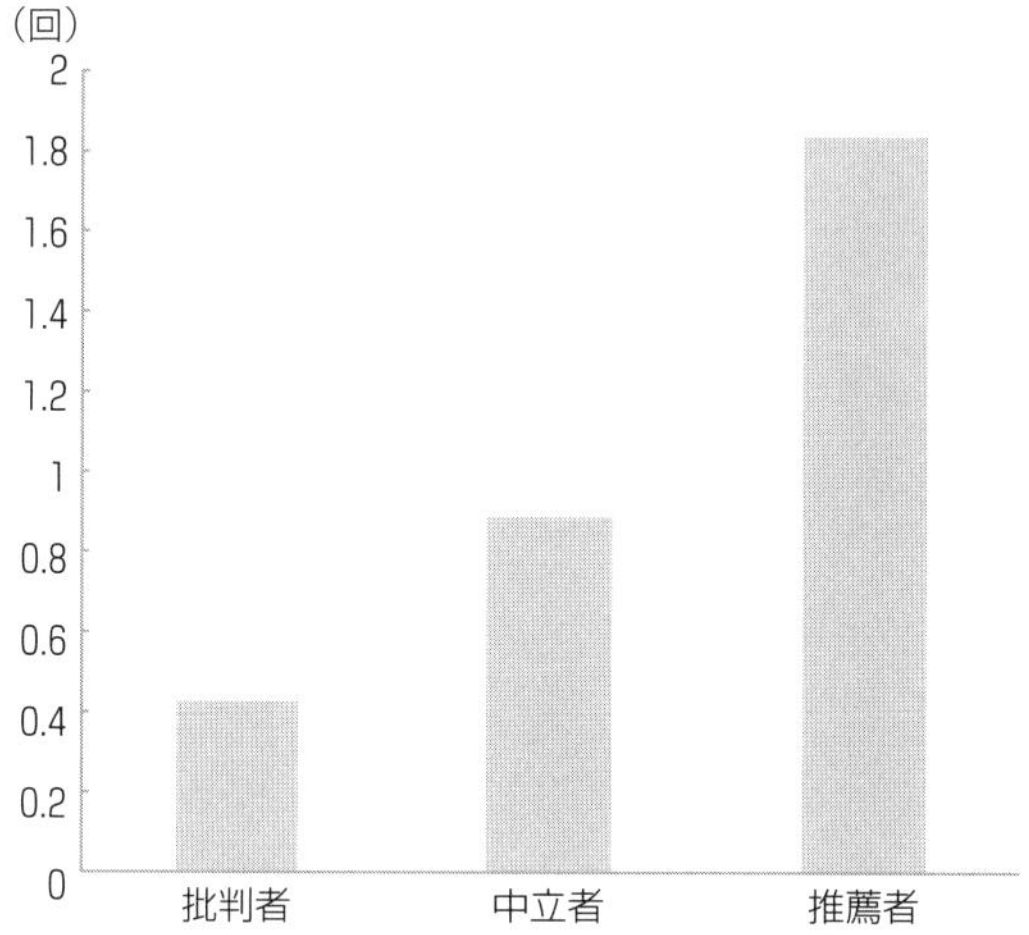

ビービット調べ

改善すると、最もロイヤルティ指標が上がるのか」という命題について、調査で得られた数値データを用いてある程度の説明ができる。組織を動かすうえで、データによる証明ができるのは大きな価値だろう。

ロイヤルカスタマーなのに口コミしない顧客

「友人におすすめできる度合いは？」と聞くNPS調査では、「実際によい口コミ、悪い口コミをしたことがありますか？」という項目を質問に入れることがある。この項目を入れることによって、推奨度合いと実際の行動の差異を分析できるようになり、NPSの妥当性を証明することができる。多くの場合、図表4

―5のグラフの通り、推奨者ほど紹介や口コミをする傾向が高いが、回答をよくよく見てみると、中にはNPSで10点とつけているにもかかわらず、口コミをしたことがない顧客が少数ながらもいることがわかる。NPSでは「推奨者」と一括りにしてしまうが、当然のことながら推奨者が全員、他者におすすめするわけではない。もし、六つのロイヤルティ分類のうち、本来口コミが生まれるはずの右上の「良き売上ゾーン」の顧客の口コミ回数が期待より高くないのであれば、その理由を掘り下げていくとよい。要因を探っていくと、口コミしやすい人としにくい人の差が明確になり、それぞれに対して対策を取ることで、より口コミを創出することができるようになる。ある企業はこの観点で分析を行った結果、よく口コミをしてくれる顧客に対してはコミュニティを作ると同時に、口コミがしやすいツールを提供することでさらなる活性化を実現した。

このように推奨者であるのに、実際の推奨行動にいたっていない顧客群には「何か不足点がある」と思ってかかるくらいでちょうどよい。一度信頼してもらった顧客には、その信頼に甘えて放ったらかさずに、その信頼をさらに維持・拡散してもらうためにできることを考えていくようにしたい。

❶ないがしろにされるロイヤルカスタマー

ロイヤルティ上位顧客は、企業の中でないがしろにされているケースが多い。自社の状況はどうなのかをチェックするには、新規顧客獲得のための予算と既存顧客維持のための予算配分を比べてみるのが手っ取り早い。

例えば、ある企業では、売上の2割が新規顧客からもたらされているが、そのためにマーケティング費用の8割が投下されていた。さらに残り2割の予算のうち、クレーム対応に1割が費やされ、売上の大半をもたらしてくれる上位顧客に対して残り1割しか予算が使われていなかった。見方を変えれば、上位顧客がもたらす収益を、ロイヤルティや収益性が低い顧客の問題解決に充当しているのである。さらにひどい会社ではロイヤルカスタマーは他の顧客群よりも値上げが容易であるため、目標達成のためにこれら顧客に値上げをしてしまうことすらある。NPSを開発したフレデリック・ライクヘルド氏はこのような現象を「コア・メルトダウン（重点顧客への過小投資による成長抑制の意）」と命名したが、この名の通り、最も大切にすべき顧客を最もないがしろにしていると、せっかくの口コミポテンシャルを逃し、いつしか静かに顧客を失うことにつながる。

ロイヤルカスタマーこそが企業の成長を支えているため、最優先で彼らへの還元を考えるべきだ。とくに競争が激しい業界では、ロイヤルカスタマーによる口コミの影響が大きく、その影響力をより大きくしていくことを優先したい。筆者の経験では、超がつくロイヤルカスタマーであっても、心の奥底では「新規顧客獲得向けばかりにキャンペーンを実施して長年付き合ってきた自分には優遇が少ない」と感じている顧客は少なくない。

例えば、以前ホテルの調査をした際、そのヘビーユーザである顧客は「宿泊によってポイントは確かに貯まるし、それで無料宿泊やアップグレードをしてもらったこともあるけど、直前まで空いている部屋を予約サイトで叩き売っているのを見ると、どうして自分達に先に知らせてくれないのかといつも思う」と発言していた。ヘビーユーザであれば、部屋や設備などの細かい条件を確認することなく、自分の予定と料金に納得できればすぐに予約を入れることができるので新規顧客向けに値引きするのであれば、まずはロイヤルカスタマーにその情報を提示するというのは理にかなっている。ポイントで還元していると いう反論が聞こえてきそうだが、顧客にとってはポイント還元が未来の不確かな値引き可能性であるのに対して、直前予約の優先販売は今の確実な値引きであり、その価値はまったく異なる。ロイヤルカスタマーが、その信頼関係から値引きせずとも買ってくれることに企業が甘えすぎていると、いつしか心がはなれていくことになるため、つねに気を配っておくべきである。

「ニセ推奨者」「隠れ中立者」の取り扱い

ロイヤルティの高低で顧客を分類していき、その要因を見ていくと、例えば、NPSでは9点や10点をつけた推奨者なのに、ドライビングファクター満足度や自由回答欄を見ると推奨者と呼ぶにはまだ足りないと思えるケースがある。

例えば、ダイレクト型の自動車保険業界のNPSを調査した際、各社で10点をつけた推奨者のうちの何割かが、「長年加入していた代理店型の保険会社に比べて、保険料が格段に安くなり感動です」と回答していた。しかし、この評価は対象となる〝企業〟ではなく、ダイレクト型保険〝業界〟に対する評価であるとも受け取れる。そして、このような回答をした顧客は、他のダイレクト保険会社からさらに安い保険料を提示された場合には、容易に乗り換える可能性が高い。「他社の誘いに決して乗らない」というロイヤルカスタマーの定義に照らし合わせると、推奨者（＝ロイヤルカスタマー）と呼ぶには時期尚早である。

このように、調査結果上は推奨者であっても、企業が求めるところの推奨者でないと判断できる場合には、「ニセ推奨者」「隠れ中立者」として、他の推奨者とは異なる扱いをしたほうがよい。現時点では好意的に思ってくれているこれらの顧客には、競合とは異なる強みをできるだけ早く理解してもらい、本当の推奨者になってもらう必要がある。このように顧客を分類できるのも、ロイヤルティ分析の大きな強みである。

⬇人にすすめたくないから0点という批判者

批判者をつぶさに見ていくと、「人にすすめて何かがあっても責任が取れないので、推薦はしない主義。なので0点（または5点）」という回答をよく見かける。とくに高額商品や金融商品、医療、ダイエットや美容整形など、購買にともなうリスクが比較的高い商材に、この回答傾向が高まる。このような回答者は純粋な批判者とは異なるため、集計から排除すべきかどうかがよく議論の対象になる。対処としては、まずこのような回答があまりにも多い場合には、集計をどうするかを議論する前に質問設計を見直したほうがよい。NPSであれば、単に推奨度を聞くのではなく、「家族におすすめを聞かれた場合に」「同じような悩みを持つ友人に相談された場合に」など、実際にありえそうなシチュエーションを想定した質問に変更すべきだろう。遠慮なく意見が言い合える間柄であれば、「この会社はいい／悪い」と言えるはずであり、推奨度を回答してもらいやすい。

質問を最大限工夫しても、それでも「人にすすめる行為はしない」という回答者は存在する。このような顧客は大概、0点（または5点）をマークするため、NPS上は批判者として分類される。当然ながら、本来の批判者とは異なる位置づけであり、ＮＰＳを下げる要因となるため、これらの回答は除外したくなるが、基本的には集計に含めることをおすすめする。その理由は二点ある。

一つめは、ＮＰＳをはじめとしてロイヤルティ指標を計測するそもそもの目的は、正しい絶対値を知ることではなく、よりよいエクスペリエンスを提供し、ロイヤルティを創出するためである。つまり、現時点の数値的な正しさにこだわるよりも、次に計測したときに今よりも少しでもスコアが上がること、つまりアクションを取ることこそが重要なのである。絶対値よりも、前回計測時からの差分に意味があるため、多少の外れ値は包含しておいてもそれほど問題ない。

二つめの理由として、このような「人にはすすめたくない」というマインドの顧客でさえも、本当に感動してよいと思えば、多少なり推奨してくれるはずという前提で活動をすべきだからだ。もちろん、実際には色々な顧客がいるためこれは理想論ではあるが、理想を掲げずに活動をしてもロイヤルティを創出することは難しい。このようなマインドの顧客でさえも、動かせるほどのカスタマーエクスペリエンスを提供しようという目標を設定したほうが、より高いレベルに到達できるため、このコンセプトを体現するために「人にすすめたくない」という回答も集計に入れておくことを強くおすすめする。

3 批判者を減らすべきか、推奨者を増やすべきか？

ＮＰＳ調査を実施すると、「ＮＰＳを上げるために、批判者を減らす活動と推奨者を作る活動、どちらに注力すべきか？」と必ず聞かれる。この問いに対する答えは、推奨者・批判者のボリューム、経済効果、競争環境の三点を勘案して決めていく。

三つのうち経済効果を見る際には、ＮＰＳで定義する「推奨者」「中立者」「批判者」という顧客カテゴリーが自社にフィットしているかを確認するとよい。ＮＰＳでは7～8点を中立者、6点以下を批判者と定義しているが、これは6点と7点の間に収益性に明らかな断絶があることが多いためである。しかし業界によっては、違う場所に断絶を見る場合がある。図表4—6は、米国マッキンゼーが調査した業界別のＮＰＳだが、この結果では、有料テレビサービス業界は4点以下から極端に収益性が悪くなるため、5～6点を中立者として扱ったほうが妥当な可能性が高いと言える。またリテールバンキング（個人向け金融サービス）では、7～10点の間は、すべてのポイントで収益性が向上するため、たとえ推奨者であっても9点の顧客を10点に変えていく意義は大きい。このようにＮＰＳのよう

◉図表4-6　同じ指標がつねに正しい訳ではない

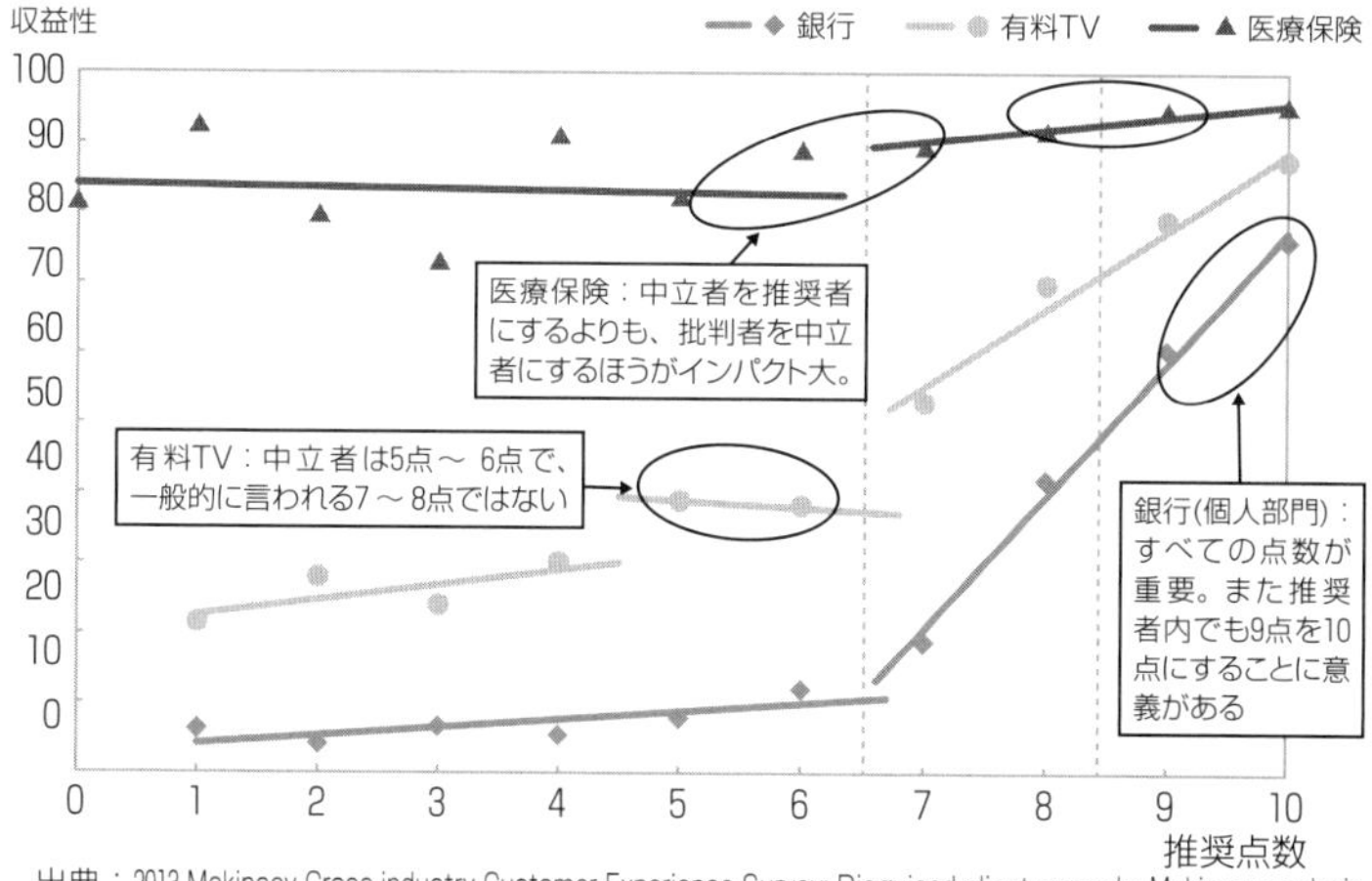

出典：2013 Mckinsey Cross-industry Customer Experience Survey; Disguised client example; Mckinsey analysis

な一般に広く普及した指標であっても、つねにすべての企業にその定義がそのまま当てはまるわけではない。もともと用意された「推奨者」「中立者」「批判者」の枠にこだわりすぎることなく、スコアの動きと収益性との関係を分析し、どのポイントの顧客を動かすとインパクトが出るのか見極めるべきである。

ちなみに図の医療保険では、各スコアごとの収益性にあまり違いがない。このように全体としてそもそも違いが出てこない場合には、質問票を見直すとともにより厳しい質問を投げかけて違いを出していくことも検討したい。例えば、「当社を信頼していますか？」や「当社で感動的な経験をしたことがありますか？」などの質問をしてみて結果を比較してみるとよい。同じＮＰＳを聞いても、このように業界によっては違いが明確に出てこないケースがあることを理解しておいてほしい。

収益性の次に見たいのがボリュームである。いくら収益性が高くとも、対象となる顧客が少ないのであれば、優先度は低くなる。顧客のニーズにそれなりに合致した事業展開ができている場合、一般的には5～7点あたりに分布される顧客が多くなる。大きな不満があれば、その企業から離脱してしまえばよいため、4点以下をつける顧客はそもそも少ない。しかし、もし4点以下の批判者が7～8点をつけた中立者よりも多い場合、その企業や製品・サービスはきわめて重大な問題を抱えているため、とにもかくにも批判者を減らす活動に注力すべきだろう。筆者の経験上、批判者が多く観測されるのは銀行（のぞくネット銀行）、証券（のぞくネット証券）、携帯電話など、不満のある顧客でも契約によって一定期間縛りつけてしまうサービス形態か、顧客にとって「不満はあるがどこの企業も同じなので仕方なく使っている」と思われているような業界になる。顧客にとって代替となる選択肢がない状況では、不満があってもそこに留まらざるをえないため、余計に不満が大きくなり、企業にとっての大きな病巣となっていく。この状態で、魅力的な競合が現れたり、行政指導などによって従来のような契約形態が取れなくなった時、一気に顧客を失うことになる。

一方で顧客にとって他の選択肢があり、いわゆる「選びたい放題」のような熾烈な競争下では、口コミの果たす役割が大きく、企業にとっては推奨者作りがきわめて重要になる。アメリカで著名なマーケティング研究者が「メディアを買うくらいなら推奨者作りに予算を使おう」と提唱するくらいに、メディアによる認知獲得とは比べ物にならないくらいに、推奨者がもたらす口コミがビジネスを左右する。「推奨者作りはペイしない」という議論もあるが、推奨顧客から直接もたらされる収益、例えば継続購入や追加購入の額が小さくとも、間接的な効果は大きい。この間接効果は、新規顧客の認知経路や口コミの影響度などを調査し、推奨者の間接的な経済効果を検証することで明らかにできる。価格競争に巻き込まれているような業界では、間接効果を調査したうえで、推奨者作りを検討したい。

⬇推奨者作りの隠れたメリット

ここまで「経済性」「ボリューム」「競争環境」の三つの軸での検討ポイントを紹介したが、実際にはよほど極端に批判者が多い場合をのぞいては、推奨者創出活動と批判者減少活動はバランスを取って行われる。とくに批判者や不満者を減らす活動は、従来からあるCS活動の延長線上で対応できることも多く、カスタマーエクスペリエンス全体の向上を考えていくと、おのずと推奨者作りに力点が置かれることとなる。もし批判者ばかりの企業であれば、カスタマーエクスペリエンスどころではなく、何のために仕事をしているのか、自社の存在意義は何なのかから考えなおしたほうがよい。多くの日本企業はそこまで批判者が多くないため、顧客の役に立ち、心から喜んでもらうためにできることについて小規模でも検討すべきである。このようなポジティブなアプローチは従業員にとって、大きなモチベーションとなる。不満を消す活動はもちろん必要だが、そればかりでは、従業員にとっては働きがいを失いかねない。一方、「どうしたらもっといい経験を顧客にしてもらえるか？」という前向きな問いかけは、従業員のモチベーションアップにつながり、その結果、顧客から感謝の声が届けば、大きな喜び、働きがいになってくる。この「取り組んでいて楽しい、やりがいがある」という点は、顧客志向の組織や文化を醸成していくうえでもきわめて重要な要素となる。

徹底した顧客志向で有名なアメリカのホテルグループ・リッツ・カールトンでは、ゲストがホテル内に忘れ物をした際、素早く返すことだけでなく、より喜んでもらう返し方を考え実行している。

例えば、小さな子供が大事にしているぬいぐるみを忘れた場合、母親から困った声で電話が入り、その後ろ側では泣き叫ぶ子供の声が聞こえてくることが多いという。この子供と困り果てた親の気持ちを察し、ぬいぐるみを見つけた場合には即座に「無事です」と連絡する。そして、そのぬいぐるみがホテルのレストランで食事をしていたり、プールでくつろいでいるかのような写真を撮影し、それぞれの写真に説明をつけたピクチャーブックを作成して、「このぬいぐるみはもう少しホテルに滞在して、あと少しだけ旅を楽しみたかったようです」という手紙とともに、ぬいぐるみを返送する。もちろん、毎回スタッフが趣向を凝らすため、ピクチャーブックの中身はすべて異なるそうである。忘れ物をただ返すだけでなく、「どうやって返したら顧客に喜んでもらえるか？」と思考を巡らせ、ホテル内のあちこちでぬいぐるみを配置しながら真剣に写真を撮るスタッフの姿はおそらく活き活きしていると想像できる。

心理学者のアドラーは「幸福とは貢献感である」と定義したが、推奨者を作ろうと気合いを入れずとも、目の前の顧客に喜んでもらおうと努力することは、仕事の喜びやモチベーションのみならず、幸福感に直結する。働きがいを感じる従業員が多ければ多いほど、よりよい製品開発・サービス提供が実現し、さらにカスタマーエクスペリエンスは高まり、ロイヤルカスタマーが生まれるという良い循環が成立する。この意味においても、推奨者を増やすというアプローチは必ず取り入れるべきなのである。

ステップ5

顧客の行動はウソをつかない
——定性調査で顧客インサイト理解

顧客ロイヤルティ向上ステップの全体像

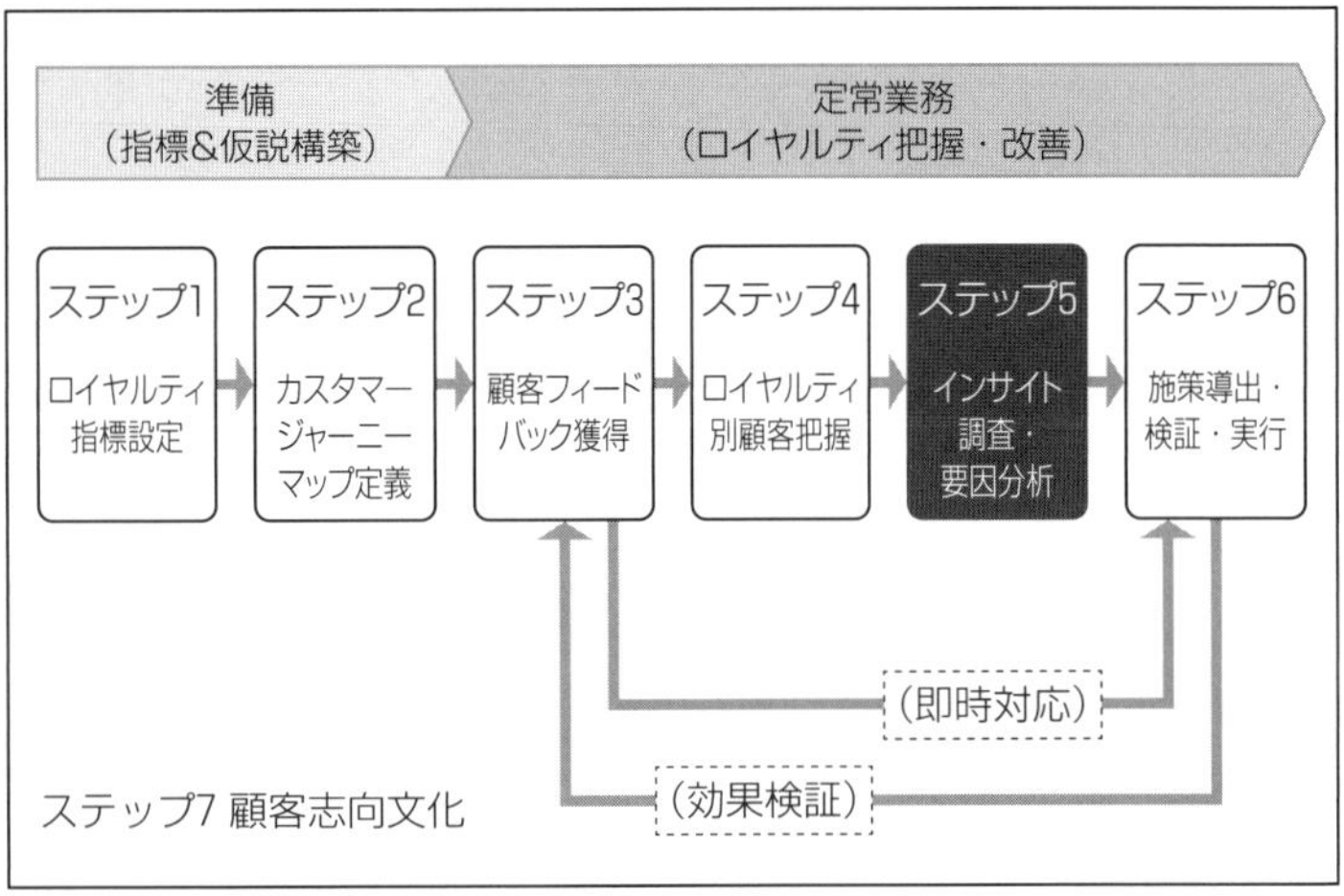

前ステップの六つのマトリクス分析をしたところ、例えば、「ロイヤルティが中程度かつ収益性も低い顧客セグメントは料金への満足度が相対的に低い」という結果が得られたとしよう。しかし、料金不満があることはデータからわかったとしても、即座に料金改定ができるわけではない。そのため、多くの顧客満足度調査では、「打ち手なし」「料金説明を丁寧にして納得感を醸成」程度のアクションで終わってしまう。これでは、せっかくの調査も改善につながらず調査費用が無駄になるばかりか、徐々に調査自体が形骸化していくことになりかねない。

しかし、カスタマーエクスペリエンスという観点でこの課題をとらえ直すと、実は料金の絶対額だけが課題ではないとわかることが多々ある。それは例えば、料金不満は顧客の勘違いから生まれていることであったり、説明の不備からあえて高く感じさせてしまっていたということもあり得る。このように課題の真因を探り当てることで、想像すらしていなかった顧客側の世界が姿を見せ始め、有効な改善アクションを見出すことができるようになる。

そのためには顧客心理を理解するための定性調査を行い、定量調査で浮き彫りになった課題の「要因」をとらえる必要がある。ここでは顧客の意見よりも行動に着目することがポイントとなる。

1

声なき声まで拾える定性調査

⬇定量調査・アンケート調査だけでは半分もわからない

定量調査は大きな母集団に対して調査が実施できるため、顧客全体の意識を把握することに優れている。その反面、扱うことができる範囲はどうしても表層的かつ限定的になる。とくに、定量調査のメインであるアンケート調査は、調査主体者・回答者双方にとって、言葉で理解・表現できる領域になるため、お互いが言語化できていることだけが発見点のメインとなる。そのため、顧客自身は気づいていないが、企業にとっては大きな課題となるような事象については、定量調査で把握することはできない。また、前ページの例のように「料金への不満が高い」とわかっても、なぜ不満なのかという背景や真因についても定量調査だけで把握するのは限界がある。

一方で、インタビュー調査や行動観察調査（店舗や自宅リビングなど、製品やサービスを使う現実的な状況を用意し、そこで顧客が行動する様子を観察。気づいた点をあとから細かくインタビューする手法）などの定性調査では、顧客の言葉や態度、表情を直接かつ双方向に把握できることで、顧客が実際に直面した事象を時系列で確認したり、顧客の感情や心理に迫ることができる。そのため、カスタマーエクスペリエンスの全容を明らかにしたり、課題の裏に潜む顧客インサイトを得るにはきわめて有効となる。

定量調査と定性調査はお互いに補完関係であり、一方の調査で知り得たことを、もう一方の手法で深掘りしたり、検証したりしていくことで、カスタマーエクスペリエンスの現状をより正しく、深く理解できるようになる。

⬇個別調査における定量調査と定性調査の関係性

主要タッチポイントごとにアンケートによって定量調査を測定している企業から、「タッチポイントごとのアンケート調査のあとも、毎回定性調査をすべきなのか？」と聞かれることがある。タッチポイント単位の定量調査は1日に何十、何百と結果が返ってくるため、そのたびに定性調査をするのは現実的ではない。また、タッチポイントごとの調査の結果、評価が低い顧客には「48時間以内にフォローコールを実施する」といったプロセスを回している場合、フォローコール自体が定性調査の役割を担うため、別途新しい調査を行う必要性は少ない。直接顧客に低評価の理由を聞くことで、学びを得てそれを改善につなげていけるためである。

そのため、タッチポイントごとの定量調査の結果を受けて定性調査を行うのは、例えば「コールセンターの手続変更における対応不満が継続的に多い」など、継続課題に対して改善プロジェクトを立ち上げたタイミングがよい。実際には、各部門で定性調査を実施する余力、ノウハウがないケースも多く、カスタマーエクスペリエンス部門やCS部門の支援を受けるか、それらの部門が主体となって部門横断のワーキンググループを立ち上げて取り組むことが多くなるだろう。

企業や製品・サービスに対する総合的なロイヤルティを調べるアンケート調査を実施した場合には、確認できた課題や仮説の要因を定性調査によって掘り下げていく。定性調査はその準備の手間やコスト、高い調査スキルが要されることもあって嫌厭されがちだが、定性調査なくして改善を行うことは、わざわざ改善がうまくいかない道を選んでいることに等しい。課題の本当の原因を突き止めずして、自分の思い込みだけで問題解決を図ろうとしてもうまくいかないのは当然であり、タイミングを問わず、課題を把握した時には小規模でもよいので定性調査を実施することをおすすめする。

❹内製化が進む定性調査

定性調査は最初こそハードルが高く見えるが、実際に実施してみると「想像ほど難しくなかった」という意見をよく聞く。またインタビュースキルや調査協力者収集ノウハウなどが自社内にないケースも多く、定性調査部分だけを切り出してアウトソースを検討する企業も多い。しかし、定性調査の前提となる定量調査結果の発見点や仮説を、ロイヤルティ担当者と同じレベルで部外者に理解してもらうことは難しいので、定性調査は自社内にて実施することをおすすめする。どうしてもアウトソースするのであれば、定量調査からすべて依頼するか、定性調査を自社でもできるように側方支援やノウハウ伝授を依頼すべきだろう。

ロイヤルティやカスタマーエクスペリエンスの重要性が増すにつれ、企業内でグループインタビューや行動観察調査などの定性調査を内製化する動きが高まってきている。

ソニー損保では、契約者に対して定期的なNPS調査を実施しているが、NPS調査で得られた仮説の原因を把握するため、2014年より自社で定性調査を実施している。同社は店舗を持たないダイレクト型保険のため、顧客との直接の接点はコールセンターと事故対応、ロードサービス部門にしかなく、事故や問い合わせがない顧客の実態をつかむには、アンケートやウェブサイトのアクセスログなどに頼るしかなかった。しかしこれらの定量データでは部分的な情報となってしまうため、より正確にカスタマーエクスペリエンスをとらえて改善を行うために、定性調査の内製化に踏み切った。定性調査はおもに電話インタビュー、行動観察および対面インタビューから適宜選択しており、これにより当初の仮説とは異なる発見が得られることも多く、カスタマーエクスペリエンスの向上に大きな役割を果たしている。

またP&Gジャパンでは、消費者理解にもとづいたビジネス戦略策定部門（CMK: Consumer and Market Knowledge）を置き、消費者理解のためいつでも顧客のインタビューや行動観察調査が実施できるラボを本社内に有している。ラボには、ドラッグストアをそのまま再現した設備や別室の見学ルームがあり、実際の顧客が自社製品や企画段階のプロトタイプをどのように選ぶかなどを調査できるようになっている。

このような定性調査の内製化は、顧客理解が競争力の源泉になるという時代の流れをとらえたものであると同時に、内製化によってタイムリーな調査が実現し、より改善スピードが増す効果をもたらしてくれる。顧客変化が激しい現代にはどの企業にも必須の機能となっていくだろう。また社内でインタビュー調査を実施すると、別室で他部門の社員が簡単に見学することもできる。より多くの社員が、顧客が想定とはまったく違う動きやとらえ方をする事実を目の当たりにでき、これまでの企業視点の発想を改める絶好の機会にもなる。

2 定性調査を実施する本当の意味

テキストや数字となった定量調査結果のデータと、顧客が実際に話をしているビデオや録音データとでは、顧客理解の観点で比べようのない差がある。たとえるなら、2011年3月11日の東日本大震災の際、新聞など文字データで得られた情報と、テレビで見た映像からの情報とでは、その臨場感や衝撃を受けた度合いはまったく違っていたのと同じである。さらに映像を見て衝撃を受けた人であっても、現地に行った人はそれまでの理解とは比べようもないほどにショックを受けたり、被災した方に共感して支援活動を即座に開始したりというケースも多い。

顧客を理解することにおいても、これと同じことが言える。調査のサマリーデータをレポートで読むよりも、実際の顧客に触れることのほうがはるかに深く、共感をともなって顧客を理解することができる。とくに行動観察やエスノグラフィーと呼ばれる現地調査によって顧客を臨場感をもって理解できれば、その後の改善活動の活力になる。とかくビジネスの世界では、論理的な判断が優先されるが、感情に突き動かされることほど強い動機はなく、そのような強い思いがロイヤルティの創出には不可欠となる。

また「内製化が進む定性調査」で前述した通り、実際の顧客から衝撃を受けることで、これまで部門や社内論理を優先していた社員の目線が一気に顧客に向いて、顧客と目線を合わせられることも定性調査の大きな効果である。顧客の立場に立っていたつもりでも、実際には社内の論理に影響を受ける時間のほうが長く、知らず知らずのうちに社内事情を優先してしまうのは仕方がない。その閉塞的な状況に定期的に風穴を開け、内向きになっていた目線を今一度顧客に向ける効果が定性調査には隠されている。実際、筆者のクライアントの多くが、筆者らが実施する定性調査を見学した直後に、「今回の調査のビデオを社内でも上映して共有したい。全役員がこの実態を見るべきだと感じた」と相談してくる。中には、大手金融機関の部長自らが筆者の会社の会議室にこもってビデオの編集にあたり、役員会に持っていったこともあった。顧客の真実を理解することは、顧客の役に立ちたいという純粋な動機を目覚めさせる強大な機会となり得るのである。

❶顧客理解と共感を何より重視する業界最高NPSの金融機関——USAA

●図表5-1　USAAのNPSと収益性

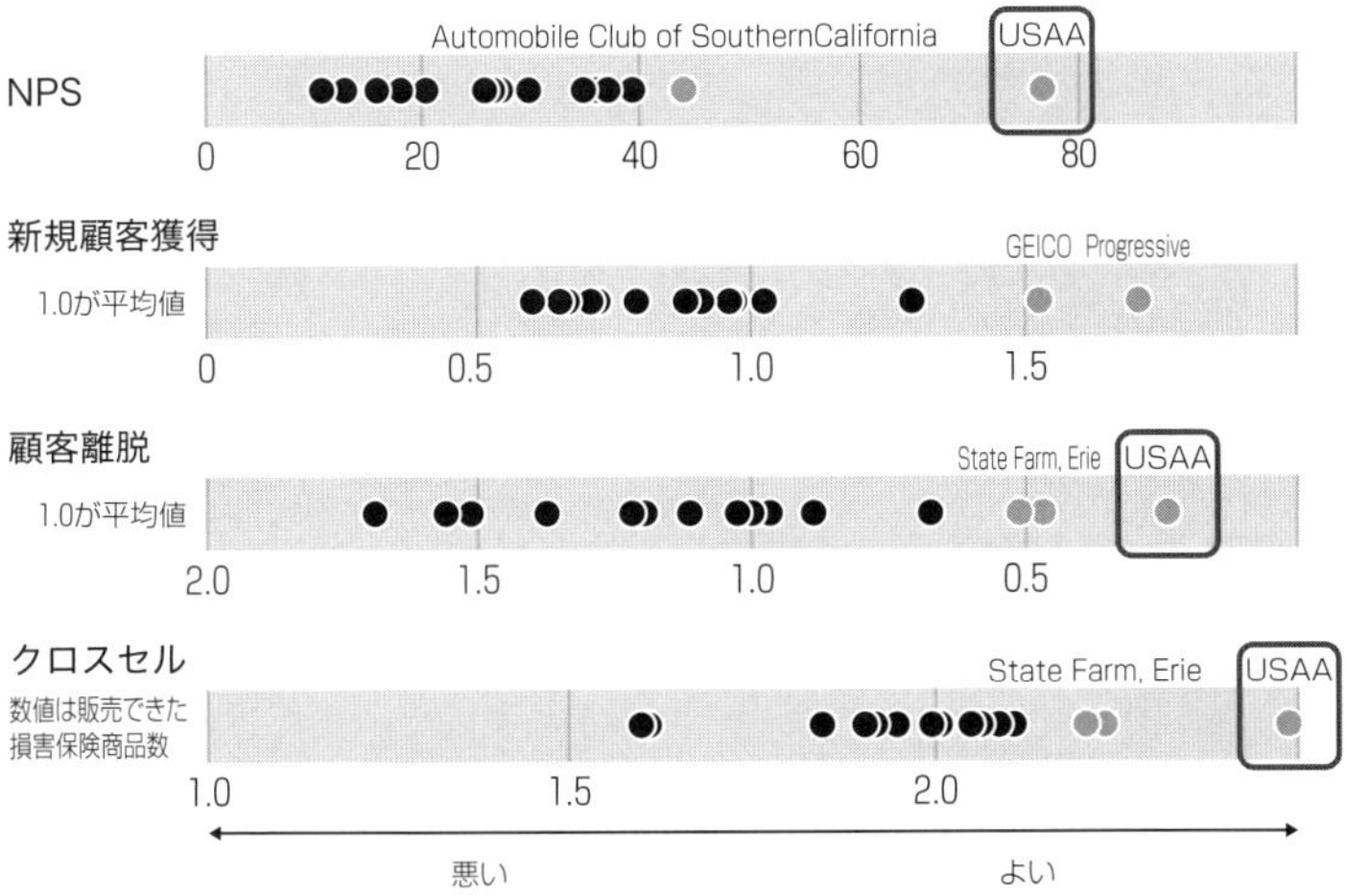

米ベイン&カンパニーHPより

USAA（United Services Automobile Association）はアメリカの軍関係者やその家族が利用できる金融機関である。軍関係者向けというが、顧客数は1000万人を超え、純資産額は2014年時点で250億米ドル（約3兆円）にも達し、フォーチュン500社の57位にランクインしている。同社は銀行、保険、証券と金融サービス全般を提供しているが、USAAがとくに関心を集めるのはその顧客満足度やNPSの高さである。顧客ロイヤルティランキングでつねに業界トップにランクインするだけでなく、軍関係者でなくとも欲しいと思えるような革新的なサービスを次々に発表している。

例えば、２００９年に発表したスマートフォンアプリの「Deposit@Mobile」は、小切手の預け入れを二分程度で完了できる画期的サービスである。それまで各行のモバイルバンキングは残高照会や振込、支払いといった従来型のサービスが中心であり、このアプリは先進的な事例として注目を浴びた。アメリカでは、小切手による送金や出入金がまだ広く行われており、人によっては月に十枚以上の小切手を銀行に持ち込んで換金するか、自分の口座がある銀行のＡＴＭで直接預け入れを行う。いずれにしても物理的な移動が必要になり、さらに小切手が現金化されるまでには数日かかるため、顧客にとっては煩雑な作業になっている。とくにＵＳＡＡの会員（ＵＳＡＡでは顧客を「会員」と呼ぶ）は世界中に派兵されており、郵便でのやりとりは時間もかかるうえに、途中紛失のリスクも高く大きな課題となっていた。そこで世界中に拡散する兵士と唯一つながれる手段としてスマートフォンに目をつけた。スマートフォンのカメラで小切手の写真を撮り、送信することで自身の預金口座に即座に預金することをDeposit@Mobileで実現したのである。このサービスは当然ながら会員にとってきわめて利便性が高く、サービス開始の２００９年~12年の間に2億４６００万ドル以上の小切手が処理された。さらにこのサービス開発に関して、ＵＳＡＡの担当役員は「我々はDeposit@Mobileをテクノロジーのためや単に先端をいくかっこいいものだからという理由で開発したのではない。我々はイノベーションやテクノ

◉USAAのスマートフォンアプリ

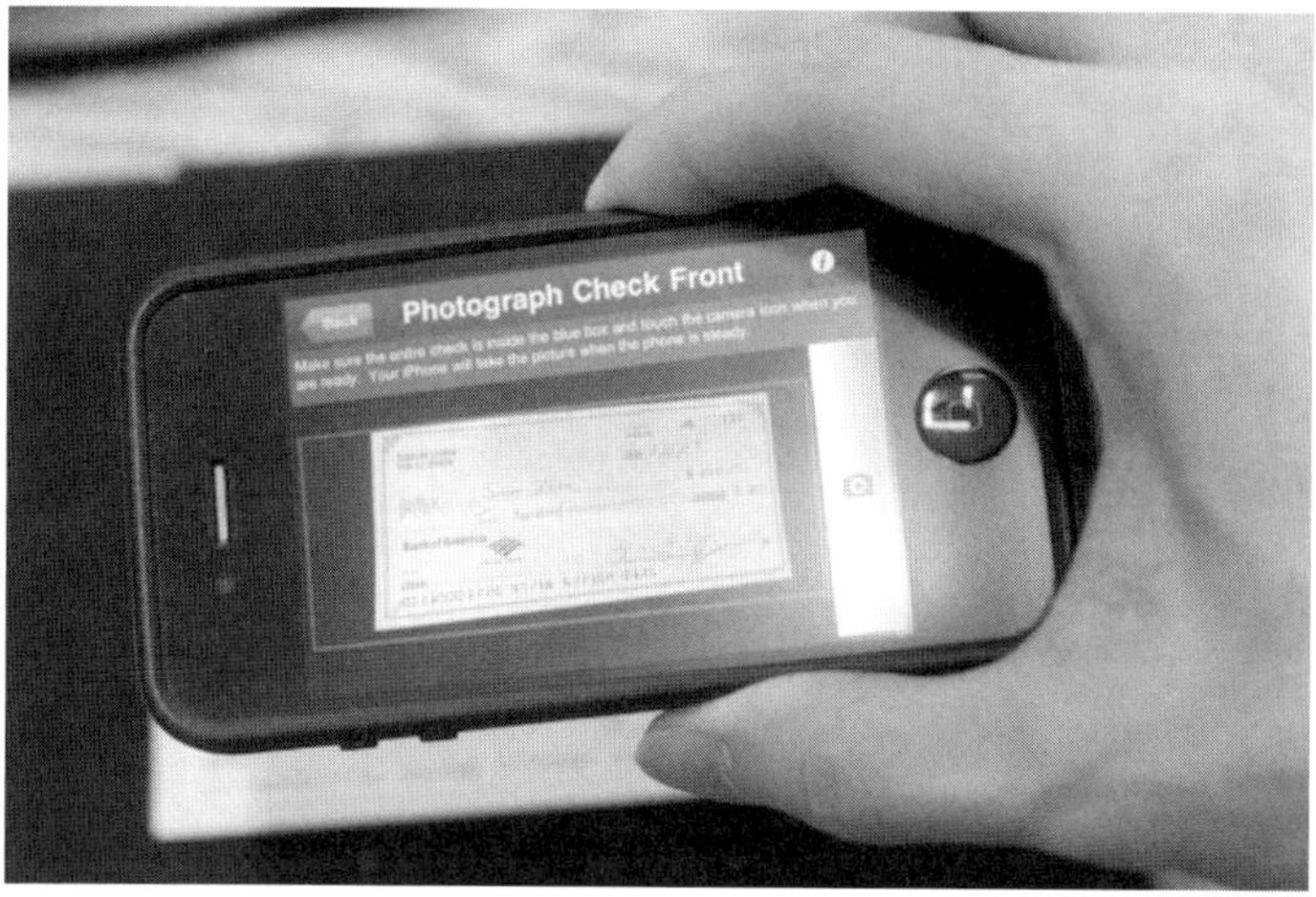

ロジーを見るたびに、これは会員にサービスとして提供すべきものなのか、会員の生活にゆとりをもたらすものなのかという原点を問うているのである」と発言している。

この発言からうかがえるようにＵＳＡＡはつねに会員にとっての価値を優先しているが、それほどまでにＵＳＡＡが顧客（会員）志向でいられるのは、それを支える企業理念や文化が存在することと、その文化を形成するうえでの様々な仕組みが機能しているためである。その一つに独自の研修制度がある。例えば、新入社員には軍と同様のキャンプを経験することを義務づけている。この体験により従軍とはどういうことなのか理解し、訓練の実感を得て、会員の日常をできる限り理解できるようにしている。キャンプは研修といえども本格的に行われ、朝は夜明け前から集合し、軍キャンプと同等のメニューをこなし、MREと呼ばれる米軍戦闘糧食を採ることで、兵士と同じだけの疲労感や不自由さを感じるようにしている。また、家族からの手紙を読む時間まで設けてある。

USAAの研修担当者によると、こうした経験は社員の記憶に深く刻まれるため、実際の業務品質の改善につながるという。例えば、会員から電話があった時にも「この会員は、あの時自分が感じた疲労困憊の状況と同じような中で、わざわざ保険について電話してきてくれているんだな」と共感することができ、それが対応やサービスの違いを自然と生み出している。日本の保険会社でも顧客志向をうたっている会社であれば、例えば腕にギブスや首にコルセットをした状態で会社に1週間出社して、怪我をした顧客の気持ちを理解するといった研修を実施してもよいはずである。しかしそんな研修はまだ聞いたことがない。「顧客の立場に立つ」という言葉は簡単に言われるが、本当に相手の立場に立つためには実体験があることがベストであり、それを実現していることがUSAAの顧客志向文化をより一層強いものにしていると言える。

3 事実ベースで分析する——顧客の行動はウソをつかない

顧客課題の要因を分析する際に重要なのは、「顧客の〝改善意見〟ではなく、〝行動・認知〟などの事実を重視する」ことである。ここで言う顧客の改善意見とは、将来に関するニーズや改善提案のことで、例えば、「この商品のCMはもっと静かな感じのほうが雰囲気が出ていいと思う」「パンフレットはカラーでわかりやすくしてほしい」といった発言を意味している。顧客の事実とは、「コールセンターに問い合わせを行ったことがあるかどうか」「このサービスを利用したが不快だった」という過去の行動やその時の感想である。

前者のような「改善意見」を引き出すためには質問が必要で、「行動とそれにともなう認知」を引き出すためには実際の状況が必要になる。例えば食品に関する行動であれば、単にスーパーマーケットで買い物客を観察するだけでも「行動」という事実についてのデータを得ることができる。

従来のアンケートやグループインタビューでは、とかく顧客の改善意見やニーズを聞き出すことに注力し、さらに企業はそこで得られた顧客の意見を頼りに製品・サービスの企画や開発を行ってきた。先の例で言えば、「パンフレットをカラーにしてほしい」と何人かの顧客に言われれば、そのとおりに「カラーパンフレットを作成する」のである。顧客の声に従うことは、一見するとよいことのように見える。しかし、顧客に「答え」そのものを求めるのは、責任の所在を顧客に押しつけていることにほかならない。顧客の声にしたがってヒット商品・サービスが作れるのであれば、多くのものが売れているはずだが、現実はそう簡単にはいかない。

現在のように色々な製品・サービスが満ちあふれ、人々のニーズも多様化・複雑化する状況では、顧客が言語化できるレベルの情報だけでは差別化が難しくなっている。この状況を打開するためには、顧客の意見ではなく、顧客行動という事実データを集めて分析することで、答えは自分たちで導き出していくしかない。

顧客の意見ではなく行動を重視したほうがよいとする理由としては以下の二つがある。

- ニーズを言語化することの限界
- 言語化されたニーズと実際の行動のギャップ

それぞれくわしく見ていくことにしよう。

⬇ニーズを言語化することの限界

そもそも人間は、自分の考えをほとんど言語化して認識していないと言われている。とくに将来自分が欲するであろう「ニーズ」について、正確に意識できている人間はきわめて少ない。『心脳マーケティング』（ダイヤモンド社）の著者であるハーバード大学のジェラルド・ザルトマン教授は、人間が自らの行動を決定する要素のうち、意識できている部分は5％、無意識の部分が95％としている。つまり、人間は多くのことを言語化どころか意識すらしていない。

自らのニーズを認識するためには、自分の頭の中で自分が欲しいものを想像し、さらにそれを言葉で定義するという一連のプロセスが必要だが、これはきわめて高度かつ面倒な作業であり、よほどのことがない限りはそのような作業を日常の中で行わないし、行う必要もない。

例えば、「あなたは今、どんな傘が欲しいですか？」という質問を受けたとして、すらすらと自分が欲しい傘を答えられるだろうか？　答えられたとしてもそれは本当に欲しいのだろうか？　多くの人間はこの質問に対し、答えに窮しながらも質問者が喜びそうな無難な回答をする。もちろん、傘に対して何か強烈な経験があって、傘がどうあるべきか一度深く考えたことがあるという人は別であるが、そのような人を見つけるのは難しい。

このように、そもそも言葉として自分の考えを認識していないため、単刀直入に「当社のサービスをどのように改善すれば満足度を高められますか?」と顧客に意見を求めても、実際に成果につながるような有益な情報は得られにくい。これが、意見があてにならない理由の一つである。顧客ニーズを探るにはもっと別の方法を使わなければいけない。

言語化されたニーズと行動のギャップ事例

先ほど、人間は自らのニーズを言語化して認識していないと説明したが、中には自らのニーズを言葉によって明確に定義できている人もいるだろう。また、ニーズについて質問をすれば一応の回答をしてくれることも多い。しかし、たとえ自らのニーズや考えを明確に言葉にできている場合でも、それをそのまま鵜呑みにすることは危険である。

実際、顧客行動観察調査を実施していても、「(とあるオンライン販売サイトで)このサイトは送料とか支払い手数料がなかなか見つけられず、わざと隠しているように見える。こんな店では買いたくない」「こういう情報は動画で紹介してくれたらわかりやすくて、もっと見るのに」などの発言はよく聞かれる。

しかし、言葉にできたとしても、それが本当のニーズを反映しているわけではない。先の例で言えば、実際に送料や手数料をわかりやすく提示したとしても、「送料はわかったけど、商品が探しにくいし価格も高いからここでは買わない」といった結果になることがよくある。

この場合、取引をしなかった本当の理由は、「予算にはまらない、価格が思ったより高かった」ということなのかもしれないが、予算が限られていることを正当化するために「送料が……」と発言したまでで、その発言に重い意味はなかったとも考えられる。「動画で見せてくれれば……」という発言も、その情報を理解できなかったことへの言い訳で思いついたのかもしれず、本当にそれが原因かどうかは実は本人にもわからない。ここで重要なのは、このような意見ではなく、「取引しなかった」「情報を正しく理解しなかった」という事実なのである。

このように、いくら顧客が自分のニーズを教えてくれたとしても、それを頼りにするのは非常に危険と言わざるをえない。これは何も顧客行動観察調査の現場にだけ起こるのではない。

ある食器メーカーが行ったグループインタビューでの話を紹介しよう。主婦五人を集めて、「次に買うとしたらどんな食器が欲しいか」というテーマでディスカッションを行った。参加者はデザイン案を見たり、自分の経験を語ったりしながら討議を進め、最終的には、

◉図表5-2　言語化されたニーズと実際の行動のギャップ

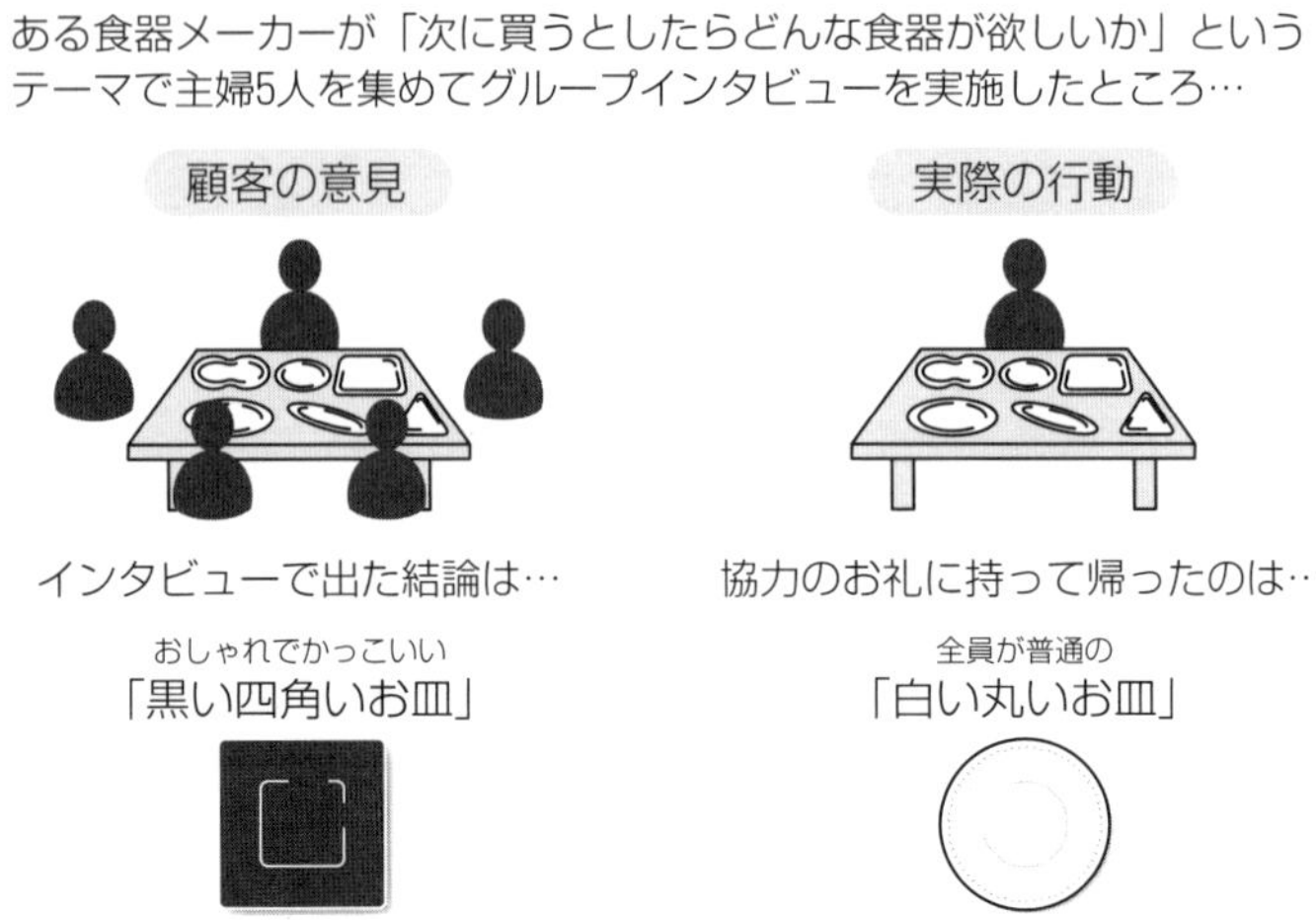
ある食器メーカーが「次に買うとしたらどんな食器が欲しいか」というテーマで主婦5人を集めてグループインタビューを実施したところ…
顧客の意見
実際の行動
インタビューで出た結論は…
協力のお礼に持って帰ったのは…
おしゃれでかっこいい
「黒い四角いお皿」
全員が普通の
「白い丸いお皿」

「これまでとは違う、お洒落でかっこいい黒い四角いお皿」という意見でまとまった。

グループインタビューの帰り際、インタビュー協力のお礼として、食器のサンプルの中からどれでも好きなものを一つ持ち帰ってよいとなったとき、全員が持ち帰ったのは白くて丸いお皿だった。また白くて丸いお皿を選んだ際に「どうしてこれを選んだのですか?」と質問すると、「食器棚にあるのが丸いお皿ばかりで、違う形のお皿をしまう余裕がないんです。これなら今あるお皿の上に重ねてしまえるので」といった理由や、「食卓が木目で、それにあうようにお皿はできるだけ白いものでそろえています」といった現実的な理由を教えてくれた。この姿と行動理由から、果たして「黒い四角いお皿」と「白い丸いお皿」、どちらのほうが開発すべき食器に近いと言えるのだろうか？

さらに、別の有名な調査事例もある。米デュポン社が行った調査で、スーパーマーケットの入口で、買い物に来た顧客に「これから何を買うのですか？」とヒアリングし、さらに出口で、「実際に何を買いましたか？」と聞いたところ、入口で宣言したものを実際に購入した顧客は30％に満たなかった。つまり、買い物をしているうちに、入口で答えたことなど無視して、別の買い物をした人が大半だったのである。

これらの例からも、顧客の意見があてにならないのは明白である。

4 定性調査でカスタマーエクスペリエンスを見極める

定量調査で「ここに課題がありそうだ」と判明したあと、その原因を探るべく、顧客インタビューや行動観察調査などの定性調査を行う。定性調査を多人数に行うことは難しいが、その分、一人一人にじっくりと向き合うことで、多くの顧客に共通する深層心理や課題の背景となる過去の経験などを浮き彫りにできる。

例えば、ある金融機関では定量調査において「ロイヤルティが低い顧客は料金への不満がある」とわかったため、真因を探るべく顧客インタビューと行動観察調査で検証した。行動観察調査では、顧客が料金に接するであろうタッチポイント、例えば、帳票やウェブサイトのマイページ、メール、パンフレット、コールセンターへつながる電話などをすべて準備したうえで、顧客に商品の契約やサービス利用の状況、これまでの体験などのヒアリングを行った。ヒアリングをすると、契約確認の手紙を見た時に料金が高いと感じて、競合への乗り換えを検討したという話が多く聞かれた。そして、そのような発言をした顧客には、「では、さきほどのお話にあった契約確認の手紙が届いた状況に今いるとして、普段ならどうするか行動していただけますか？」とその状況の再現をお願いし、実際に行動を観察すると、契約確認の手紙を見た際に、料金の表記部分を誤解しながら読み進めていることを発見した。実はその誤解によって「あえて価格を高く感じさせていた」というきわめてもったいない状況であることがわかったのである。その証拠に、調査の最後に「実はこの料金はこういうふうに読み取るべきなのですが、ご存じでしたか？」と調査参加者に質問すると、皆、「知らなかったです。ということは、もっと料金は安くなるんですね？ならそう書いてくれればいいのに……」と驚くとともに、正しい理解をしてくれたことも確認できた。

この結果を受け、帳票の表記改訂がすぐに決まり、それだけでも料金不満を緩和する効果があった。また、顧客は自身の誤解にまったく気づいていないため、定量調査ではこの手の課題の把握は困難であることもわかり、定性調査の必要性を痛感し、翌年には自社にて定性調査を実施する体制を整えたほどである。定性調査は、顧客が気づいていないが、企業視点で見れば大問題となる課題を、いとも簡単に教えてくれることがわかるだろう。

また別の製造業の事例では、サポート不満の数値が高いために定性調査で調べていくと、当初、想定していた「サポートセンターの待ち時間が長すぎるために不満を感じている」という課題仮説とは異なる課題を把握することができた。具体的には、製品にある機能を使いたいと思った顧客の多くは、製品に付属しているガイダンスをまずは見ていた。しかしそのガイダンスがわかりにくいために、次にウェブサイトで商品の使い方を調べるが、ウェブのサポートサイトには十分な情報が掲載されていなかった。そのため、サポートセンターへの問い合わせを余儀なくされ、さらにそこで長い時間待たされて、やっとつながってサポートを受けて解決していることがわかった。つまり、サポート電話の待ち時間はカスタマーエクスペリエンスの一部にすぎず、顧客は、ガイダンスを読む→不明点がありウェブで調べる→それでも不明でサポート電話をかける→待たされる→電話がやっとつながり質問するという一連のエクスペリエンスを経て不満感を高めているのである。さらにこの経験は、短時間ではなく、「今日はサポートサイトを調べるところまで」「翌日、もう

◉図表5-3　ある製品のサポートにおけるカスタマー・エクスペリエンス

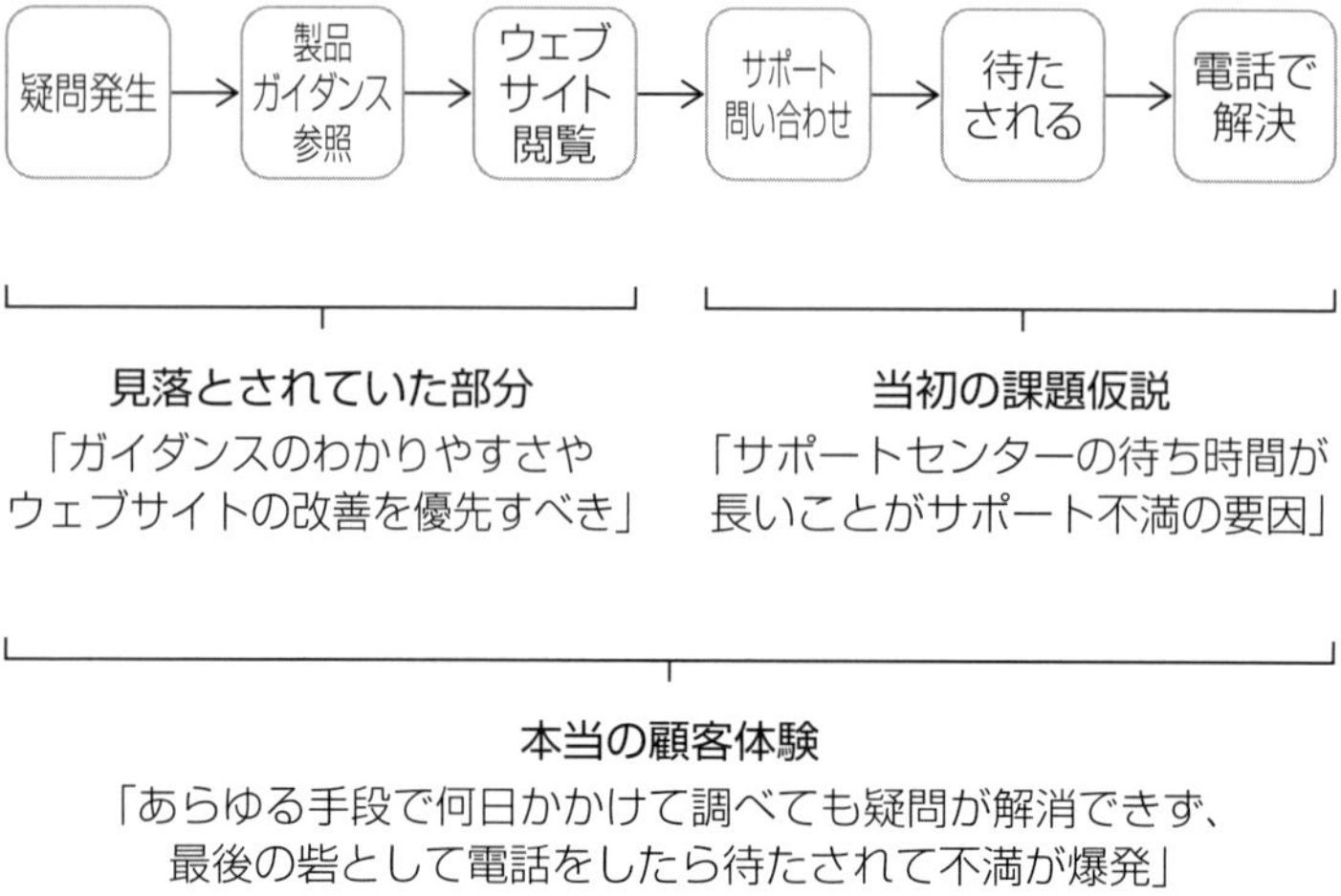

疑問発生
製品
ガイダンス
参照
ウェブ
サイト
閲覧
サポート
問い合わせ
待た
される
電話で
解決
見落とされていた部分
「ガイダンスのわかりやすさや
ウェブサイトの改善を優先すべき」
当初の課題仮説
「サポートセンターの待ち時間が
長いことがサポート不満の要因」
本当の顧客体験
「あらゆる手段で何日かかけて調べても疑問が解消できず、
最後の砦として電話をしたら待たされて不満が爆発」

一度サイトを見るがやはりわからないので、会社の休み時間に電話」などと何日間にも渡っている顧客も多いことがわかった。このような経験を顧客に与えていた場合、ロイヤルティが下がっても当然である。ここでは、サポートセンターの待ち時間解消に着手するよりも、まずはガイダンスのわかりやすさやウェブサイトの改善を優先すべきだと結論づけたのである。

　定性調査を実施すると、このような課題の裏に潜む顧客の思い、経緯を知ることができる。それはすなわちカスタマーエクスペリエンスを暴き出すことを意味する。定量調査でカスタマーエクスペリエンスを見極めることもできなくはないが、高いスキルと膨大なデータと時間が必要とされる場合が多く、きわめて難度が高い。そのリソースが十分に確保できない多くの企業にとっては、定量調査と定性調査を繰り返しながら、少しずつエクスペリエンスを明らかにし、課題を改善していくアプローチのほうが、結果としてより効率的・効果的にロイヤルティ向上を実現することができる。

⬇行動＋感想のセットでとらえる

定性調査では、顧客の改善意見よりも、事実である顧客行動や感情を重視すべきだが、改善意見と感情は取り違えやすいので注意が必要である。二つを分けるのは、前者が未来への希望、要望であり、後者は現時点での感情であるという時間軸の違いである。後者の感情を引き出すためには、顧客の行動という事実を確認したうえで、「その時に、どう思いましたか？」や「今、どう思っていますか？」「なぜそうしようと思ったのですか？」と過去形か現在形で質問をするとよい。先に紹介した食器のグループインタビューの例でも、白くて丸いお皿を選んだという行動の直後に、「なぜそれを選んだのですか？」と尋ねることで、「食器棚にしまうときに丸くないともう入らないんですよね。四角いお皿はかっこいいんですけど、前にそういうのをもらって、食器をしまう時にガチャガチャ積み重ねるのが面倒で仕方なくて、それからは丸いのに統一しているんです」といったリアリティのある状況・感情を引き出すことができる。スーパーやドラッグストアなどの店舗で行動観察をする場合でも、顧客がパッケージのどこを真剣に読んでいたかを確認した後に、調査であることを告げたうえで、「（パッケージの）この辺を読んでいらっしゃいましたが、どんなことを思っていたんですか？」と聞くと、「カロリーと脂質をチェックしようと思ってみたのですが、ここに製法のこだわりが書いてあってそっちが気になって読んでました」と観察していただけではわかりえない内容まで把握することができる。

5 定性調査の種類と特徴

定性調査の手法には様々なものがあるが、ここではカスタマーエクスペリエンスを高め、ロイヤルティを創出するために有効な手法をいくつか紹介する。

⬇カスタマージャーニーインタビュー

カスタマージャーニーインタビューとは、ターゲットとなる顧客に過去から現在に至るまでの企業との関わりやイベント、そのときの印象・感想という事実を個別にインタビューしていく手法である。業種や対象製品・サービスによっては、顧客と企業との10年以上に渡る関係性をインタビューすることになり、調査の実施には高いスキルと周到な準備が必要となる。とくに難しいのが、顧客自身も忘れている過去の古い記憶を蘇らせるように質問を重ねていくモデレート（調査進行）である。どのタイミングでどの事実を思い出してもらって、事実を引き出すかという調査設計の精緻さがインタビューの成否を分けるため、調査実施者は長期間に渡るカスタマージャーニー仮説をしっかり持つとともに、何度もシミュレーションをして質問の仕方を細かく調整していく。また、インタビュー対象者に特定の状況を思い出してもらうには、質問の順番に配慮するとともに、かつての記憶を思い出すきっかけとなるような材料（パンフレット、製品、各種帳票など）を刺激ツールとして準備しておく。例えば、当時のパンフレットや製品写真などを見せて、「昔お持ちだったのはこちらの製品ですよね？」と聞くと、「そうそう、これこれ。これ買った時はまだインターネットがなくて、何度もお店に足を運んで……」というふうに記憶を蘇らせることができる。

ただし、製品やパンフレットなどはあくまで顧客を特定の状況において、記憶を呼び覚ますために使うのであり、製品やパンフレットそのものの課題を検証することは目的ではないことに注意が必要である（副次的に課題がわかった場合にはもちろん記録しておき対

◉図表5-4　実際のモデレーター資料

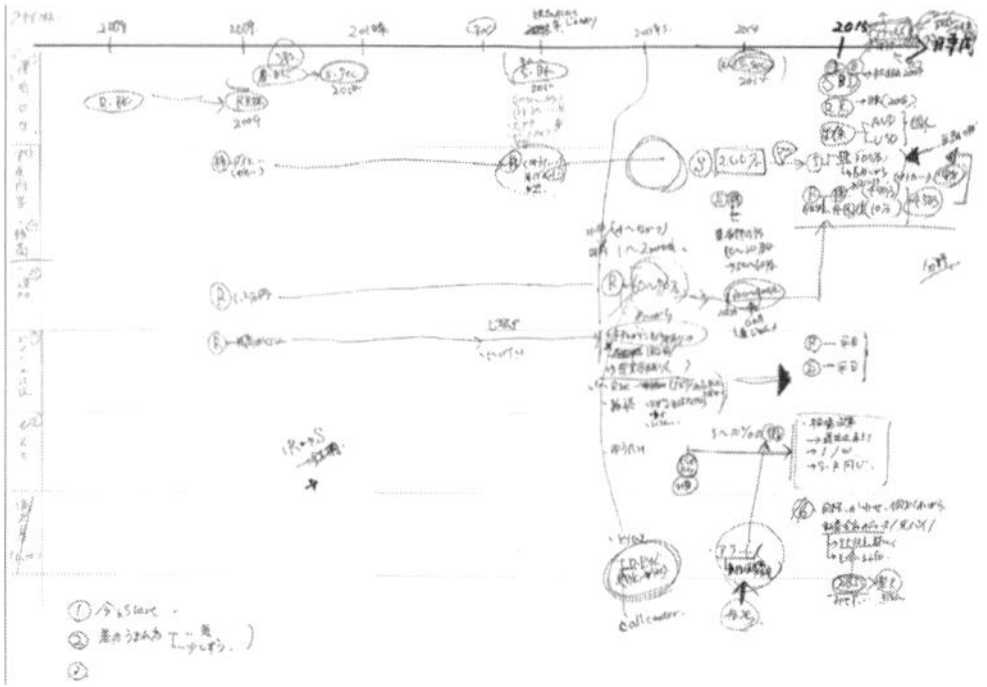

カスタマージャーニーインタビュー時にモデレーター（調査進行者）がその場で書き込んだ資料。横軸は時間の経過を表し、いつ何が起こったかを年表形式でメモしている。調査終了後にメモを見返しながら、どのような経験が顧客の感情を揺さぶり、ロイヤルティに寄与しているのか分析する

策を検討するとよい)。

インタビュー実施時には、聞き取った内容を年表形式で大きな紙に簡単にメモして、インタビュー対象者と共有できるようにしておくとよい。過去の体験を可視化することでお互いの頭の中の整理になると同時に、年表がさらに刺激となって「そういえば、このときにこんなことがありました……」と記憶を蘇らせてくれ、より正確にカスタマージャーニーを把握することができる。

⬇行動観察調査

行動観察調査とは、顧客が特定の状況で取る行動を観察するとともに、行動直後にその行動理由や感想をインタビューすることで、顧客インサイトや背景、カスタマージャーニ

ーを把握していく手法である。行動には人間の無意識が現れるため、潜在的に抱えるニーズや不満が把握できるのが最大の効果となる。また、顕在化した課題であっても、行動をつぶさに観察することで、本当の原因を特定することもできる。さらにアンケート調査の結果と組み合わせることで、課題全体の構造、課題発生の文脈を複合的にとらえることができ、カスタマーエクスペリエンスの改善方針を立てるうえで大いに役立つ。

潜在意識にアクセスするにはきわめて有効な手法ではあるが、行動観察調査は、例えば、スーパーであれば特定の商品の認知、比較検討、購買決定まで、コールセンター問い合わせであれば、電話をする意思決定から、電話番号の探索、電話、オペレータ対応、電話を切った後の感想や行動まで、という短期間の状況しか把握できないという特徴がある。そのため、特定の状況における課題を検証したい場合には有効だが、より長期間に渡るカスタマーエクスペリエンスの変遷を知りたい場合には、適宜カスタマージャーニーインタビューを組み合わせるとよい。

⬇エスノグラフィー

エスノグラフィー調査とは、対象となる顧客やユーザのありのままの行動を理解するために、自宅や仕事場など、日常生活に入り込んで行動を記録・観察し、インタビューを行う手法である（フィールドワーク、フィールド調査とも呼ばれる）。もともとは人類学者が異民族の文化や行動様式を理解するために一緒に住み込む手法であり、これをマーケティングに応用したものである。行動観察調査と似ている点が多いが、違う点は、顧客の自宅や実際の店舗など、必ずリアルな場において観察を行うことである。これにより、生活文脈そのものも包括して顧客を理解することができるようになる。

具体例として、自動車保険の契約変更手続き改善を目的としたエスノグラフィー調査を紹介する。契約変更手続きには、保険証券と呼ばれる保険加入を証明する書類が必要となるが、顧客の何割かは保険証券を「契約関係書類入れ（もしくは大事な書類入れ）」にファイリングしていることが多いと理解していた。しかし、実際に自宅で見せてもらうと、過去10年以上に渡る保険証券が無造作に入れられていたため、どれが現在の契約のものであるのかぱっと見ではわからず、前年度の保険証券を間違えて取り出し、そのまま変更手続に入ったためにうまく変更ができないケースがあることを発見した。そしてリビングを見ると、手紙の一時置き場や小学生2人の子供の学校のプリントなどを置くファイルボックスがあり、日々いろいろな書類の整理に追われている様子が伺え、保険証券だけを綺麗に整理する可能性は低いこともわかった。同じような属性の顧客は同じような状況に置かれている可能性も高いため、保険証券の年号のわかりやすさには改善の余地があることを発見した。また、実際に顧客にヒアリングをすると「保険や銀行などいろいろなところから大事そうな書類が届くので、とりあえずここに入れておいています」という発言とともに、「車に保険証券を積んでおかないといけないのかなと思ったこともあるけど、車にはそんなに乗らないので、つい持って行き忘れてこの箱に入れっぱなしになってます。毎年こんな感じでとくに困ったこともないので最近はここでいいやと思っています」「子供の学校や塾のプリントだけでも毎日大量の書類を整理しないといけなくて大変です」という発言もあった。企業側は重要書類を各顧客に1通しか配付していないため、もっと大事に取り扱われていることを期待したが、受け取る顧客側は子供のプリントと同様の書類ととらえて処理をかけていることがわかったのである。

➊行動観察で声なきニーズをとらえる——LIXIL

行動観察やエスノグラフィーを積極的に実施する企業には、P&G、良品計画、花王、星野リゾート、LIXILなどがある。

キッチンやバスなどの住宅設備の製造・販売を行うLIXILでは、「顧客のキッチンへの不満はなかなか顕在化されない。よほど不満がない限り、少々の使いにくさは日常の家事として無意識にこなしてしまっている」として、一般家庭へのフィールド調査や自社内ラボにおける行動観察調査を積極的に行っている。具体的には、実際にキッチンの前に立っている時の動きを観察したり、ビデオに撮影しコンピュータで行動の詳細を分析することで、自覚されない使いにくさを見つけ、製品の改善、開発に活かしている。ＬＩＸＩＬのような日常生活に溶け込んだ製品では、アンケートをとっても「収納しやすいともっとよい」といった漠然としたレベルでの課題は把握できるかもしれないが、何をもってして収納しやすいのか、どういう時に収納しやすいと感じるのかは顧客自身に聞いても把握が難しい。このようなケースでは行動フィールド調査や行動観察での行動分析が威力を発揮する。同社では、調理の際の行動を観察することで、「(料理上手な人は) キッチンでの調理中、30㎝の空間を左右に動いている」ことを突き止めた。例えば、調理中にはさみが必要な場合、論理的に考えれば、体を一歩引いて引き出しを開けてはさみを取り出し、引き出しを閉め、はさみを使い、再び引き出しを開けて、はさみをしまう、という一連の行動を行うと想定できる。しかし実際には、自分の立ち位置は変えずに、引き出しを開けてはさみを取り出し、引き出しは開けっ放しのまま、はさみを使い、使用後には、それをしまいながら次工程の作業に入っていた。

このように、前後に動くことがなく横方向のみに動くことは、製品担当者としても想定外の行動であり、このような行動とその後のモニターへのインタビュー、その他の調査結

◉図表5-5　LIXILの「らくパッと収納」

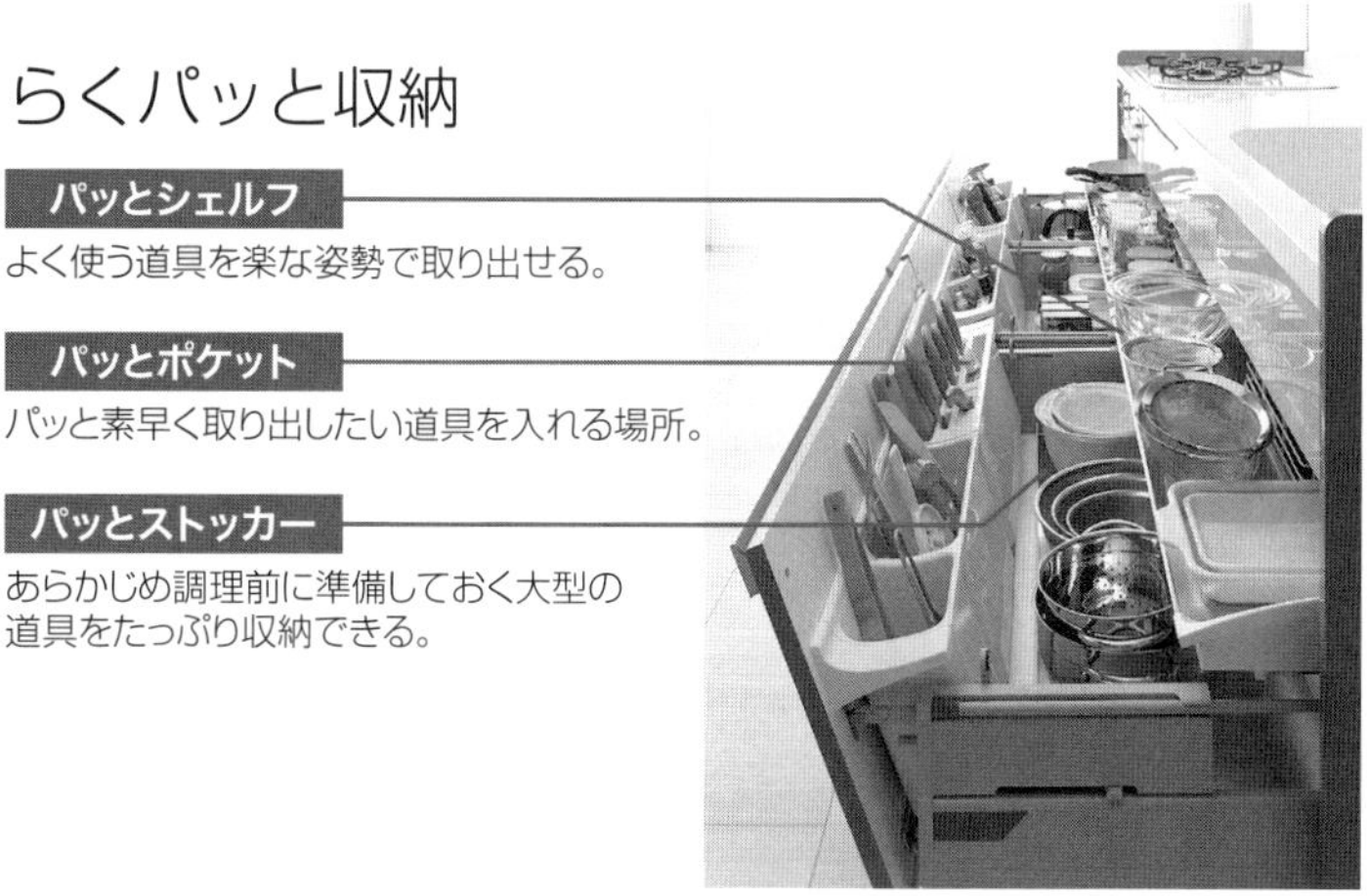
らくパッと収納
パッとシェルフ
よく使う道具を楽な姿勢で取り出せる。
パッとポケット
パッと素早く取り出したい道具を入れる場所。
パッとストッカー
あらかじめ調理前に準備しておく大型の道具をたっぷり収納できる。

果を踏まえ「最小限の動作で最大限のアウトプットを生み出したい」というユーザーの切なる願望を顧客インサイトとしてとらえた。システムキッチンの主なユーザーである主婦は一般に、家事や子供の世話などで忙しいが、だからといって食事をおろそかにはしたくないという心理が伺える。家族に「おいしい」と言ってもらうためには、調理にこそ時間をかけ、調理器具の準備や取り出しを悠長にしている余裕などないのである。ＬＩＸＩＬではこの発見を活かして「らくパッと収納」を開発。これは立ち位置を変えずにキッチン下の扉を少し開けるだけで包丁などを取り出せる収納スタイルで、２００９年に発売以来、キッチン購入顧客の９割が選択するほどの定番機能になっている。

ステップ6

顧客と共に改善する
——成功確度を高めるユーザ中心設計手法

顧客ロイヤルティ向上ステップの全体像

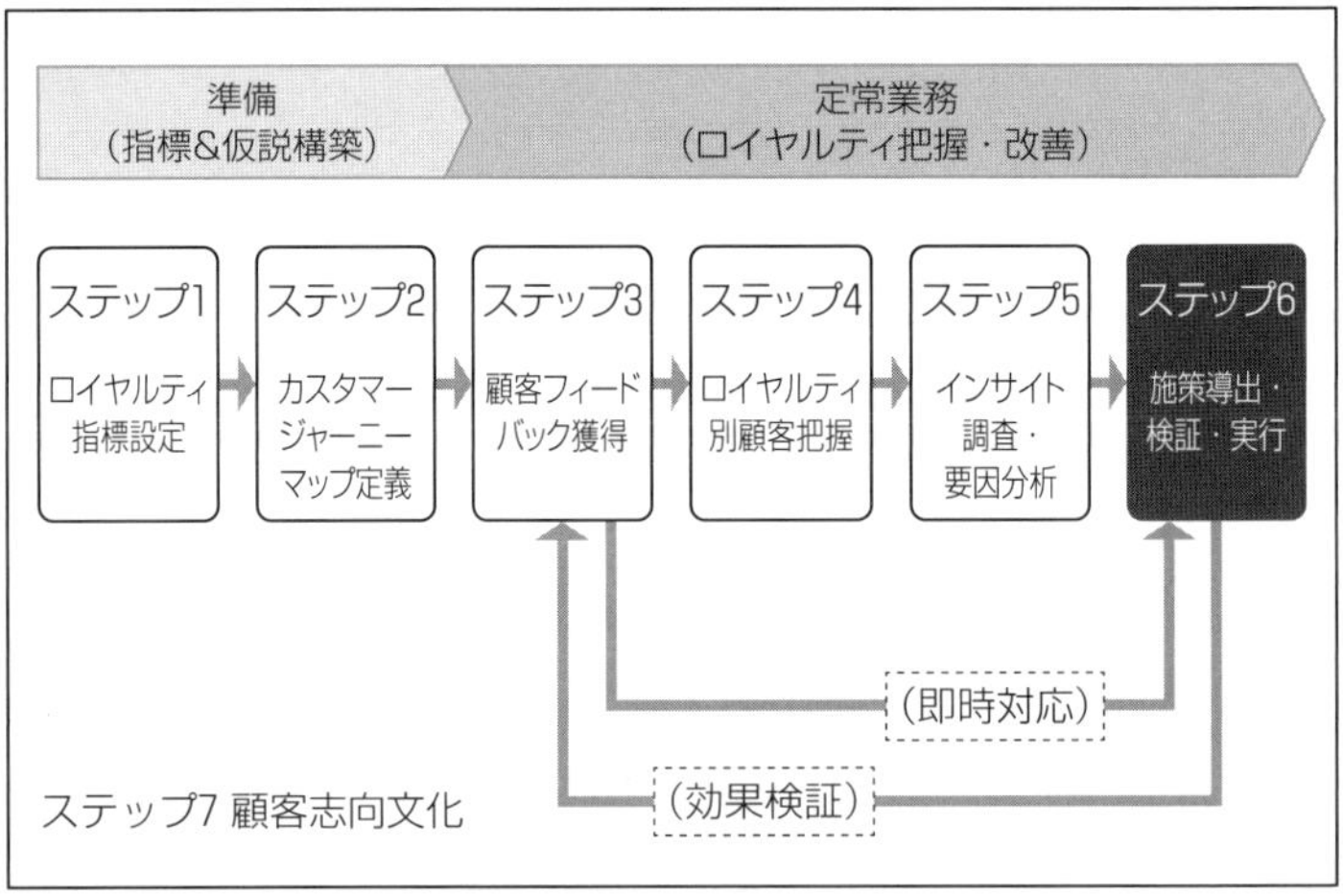

調査分析よりも改善アクションを起こすことのほうが尊いことは経営者なら誰もが感じることだろう。実際、「あれだけお金をかけて調査しても何一つ改善につながらない」となげく経営者が多い。ここまでの調査でロイヤルティ創出における課題とその原因、優先順位が見えているはずなので、得られた知見を総動員してロイヤルティ創出の要である改善活動を行っていく。

ただし、改善の検討を進めると、「これは○○だからできない」「ここは時間が必要」といつしか企業論理や制約ありきの議論が横行するようになる。これではせっかくの改善が改悪になるリスクすらある。改善活動では、顧客の視点を取り入れる「デザイン思考アプローチ（改善案の試作品を作り顧客に実際に見せて反応を見ながら修正を加えて洗練させていく手法）」を取り入れ、成功確度を最大限高めていく。さらに、顧客視点による検証により、顧客にとって必要性の低いことは早めに「やらない」という意思決定を行うことで効率性を高めていく。

1 二つの改善サイクル

ロイヤルティ創出における改善活動は大きく分けて二つのサイクルがある。

一つは、「フロントライン（現場）改善」と呼ばれるものだ。例えば店舗での購入後アンケートなど、特定のタッチポイントごとに行う個別調査の結果を受けて、とくに顧客からの評価が低い場合に即座に対応を実施する活動である。

もう一つは、「戦略的改善&イノベーション」と呼ばれる。個別調査で継続的に確認できている課題や、ロイヤルティ総合調査で発見された優先度の高い課題に対応していく活動である。

➡フロントライン改善

フロントライン改善とは、顧客対応現場におけるカスタマーエクスペリエンス向上を目的とした改善サイクルを示す。

よくある活動として、例えばＮＰＳを使って個別調査を実施し、「顧客がつけたプロモ

◉図表6-1　2つの改善サイクル

オペレーション部門

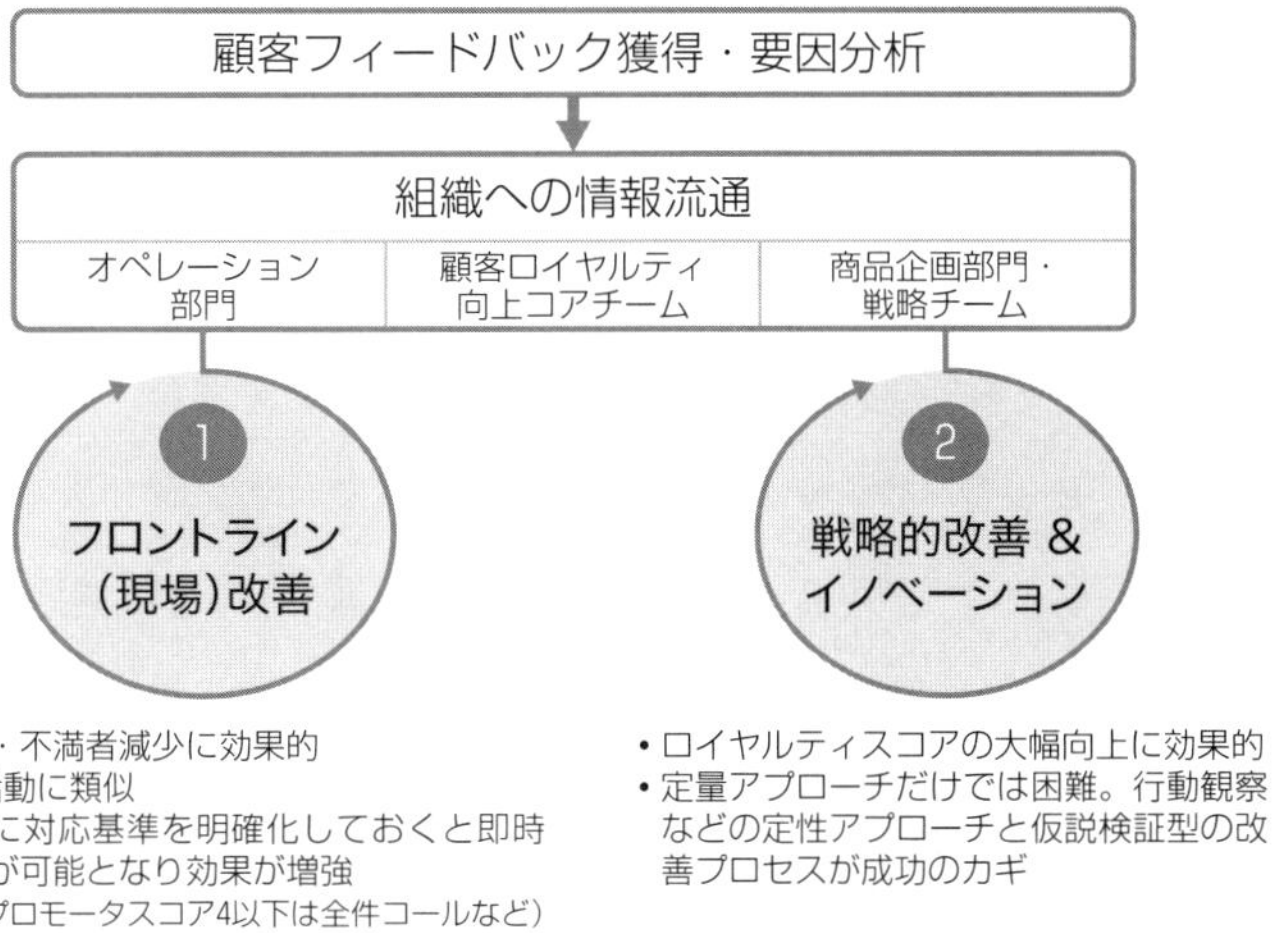
・批判・不満者減少に効果的
・CS活動に類似
・事前に対応基準を明確化しておくと即時対応が可能となり効果が増強
（例：プロモータスコア4以下は全件コールなど）
・定量アプローチだけでは困難。行動観察などの定性アプローチと仮説検証型の改善プロセスが成功のカギ

ータスコアが4点以下の場合には、48時間以内にフォローコールを義務づける」といった取り決めがあるような場合である。フォローコールでは、不満の原因を聞き、不満解消のためにできることを提案することで、カスタマーエクスペリエンスの改善を狙う。また同じ調査で10点が返って来た場合は、その対応内容をベストプラクティスとしてチームで共有し、誰もができるようにするといった活動もフロントライン改善の一つに含まれる。

いずれの場合にも、最終的にはカスタマーエクスペリエンスの向上やロイヤルティ創出を目指してはいるが、その過程でチームで学びを共有し、上司と部下で対応の相談や指導を行うため、個人やチームの成長につなげていく役割も担っている。このように現場における学びや改善がメインとなることから「フロントライン（現場）改善」と呼ぶ。

カスタマーエクスペリエンスを高める要素は、顧客や業種、製品などによって異なるが、どの企業にも共通する要素が三つだけある。

1　顧客自身が丁寧に扱われていると感じさせること

2　顧客が抱える問題や不満解決は早ければ早いほうがよいこと

3　顧客が理解できる言葉で説明すること

とくにフロントライン改善は、その権限が現場にあり即時対応ができるため、二つめの不満者への対応に大きく貢献できる。日本においてはCS活動に類似しているため、クレーム対応のプロセスが標準化されている企業は、そのプロセスをうまく活用するとよいだろう。

評価が低い顧客への対応を検討する際、怒っている顧客に電話をすると火に油を注ぐ結果になることを懸念する声が聞かれる。しかし、アンケートに答えた顧客に何の反応もしない企業が多い中、反応をしているということだけでも顧客が喜ぶことのほうが実際には圧倒的に多い。さらに、顧客不満に耳を傾けると示唆があることも多く、その示唆をもとにさらに改善を行えば、同様の不満対応が今後不要になるという効果をもたらす。中には、クレーマー気質の顧客によってまさに火に油を注ぐ状態となることもあるが、それら少数派のために大多数を犠牲にしているとカスタマーエクスペリエンスはいつまで経ってもよくならず、ロイヤルティ創出も遠ざかってしまう。ロイヤルティのスコアが低いのは多くの場合、顧客の基本的な期待、例えば「電話をしたら出てくれる」「新品の商品は故障なく使える」に応えていないことが原因であり、そこから逃げているようでは競争の激しい現代では生き残れないと考えるべきである。とくに評価の低い顧客に即時対応するためには、事前に「NPSで4点以下は全件電話でフォロー」など、対応基準を明確にしておくとよい。これにより、その都度判断で迷ったり、議論になったりすることなくスピーディに対応できるようになる。アメリカでは、スコアが低い顧客に対して、経営陣も月に3本はフォローコールをすると決めている企業もある。このような率先垂範によって、ロイヤルティの創出に経営陣もコミットしていることを社内に理解してもらうこともできる。

筆者が実際にフロントライン改善を経験したのは、日本のインターコンチネンタルホテルズグループの一つに宿泊した後だ。ホテルから宿泊の満足度アンケートの依頼がメールで来たため、率直な意見を回答したところ、回答から24時間以内にホテル側（本社ではなく宿泊先ホテルの宿泊支配人）から、不満をつけた項目に対するおわびや丁寧な説明のメールが送られてきた。

日本でこのような経験をすることはほとんどないため、アンケート結果を即時にフォロ

◉図表6-2　インターコンチネンタルホテルのアンケート

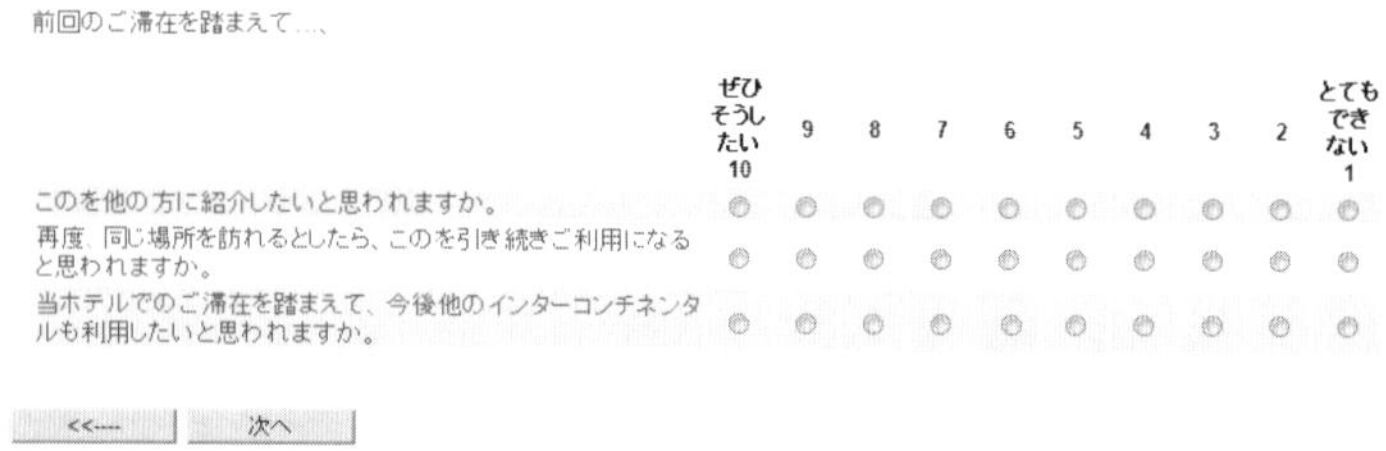
前回のご滞在を踏まえて…、

	ぜひそうしたい 10	9	8	7	6	5	4	3	2	とてもできない 1
このを他の方に紹介したいと思われますか。										
再度、同じ場所を訪れるとしたら、このを引き続きご利用になると思われますか。										
当ホテルでのご滞在を踏まえて、今後他のインターコンチネンタルも利用したいと思われますか。										

<<---- 次へ

ーされたら付きまとわれているような感覚に襲われ、戸惑うのではないかと考えたことがあったが、実際そのときに筆者が感じたのはむしろ逆の感情だった。しっかりアンケートを読んでくれ、返信の手間をかけてくれたこと自体に感銘を受けつつ、自分のフィードバックが現場の改善に活かされそうな感覚も得られた。不満をつけた内容も些細なことではあったため、メールでのフォローという距離感もほどよかった。大きなクレームであれば電話のほうがより適切な場合もある。少なくとも、悪い評価に対して即時対応されても、その方法が適切である限りにおいては、顧客は前向きに受け入れる可能性が高い。

⬇戦略的改善

戦略的改善サイクルは、現場主導のフロントラインとは異なり、全社的な改善を指し、カスタマーエクスペリエンスやロイヤルティを主管する部署主導で行われる。より抜本的な課題に対応していくため、新しい業務プロセスの定義や料金体系の変更、ウェブやシステムの改訂、時には商品やサービスそのものの変更や機能追加なども含むことになる。そのため投資を必要とすることも多く、事前に詳細な課題分析と投資の意思決定が必須となる。

戦略的改善では、定量調査と定性調査の結果という十分な下調べを経るため、全社ロイヤルティに対して優先度が高い領域を改善対象として選ぶことが可能となる。そのため、カスタマーエクスペリエンスやスコアの大幅な改善に効果がある。

例えば、筆者が過去に携わった金融関連サービスのプロジェクトでは、ロイヤルティスコアの伸び悩みの要因として、顧客との接点が薄いことが課題となっていた。ここですぐに接触を増やそうとすると失敗するため、顧客にとって必然性とメリットがあるタイミングや内容を丹念に調べていった。この時に顧客インタビューとともに役に立ったのは、コールセンターへのヒアリングである。コールセンターのオペレータに「これまでお客様とのやりとりで感動していただいた経験を教えてください」とアンケートを取ると、「お客様にとってコストダウンにつながる提案をした時に何度も感謝された」や「お客様が大変な状況にあることがわかったので、それをいたわる言葉をかけたら感激してくださった」という話がたくさん聞かれた。このような現場の声をヒントにコミュニケーションプランを策定し、事前の顧客検証を経てコールセンターやメールマガジン、帳票担当者をも巻き込んで顧客へのコンタクトを実施した。その結果、コンタクトのない顧客と比べてコンタクトをした顧客のNPSを10ポイント近く向上させることができ、それが収益増にも結びついた。

戦略的改善は時間はかかりながらも多くの部門を巻き込んだ改善プロジェクトとなるため、ロイヤルティ調査を会社全体でしっかり活用していることや、会社が本気で顧客志向で動いていることを社員に伝えられるという副次的効果もある。先の例でもコールセンターの意見を重用したことで、現場のモチベーションが上がり、自発的に改善アイディアを提示してくれるようになった。

また、新たな施策を実施するだけでなく、ロイヤルティ低下につながる業務からは手を引くという改善を実施することもある。全体最適の視点を持った改善を実行することで、資源配分の最適化にもつながりコストダウンが図れることも多い。

ただし、戦略的改善は多大な投資をともなうことが多く、改善案を検討しているうちに予算オーバーのためにスコープ（対象範囲）が小さくなったり、また「同じ投資ならできる限りハイスペックなものを」と機能やスペックを盛り込もうという動機が高まり、いつしか顧客のニーズを反映しないものができ上がることがある。それを避け、より確実に効率よく結果につなげるため、顧客の視点をできる限り取り入れた改善案検討アプローチが必要になる。このアプローチの導入により、NPSを一気に20ポイント以上伸ばした企業もあるくらいに成功確度を高める方法論となる。次から細かく説明する。

2
成功確率を上げるデザイン思考アプローチ——ユーザ中心設計手法

カスタマーエクスペリエンス向上に何より必要なのは顧客の視点を持つことだが、従来型の製品・サービス開発方法論では顧客の立場はないがしろにされてきた。

例えば、システム開発方法論で主流のウォーターフォール型の業務プロセスは、最初に細かく要件を詰めて、仕様書を描き、仕様書通りの設計をして、最後にテストをして発見されたバグと呼ばれる不具合を修正してリリースをするという流れで進められる。

最初の要件を詰める段階で、顧客ニーズが反映されているかどうかを検証することは筆者の経験上、聞いたことがない。中には、「ニーズ調査」という形でアンケートを取ることもあるが、顧客リサーチでは禁じ手である「こういう機能があったら使いますか？」というまだ見ぬ未来に対する調査であり、その回答には信ぴょう性がない（あるのであれば、失敗するシステム・製品はなくなるはずだが実態は失敗だらけである）。また仮にこのリサーチで顧客ニーズを的確にとらえられていたとしても、そこからリリースまでには一定の時間がかかるため、その間、ニーズや市場環境が変化することもある。このときに変化への対応がきわめて難しく、リリースされたときには無用の長物になってしまうのがウォーターフォール型の限界である。製品やサービスを開発するときも同様のウォーターフォール型が使われているため、変化の早い現在、顧客ニーズを無視し、カスタマーエクスペリエンスが低い製品・サービスがあふれかえっているのが現実である。

では、どうすればよいのか？　実際に製品やサービスを作るときに「顧客の立場に立とう」「顧客に受け入れられるか考えよう」という意識や気合だけでは限界がある。ここでは顧客志向を体現可能な方法論として「ユーザ中心設計手法（User Centered Design。略してＵＣＤ）」を紹介する。

本書では筆者らが10年以上かけて開発した方法論としてＵＣＤを紹介するが、他にも例えば「人間中心設計」「デザイン思考アプローチ」、またベストセラー『リーンスタートアップ』（日経ＢＰ社）で紹介されている「リーンスタートアップ方式」などもほぼ同様のコンセプトで作られた方法論となる。特徴は、最初から要件を固めすぎずに、ラフなアイディアでも仮説とし、それを素早く試作品にして、実際の顧客に使ってもらって検証し、結果を受けて仮説や試作品の修正を繰り返しながら、徐々に要件を固めていくプロセスに

◉図表6-3　スパイラルアップ型の手法とウォーターフォール型の手法の違い

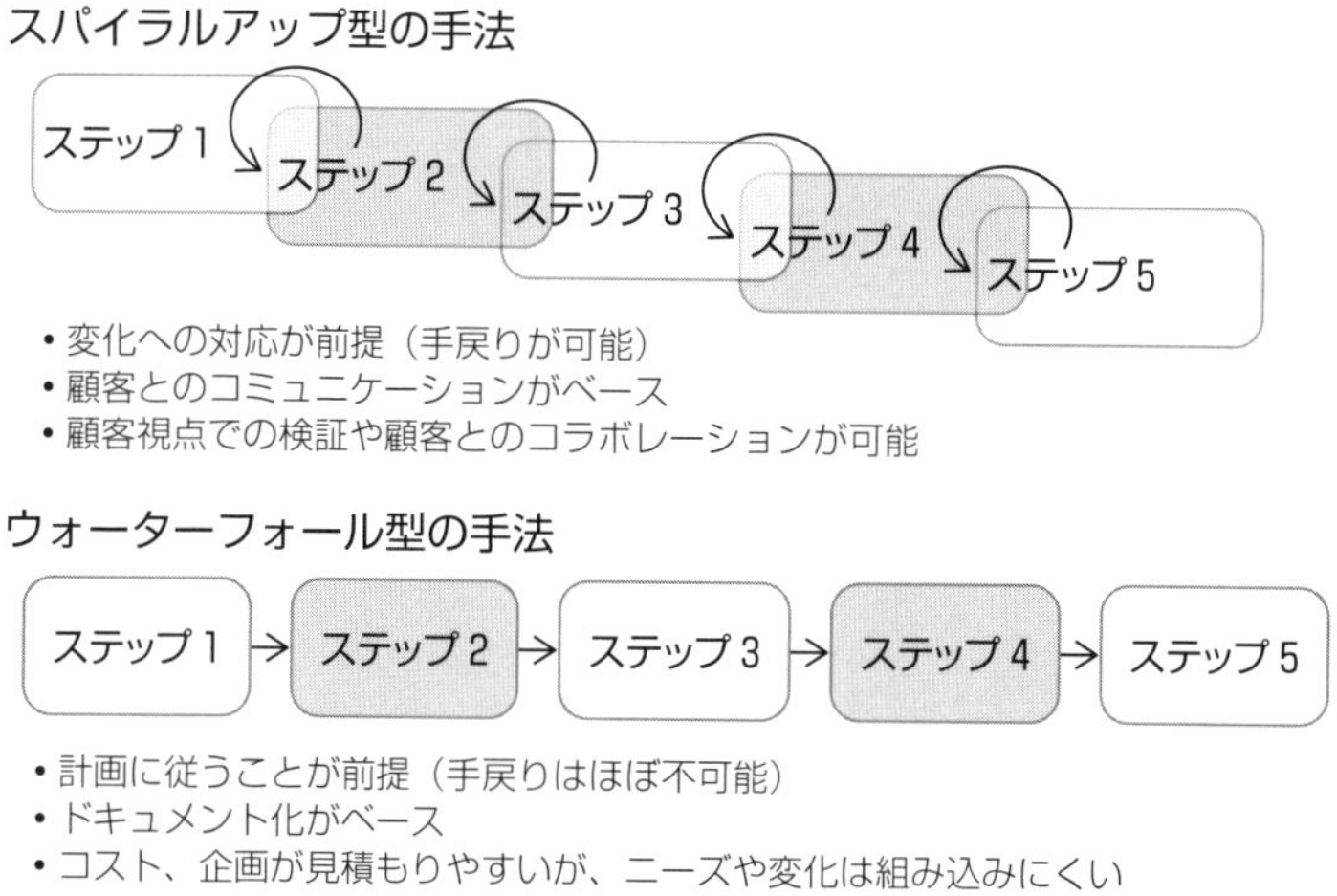
スパイラルアップ型の手法
ステップ1
ステップ2
ステップ3
ステップ4
ステップ5
・変化への対応が前提（手戻りが可能）
・顧客とのコミュニケーションがベース
・顧客視点での検証や顧客とのコラボレーションが可能
ウォーターフォール型の手法
ステップ1
ステップ2
ステップ3
ステップ4
ステップ5
・計画に従うことが前提（手戻りはほぼ不可能）
・ドキュメント化がベース
・コスト、企画が見積もりやすいが、ニーズや変化は組み込みにくい

ある。ウォーターフォール型と対比して、スパイラルアップ型の手法と呼ばれている。この手法の思想をひと言でいえば、〝Fail fast, Learn a lot（素早く失敗して多くを学ぼう）〟だ。この言葉はとくにデザイン思考（アメリカではDesign Thinkingと呼ばれ、スタンフォード大学での研究がとくに有名）の現場で標語のようになっている。近年、イノベーションを生む手法として注目を浴びており、グーグル、GE、P&Gなど多くの企業で導入が進んでいる。日本においても経産省主導でこのような方法論を企業経営に活かそうとする研究が進んでいる。[*1]

どの方法論もくわしく知ると根底に流れる思想は共通しており、実際の作業ステップも酷似している。方法論への造詣を深めたい場合には、これらのアプローチも参照されるとよいだろう。ユーザ中心設計の特徴は以下の五点に集約できる。

特徴①　顧客ターゲッティング
特徴②　カスタマーエクスペリエンス設計
特徴③　実顧客による検証
特徴④　費用対効果を高めるスパイラル手法
特徴⑤　早期可視化による品質向上

これら五つの特徴を理解することで、ユーザ中心設計がなぜ大きな成果をもたらす方法論であるのかわかるようになる。以下に各特徴を解説する。

※1　2014年経済産業省「国際競争力強化のためのデザイン思考を活用した経営実態調査」
http://www.meti.go.jp/press/2014/07/20140722002/20140722002.html

特徴①　顧客ターゲッティング

改善案を検討するステップまで来ていれば、おのずと「誰の何の課題を解決するのか？」

という問いへの答えは明確になっているはずである。ロイヤルティが低い層へのアプローチなのか、それとも中立的な立場の人をよりファンにするための施策なのか、ある程度のターゲッティングはできているはずだが、より詳細にターゲット顧客像を描いて意識することで成果を上げることができる。

ただし、詳細なターゲット顧客像といっても、改善ステップの最初のうちは無理にペルソナを描こうとしても実感がともなわないこともあるため、「今わかりうる範囲のターゲット像」で構わない。ロイヤルティの度合いや、製品やサービスの使用歴といった顧客属性、ターゲットとなる顧客の状況などをもとに定義することが多くなるだろう。そして、改善ステップ後段に実際の顧客に会って改善案を検証すると、ターゲット顧客像もより明確になり、実感をともなった生きたペルソナが描けるようになってくる。顧客ターゲッティングすらも仮説検証を繰り返す中でよりクリアにしていくのである。

顧客ターゲッティングを行う際、より多くの顧客に価値を提供して満足してもらうことを理想として描きたくなる。しかし、複雑化した社会においてすべての顧客を満足させることは現実的には難しい。ターゲットが増えれば増えるほど、ニーズはばらつき、それらすべてに対応しようとすると、結局は誰にとっても無用の総花的な改善策ができあがってしまう。それでは顧客に喜んでもらうことも難しく、カスタマーエクスペリエンスも上がらない。そのため、ターゲットとしてのかたまりが複数見える時には、分けて整理し、優先順位をつけておくことで、何を優先すべきか明確に区別できるようになる。またこれによりターゲットごとに対応方針を変える議論もできるようになり、より多くの顧客に対し効果的にアプローチできるようにもなる。例えば、ターゲットとなる各顧客群を定義し、それぞれに「ロイヤルカスタマーとしての適性度」「顧客ボリューム」「ニーズの強弱」といった観点を踏まえて優先度をつけておく。

⬇特徴②　カスタマーエクスペリエンス設計

カスタマーエクスペリエンスはロイヤルティを創出する手段であり、本書全体を通じたメインテーマの一つである。そのため、改善案の策定、イコール、エクスペリエンス設計を意味する。よくある検討では、どうしても製品やサービスそのものの設計がメインとなり、顧客が感じる価値や認知の仕方はないがしろにされてきた。すでにカスタマージャーニーマップも描いているため、これをベースに顧客の行動および感情を設計していくようにする。その際に単純な顧客接点のみならず、各状況における顧客の心理面での変化にまで踏み込んでいくとよい。

具体的には、改善案を実行した場合のカスタマージャーニーを描き、顧客の認知や感情を予想し、その都度行う検証作業でその予測があっているかどうかを確認する。

例えば、新築分譲マンションのウェブサイト改善を実施したケースを紹介する。不動産販売においては、ウェブサイトにおける顧客の認知獲得、興味喚起、資料請求はビジネス上、きわめて重要な役割を担っている。そのため、よりよい体験を経て「このマンションのモデルルームを見てみたい」と気持ちを高めて、資料請求をしてもらうようなエクスペリエンス設計が必要になる。しかし、マンションに限らずウェブサイトで何かしらの資料請求をした際に、請求直後からしつこい営業電話を受けた経験があるユーザは、ウェブから資料請求する際にその過去の悪い経験を思い出して、資料請求をやめてしまうケースがある。この会社では、「ユーザが要望しない限り電話連絡はしない」というルールになっていたため、それを資料請求ページに明記することでユーザの資料請求への動機づけを一気に高めることができることに気がつき、実際に明記したところ、資料請求が激増した。

このように、ターゲットとする顧客が「どこで、どういう気持ちの変化があるのか」を事前に把握しておけば、その心理変化を前提としたエクスペリエンスを設計できるのである。

カスタマーエクスペリエンスを考える際、つい自分が手がける商品・サービスのことで頭がいっぱいになるが、この例のように顧客は他の商品・サービス、過去の経験、友人の助言など、様々な外部刺激を受けていることを念頭に置くことが重要になる。「商品（サービス）を設計する」のではなく、「顧客の行動と心理＝カスタマーエクスペリエンスを設計する」と理解しておくとよい。顧客が製品やサービスを使ってくれないといった多くの不幸は、作り手側が個別商品やタッチポイントなどを単なる「点」としてとらえて設計していることに起因する。しかし、「点」ではなくエクスペリエンスという「線」でとらえることで、この手の不幸は成果へと転化できる。

⬇特徴③　実顧客による検証

ＵＣＤの要諦は、製品・サービスの企画や設計という領域に科学的な手法を用いるところにある。科学的と言っても何も大袈裟なことをするわけではなく、これまで企画側の一方的な感覚や曖昧な顧客アンケートなどに依存した意思決定に代わり、「仮説」と「検証」という科学の基本原理を踏まえた作業ステップを取ることを意味している。

実際には、製品・サービスのコンセプト策定、基本設計、詳細設計、ビジュアルデザインなどあらゆる作業ステップにおいて、これまで作業した内容を「仮説」ととらえ、実際の顧客になり得る人に協力してもらいながら、試作品などを使ってもらって「検証」する。検証後には結果を分析し、適宜仮説に修正を加えながら、さらに作業を進めてまた検証、といった手順を繰り返すことになる。

ここで重要なのは、実顧客が製品・サービスを使う様子を観察する行動観察手法による検証を行う点である。実顧客に検証協力依頼ができない場合には、実顧客にきわめて近い属性を持つ協力者に依頼することもある。直接顧客が試作品を見たり、使っている姿を目の当たりにし、さらにその都度状況に応じたインタビューが行えることで顧客理解が深まり、課題解決のために必要となる具体的な要件が明確になっていく。その結果、成功確度の高い施策が生み出せるようになる。さらに、作業が一定して進むごとに顧客視点から検証することで、主観的議論を避け、顧客視点に立脚した作業が行えることも貴重なメリットとなるだろう。これは、複数部署・複数担当者が関わる製品・サービス設計・改善の場ではとくに重要になる。

このように顧客を知り、顧客ニーズや気持ちを理解するために、顧客の意見よりも行動や過去の経験などの事実を重視するという定性調査と同様のアプローチを採用する。消費財や工業製品、また店舗設計の世界においては行動観察手法の重要性が説かれており、数々のイノベーションが起きているが、筆者の経験では、金融商品やセキュリティサービスなど目に見えないようなサービス業でも、行動観察手法はイノベーションを創出する非常に強大な力を秘めた手法となる。早期にプロトタイプを作成するのもこの検証を行うためである（特徴⑤「早期可視化による品質向上」で詳述する）。

◉図表6-4　セブン銀行の海外送金サービス

例えばセブン銀行の海外送金サービスは、このユーザ中心設計手法を用いて開発され、顧客ニーズを的確にとらえているとして、急激に利用者を増やしている。海外送金サービスは、海外に家族が住む日本人、または日本に住む外国人労働者などがＡＴＭやインターネットを利用して海外に簡単に送金できるサービスで、２０１１年のサービス開始からわずか4年足らずですでに60万件（２０１４年実績）の利用件数がある。

このサービスを開発するにあたっては、サービスの概要や使い方をＡ４の紙に書いた、簡易パンフレットを作成し、外国人労働者の多い浜松などに赴いてターゲットとなる在日外国人に見せ、「このサービス、使ってみたいですか？」と聞いて歩くという検証を実施した。実際にサービス内容を可視化したことでターゲット顧客もリアルにその内容を理解することができ、「夜に送金できないと不便」「ここがクリアされないと別の手段を使う」などサービスに求められる要件をリアルに感じとることができたという。また送金で困っている外国人を目の当たりにすることで、「彼らに役立つサービスを絶対に作ろう」というチームのモチベーションが上がり、活気あるチームで高い品質のサービス開発ができたそうである。この仮説検証がなければ今のサービスの形はなかったとサービス開発担当者は語っており、金融という目に見えないサービスにおいてもユーザ中心設計手法は十分に通用することを証明している。

顧客は自分のニーズを言語化していることはまれであり、顧客に直接ニーズを聞くというアプローチには限界がある。顧客にプロトタイプを見てもらったり、使ってもらったりすることで、「顧客行動」と「その動機・要因」という事実情報を入手することができ、この情報を分析することで、製品・サービスのあるべき姿をクリアにしていくことが可能となる。顧客検証は一人ずつ行うことを強くおすすめする。複数人いると他の協力者に遠慮して本音が出てこなかったり、あるいは同調してしまったりする可能性があるためである。

⬇特徴④　費用対効果を高めるスパイラル手法

ＵＣＤの方法論全体は、コンセプト策定（施策の目的・目標、ターゲット顧客、エクスペリエンス定義）→アイディア出し（ブレスト）→設計→開発・準備→運用・評価という仮説検証（ＰＤＣＡ）サイクルによって成り立っており、さらに各ステップの中でも細かな仮説検証サイクルが回るという二重のサイクルによって成り立っている。このように、各作業単位で「仮説→検証」を繰り返すことで、問題を事前に察知して対処することができるようになるため、改善施策の費用対効果を高めることができる。「作っては壊し」の回数を数多く重ねることによって、成功確率を上げていく。

従来型の製品・サービス開発プロセスで、顧客の視点を取り入れるのは、コンセプト段階で実施するマーケットリサーチと、パッケージやパンフレットなどのデザイン案を検証する程度となる。マーケットリサーチではニーズ調査も行っているため、従来型のプロセスでも問題ないという反論を受けることがあるが、マーケットリサーチで行われるグループインタビューとアンケート調査では、いずれも顧客の意見だけを聞いているためリアリティに欠ける。さらにマーケットリサーチの主眼は市場規模の推定にあるため、対象がマスになりがちで、一人の人間としての課題やニーズが見えてこない。一人の人間の課題も解けないものが、売れる製品となる訳もないのである。

ＵＣＤでは、企画のコンセプト立案段階から試作品を用いて実顧客による検証を行い、その現実性を確認する。早い段階から検証を行い、手直ししながら少しずつ前に進むことで、ターゲット顧客の設定ミス、ニーズの読み違い、スペックやコンテンツの不整合といった問題を事前につぶせるのである。やるべきことが見えると同時に、やらなくていいことも早い段階でクリアになるため、無駄な作業をする時間・コストの節約にもつながる。市場規模の推定が必要な場合には、仮説検証を繰り返してコンセプトが明確になった後に行うほうがよい。

ＵＣＤのようなスパイラル手法では、変更があることを是として少しずつ前に進むため、裏を返せば戻りたい時にはいつでも前ステップの修正が行える。別の見方をすれば、スケジュールにあらかじめ修正の時間を見積もっていることも従来とは大きく異なる点である。従来の製品・サービス開発プロセスでは、販売計画やリリース期日ありきで開発がスタートするため、仮に製品開発やデザインなどの段階でコンセプトの課題に気づいたとしても、それを修正することは不可能となる。結果として、コンセプトや製品に無理を抱えたままリリースされ、顧客に受け入れられないで静かに消えていく顛末となる。

⬇特徴⑤　早期可視化による品質向上

ＵＣＤの根底には、「人間は実物にしか反応できない」「ニーズや環境は絶えず変化する」という前提がある。そのため、机上の空論で計画を進めるのではなく、柔らかい、不確かな仮説であってもそれをまずは目に見える形（試作品、プロトタイプ）に落とし込むことを重視する。そして、改善プロジェクトの早い段階から試作品を作成し、それらを用いて検証を実施する。このように早い段階から「目に見える形に落とし込んでは試す」という手法は、「早期プロトタイピング（Rapid Prototyping：ラピッドプロトタイピング）」または「アーリープロトタイピング」などとも呼ばれる。この早期可視化、すなわちプロトタイピング作成のメリットは以下の三つである。

- 関係者間で意識の刷り合わせが可能
- 顧客から早期に高精度のフィードバックが獲得可能
- 仕様の明確化、修正の容易化、検証タイミングの柔軟性向上などが実現可能。結果として品質の向上、開発・制作時間の短縮化に寄与

試作品を作る目的は、誰の目にも同じ現実が見えるようにするためである。言葉による定義だけで共有している情報は、個人間でそのイメージが異なることが多く、具体的なも

◉図表6–5　ウェブサイトのプロトタイプ

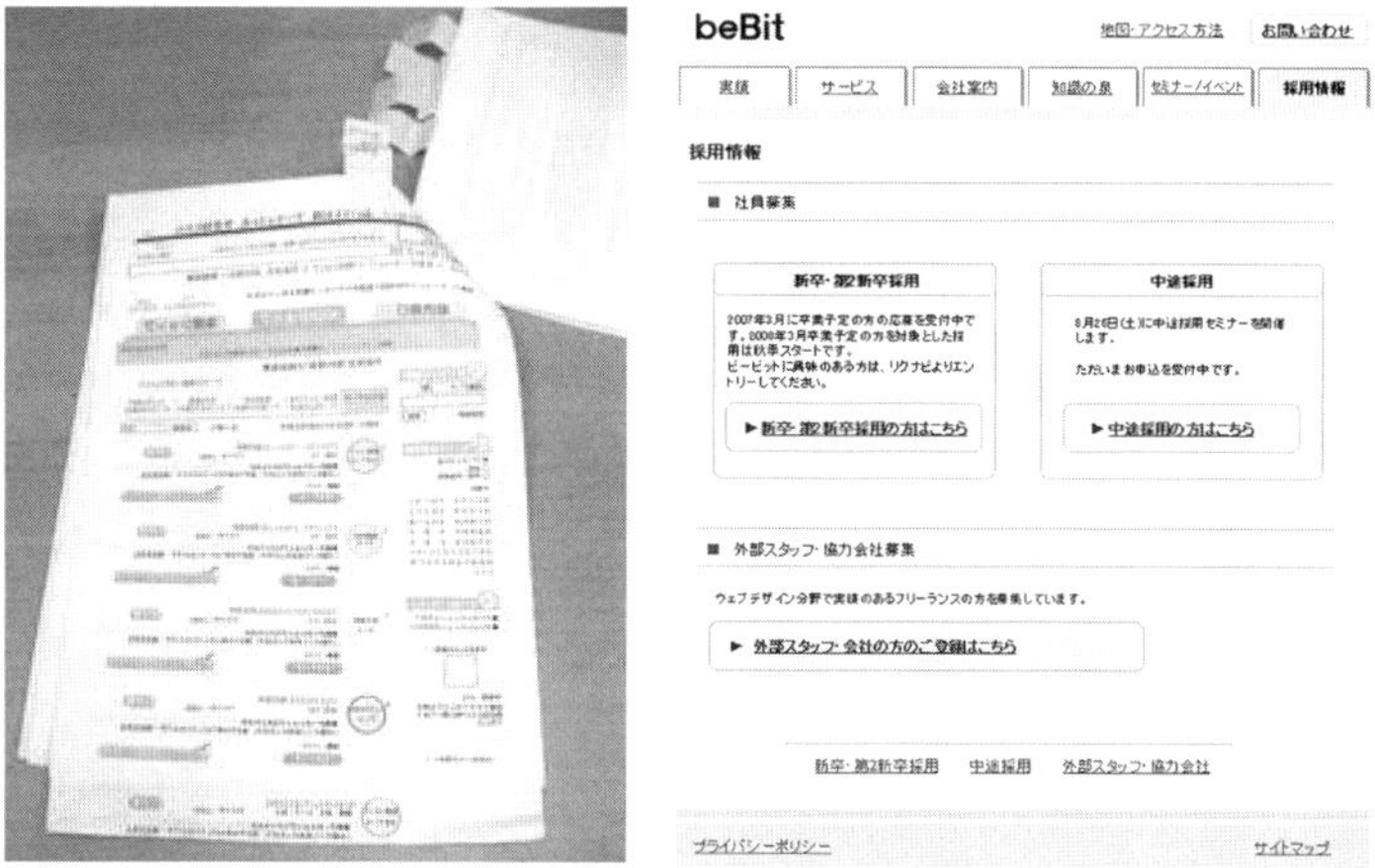

左側は印刷したもの、右側はパワーポイントで作った画面イメージ

◉図表6–6　マイクロソフトのWordのプロトタイプ

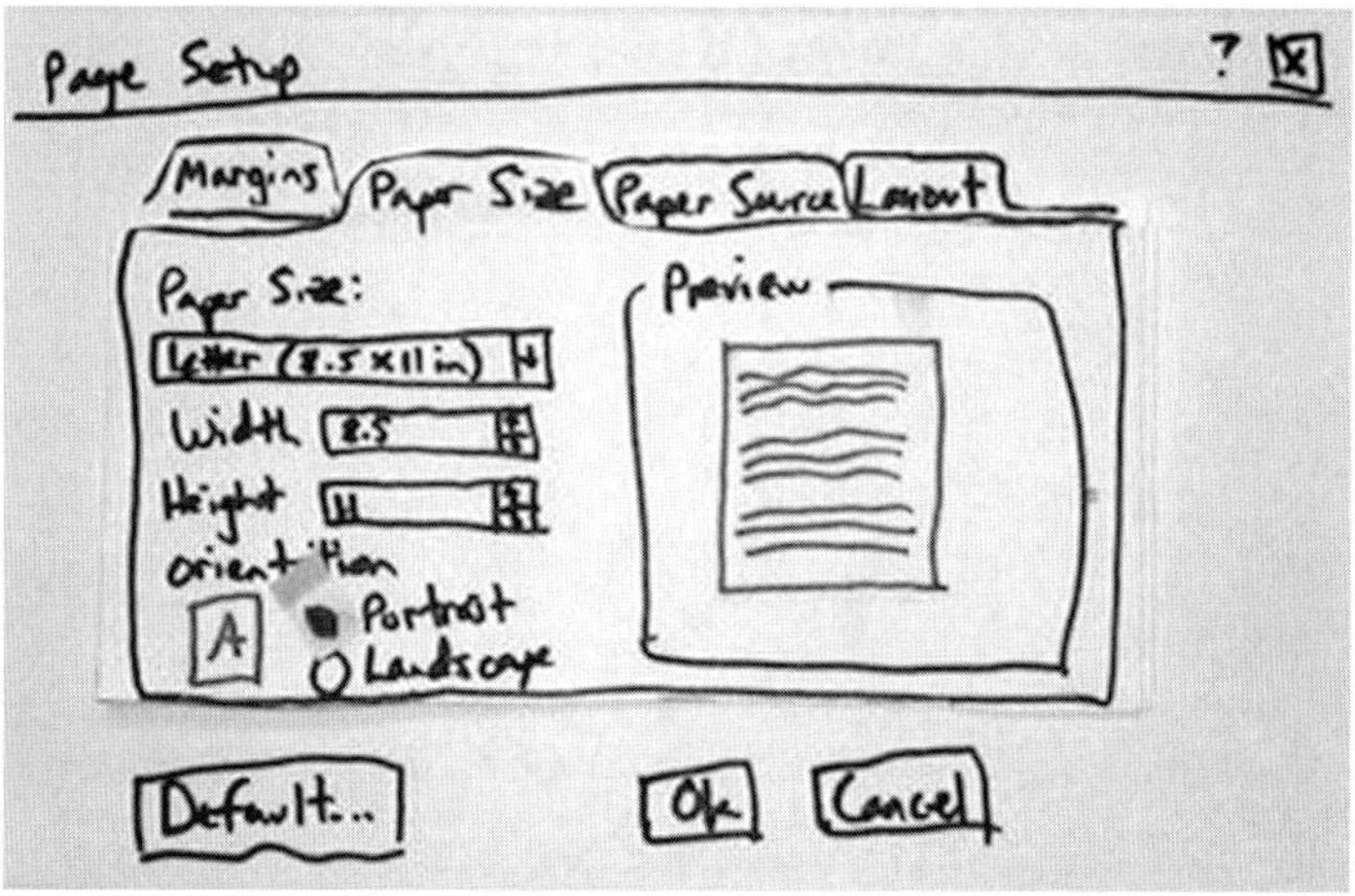

◉図表6-7　IDEO 医療用器具のプロトタイプと完成品

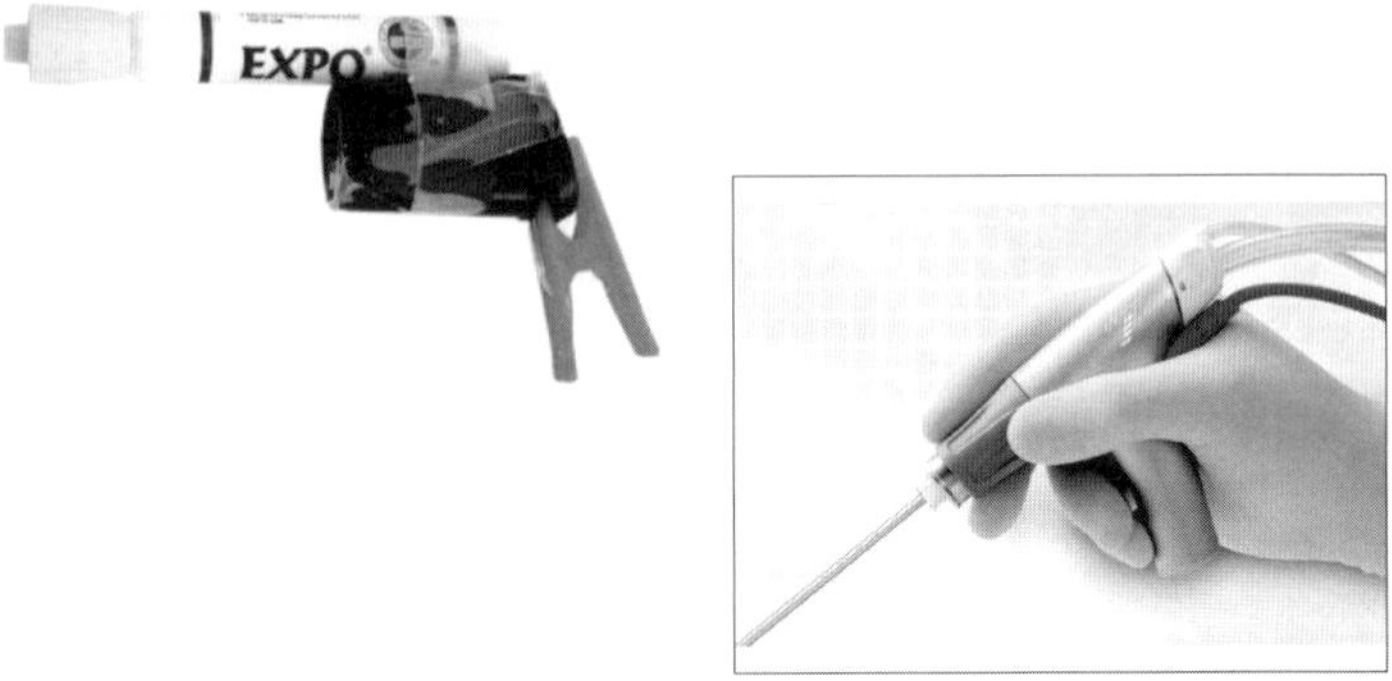

デザイン思考アプローチにより数々のイノベーション創出を支援してきたIDEO社が設計した医療用器具の初期プロトタイプ（左）と完成品（右）
出典：http://business.nikkeibp.co.jp/article/interview/20140725/269219/?P=3&mds

◉図表6-8　IDEO POSデバイスとアプリのプロトタイプ

試作品

完成品

アプリの試作品。画面案を複数作成してあり、顧客が指をマウスに見立てて使っている。顧客がクリックするとページをめくって該当する画面を出す紙芝居のような方式でプロトタイプ検証を行っている。
出典：http://www.ideo.com/work/pi-payment-platform-and-albert-point-of-sale-device

◉図表6-9　IDEOホテルのパブリックスペースのプロトタイプ

出典：http://www.ideo.com/work/holiday-inn-express-europe

のが提示されてから「これは想像と違う」と議論が紛糾する。早期可視化によってこのような事態を回避できる。

また、提供者と顧客との間で同じものが見えていることで、顧客から事前に現実的なフィードバックを得ることができる。

早期可視化は、最初のうちは手間のかかる作業のように思えるが、それがなかった場合に発生する手戻りやリリース後の失敗のリスクを考慮すると、結果的にはプロジェクト全体の品質を向上し、作業時間を短縮させる強大なツールとなる。

試作品は例えば製品の改善案であれば、3Dプリンターの活用や類似した形の文房具や空き箱などを組み合わせたもの、それも難しい場合にはスケッチでもよい。またサービスなど目に見えないものの改善案を可視化する場合には、紙にその内容を書いてパンフレットにする。いずれの場合でもコストがかからずにすぐ入手できるもので作るとよい。こうした簡易なもので、担当者間の意識の刷り合わせや顧客からの反応を見ることができるかと疑問に思うかもしれないが、文字情報と簡易でも可視化されたものとでは、人間が受ける印象や改善案への理解の深さがまったく異なる。

⬇ユーザ中心設計手法でATMをリニューアル――セブン銀行

セブン銀行では2013年に全国に1万8000台あるATMの取引画面と明細票を大幅にリニューアルした。このリニューアル作業では、リリース前にプロトタイプを顧客に実際に使ってもらうユーザ検証を行いながら設計を進めていき、結果的にきわめて使い勝手の高いデザインを実現している。

リニューアルにあたり、コールセンターへの要望を分析したり、一般のモニターに対面インタビューを行った結果、「画面のボタンや文字が小さい」「画面に出てくる情報量が多くてわかりにくい」の二点が改善すべき課題となった。

開発の進め方は、顧客インタビューを実施するのみならず、短期間で複数の簡易的な試作品を作ってはすぐに顧客モニターに操作してもらい、反応を検証するプロセスをくり返すという、本章で紹介しているUCDと同じプロセスを踏んでいる。同行の本社内にはATMが10台以上並ぶ部屋があり、この部屋に顧客モニターを呼んで操作を依頼し、その時の様子を観察したりインタビューを行ったりすることで試作品のどこがよくて、どこが悪いのか、またその原因は何であるのかを把握し、試作品の改善に活かしていった。顧客モニターによるテストでは、モニターは基本的に一人ずつ招き、他の人に遠慮して本音が出ないリスクを回避する工夫をしている。

その結果、ATMの取引画面と明細票が大幅にリニューアルされ「やさしいATM」となった。新しい画面では大きな丸い目立つボタンを採用し、文字は1・5倍～2倍に大きくし、コントラストのある文字デザインを採用した。説明文も短く簡潔にした結果、文字数が約半分に減少した。ATMという小さな画面上では、文字の大きさと情報量のバランスを保ちつつ、昔からの常連顧客から新規顧客まであらゆるユーザにとって使いやすい状態を実現するのは難しい作業であるが、その都度顧客モニターに見てもらうことで落とし所をうまく見つけることができたそうである。また大きさや情報量だけでなく、丸いボタンのほうがより押しやすく見え、印象が柔らかくなるといった結果もモニターテストから得られた。

◉図表6-10　セブン銀行ATMリニューアル

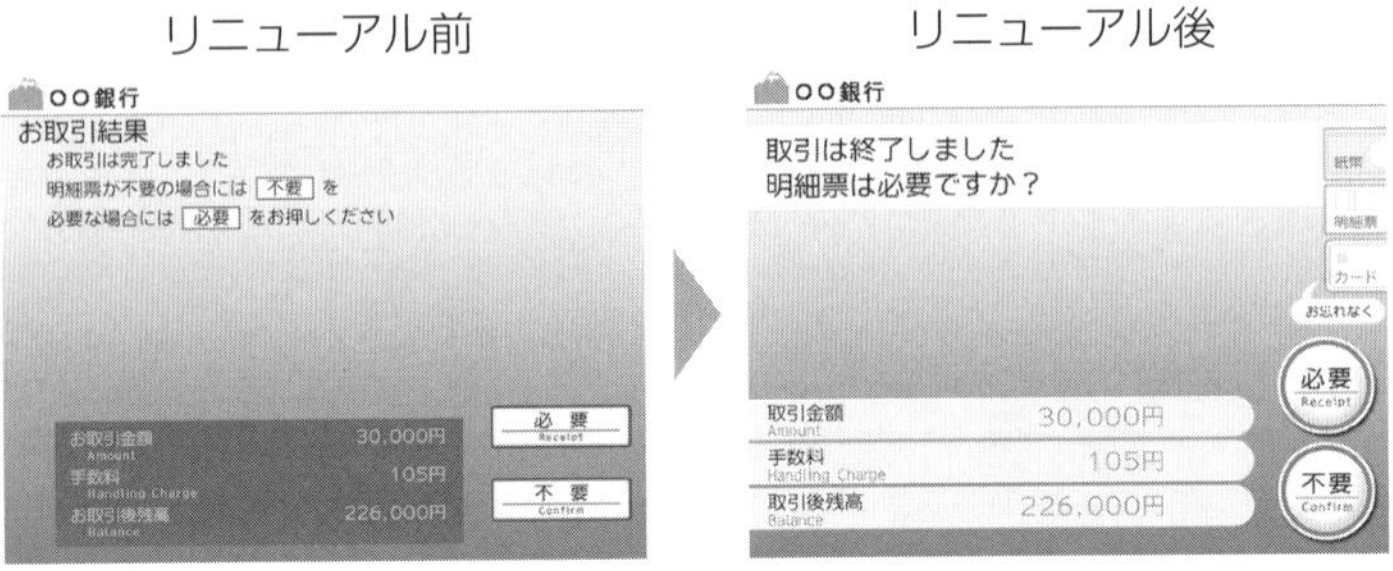

ユーザ中心設計を用いてATM画面をリニューアル。情報を詰めこみがちになるところを顧客視点からの検証を踏まえることでシンプルで分かり易い画面となっている。

◉図表6-11　セブン銀行ATMリニューアル

明細票やカード、紙幣の取り忘れを防ぐため、画面上で下方に動くアニメーションを採用し、アニメーションが動き終わると実際に明細票やカードが出ているよう画面とカード投入口の動きを連動させた。顧客の注意を引いて取り忘れを防止している。

◉図表6-12　セブン銀行ATM「ご利用明細票」リニューアル

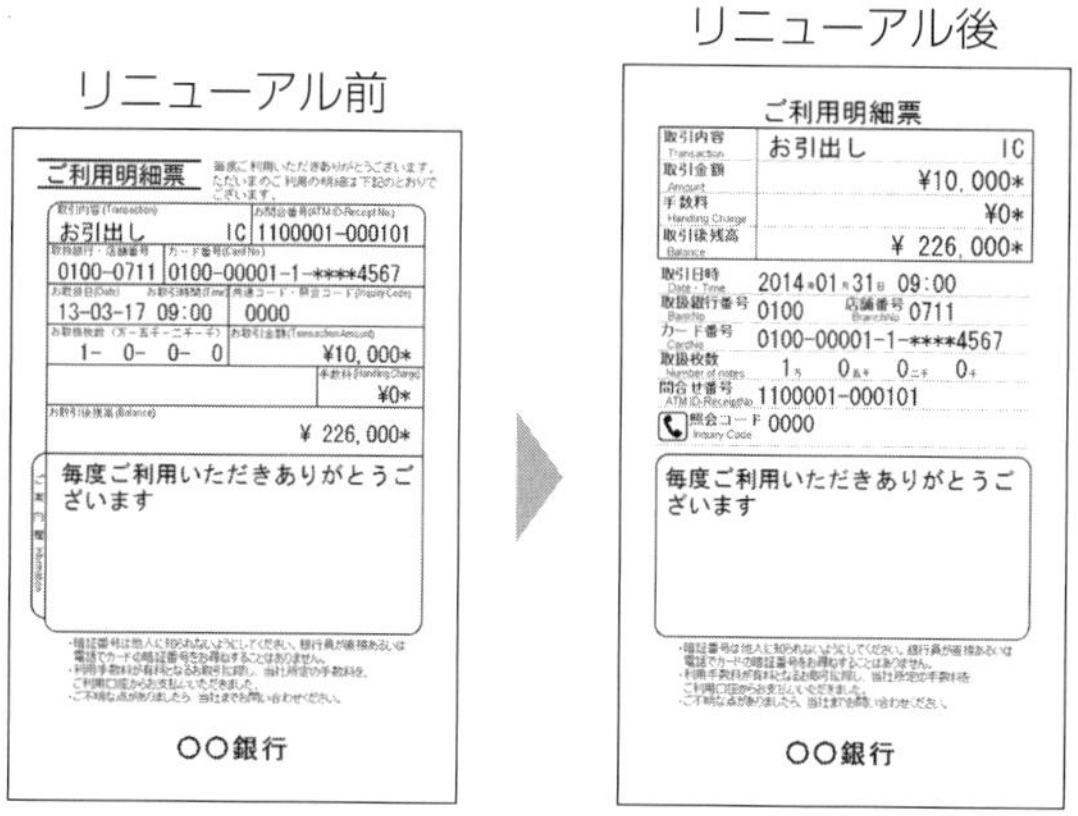

明細票は顧客が最も必要とする「取引金額」「手数料」「取引後の残高」の三点を目立つよう上部に大きな文字で配置。

我々一般利用者にとっては日々何気なく使用するＡＴＭだが、画面のデザインによって操作ミスや忘れ物の回数が大きく変わることを突き止めた同行は、カードや明細票、現金の取り忘れを改善することもこのデザインリニューアルのスコープに入れた。取り忘れを防止するための注意喚起には、赤文字や点滅文字、また音を出すなど様々な方法があるが、同行が目をつけたのはアニメーションの活用である。よくあるＡＴＭでは、カードなどを取り出すまでピーピーと大音量の音が鳴り続けることで取り忘れを注意喚起するが、コンビニで音が鳴ると周りが気になり、かえって急かされているような気になって取り忘れてしまうことが調査でわかった。そのため音だけではなく、アニメーションも用いることで二重の対策を施した。アニメーションでは、人間は動くものがあるとついそれを見てしまうという性質を活かし、画面上でカードや明細票の画像を表示して、それを取り出し口の位置に向かって動かすことで、視線を取り出し口まで誘導し、実際のカードなどを確実に見てもらえる工夫を施した。効果音についても利用者が不快にならないような工夫を施したチャイム音を採用。さらに、利用者がATMの前にいる場合は、音声再生までのタイマーが延長され、受け取りを急かさないという工夫もされており、気持ちよくお金を受け取れるという細かな配慮がなされている。

提供者側の一方的な「顧客ニーズはこうなっているはずだ」という発想だけでは、このような顧客心理に根ざした改善は生まれにくい。カード取り忘れの注意喚起にしても、音声でできる限り知らせることばかりに集中してしまい、顧客にとってそれが居心地の悪いことであることに気づくのは難しい。セブン銀行では、検討の早い段階から顧客の声に耳を傾け、試作品を作っては顧客に実際に見てもらってフィードバックを得るというプロセスを経たからこそ、ここまでの改善ができたと言えるだろう。

3 ユーザ中心設計手法のメリット

競争激化時代に成功確度を上げられる唯一の手法

ＵＣＤのメリットは、何と言っても成功確度を圧倒的に高められる点である。筆者の会社では15年以上に渡ってこの手法を活用したマーケティングやロイヤルティ創出支援を行ってきた。例えば、顧客心理を踏まえたオンラインコミュニケーション設計を行ったことで、常陽銀行ではウェブ経由の住宅ローン申し込み数が20倍になった。また日本経済新聞社のiPadアプリ「日本経済新聞 for iPad」開発においてもサービスリリース前に利用者の使い方や戸惑うポイントを洗い出して対応したところ、リリース後の満足度は9割以上をマークし、創刊以来最大の有料会員増をもたらす結果となった。

自然とエネルギッシュなチームができる

この手法を使うと、顧客が改善案を使う様子を目の当たりにすることになる。目の前で使い方に戸惑っていたり、あるいは課題を抱えて困ったりしている顧客を見ると、人間の共感機能が刺激されるため、企業側の担当者に「なんとか解決してあげたい」という気持ちが自然に沸き上がってくる。一口に「共感」といっても、顧客の感情を理解して一緒の気持ちになる「同情（英語では〝Sympathy〟）」と、より深く感情移入し、顧客の感情を自分のものとして感じる「共感（英語では〝Empathy〟）」の二種類がある。仕事において、顧客に対して同情することはあっても、共感の境地に達することは実は難しい。共感には原体験、例えば、目の前で顧客が苦しむ様子を見て、その時の感情や背景を知るといった場が必要となるためである。しかしこの手法では早い段階で顧客のそのような姿を目の当たりにするため、「なんとかしてあげよう」という気持ちがチーム全体に芽生え、同じ目標に向かってきわめてエネルギッシュに活動できる。

先に紹介したセブン銀行の海外送金の例では、サービス企画担当者がサービス概要を書いた紙きれを片手に多くの在日外国人、その多くは日本に出稼ぎに来ている外国人にプロトタイプテストを行ったところ、彼らの抱える課題や苦しみをリアリティをもって理解できたことで、チーム全体に活力が生まれ、それが高水準なサービス開発につながったそうである。本社の中でウェブや郵送アンケート、または広告代理店が実施するグループインタビューの結果レポートだけを見ていては、このような共感を生むことはできず、魂のこもったサービスや製品を世に生み出すことは難しい。

⬇やらなくてよいことが明確に

新しい業務プロセスを提唱すると、現場から「これ以上仕事を増やさないでほしい」という声を聞かされることがある。確かに慣れ親しんだ業務を変えるにあたっては、どんなにメリットを説明されても抵抗が生まれるのは仕方がない。現場に響くメリットは、実は「成果が上がる」よりも「業務削減に寄与する」であることも案外多い。この場合にUCDを用いることで、やらなくてよいことが明確になり、コスト圧縮につながることは多い。

例えば、システム改訂が絡む場合には、最初に画面案をラフに作成して紙の状態でもよいので顧客に見せ、「このような画面があったとして、普段だったら使いますか？　もし使う場合には指でなぞってクリックしたい場所は『クリックする』と言葉で教えてください」とお願いするだけでも、その画面に描いた機能が使われるのか使われないのかがわかってくる。さらに使わない場合には、「どうして使わなかったのですか？」と聞くと、「こんな機能は必要ない。なぜなら……」と現実的な理由を教えてくれる。このようなテスト結果が複数得られ、使わない理由も納得感のあるものであれば、その機能開発は不要だと結論づけられるのである。

筆者の会社が支援した一部上場企業では、社内でのシステム開発起案にユーザ中心設計手法を取り入れ、顧客価値と部門の生産性の向上に成功した例がある。この会社では、各部門がシステム開発・改訂を起案する際には、その目的やターゲット顧客、カスタマーエクスペリエンスとジャーニーマップを明確に文書化したうえで、画面案でのプロトタイプ検証をシステム部と一緒に実施することが義務づけられている。このプロセスによって社内から日々舞い込むシステム開発案件の優先順位をつけたところ、優先すべき開発案件が顧客視点で明確になり、誰もが納得感をもって開発にあたれるようになった。さらに、初期の段階で顧客視点から不要な機能を外すことができるため、企業全体として顧客にとってより必要なものをより早く作り出せるようになり、システム開発の効率性、生産性、および顧客への価値創出のすべてを向上させることができた。このように全体の生産性が著しく向上するとともに、顧客を感動させるようなサービスも生まれ、例えば「マイページで提供している機能に感動したため、競合で取引していたものもすべてこちらにお願いしたい」という取引額の多い顧客まで現れたのである。

◉図表6-13　某大手企業のシステム開発フロー

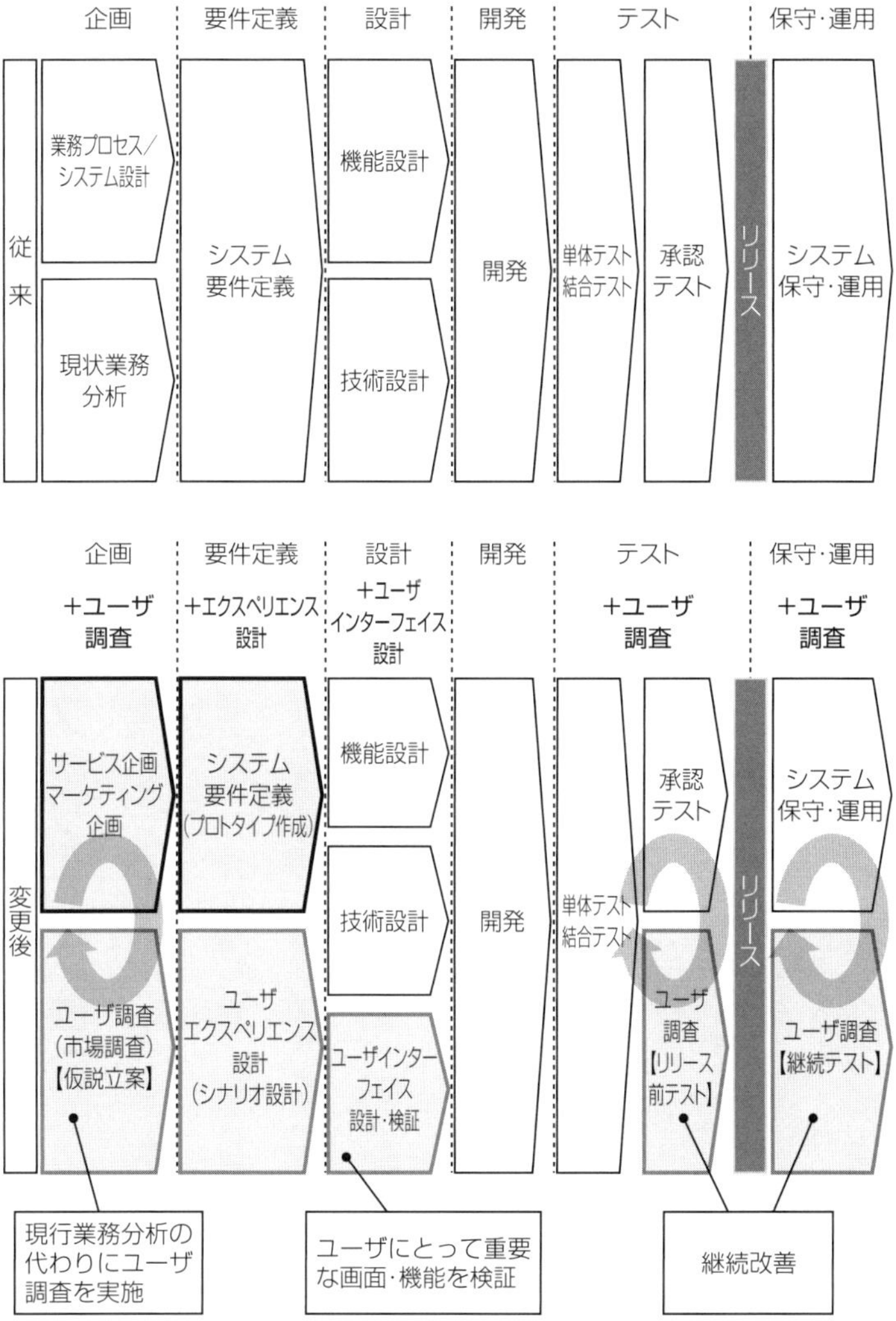

4 顧客心理をとらえた店舗エクスペリエンス改善
――フェデラルエクスプレス

世界最大の総合航空貨物輸送会社・フェデラルエクスプレス（通称フェデックス）はワールドサービスセンターと呼ばれる店舗の見直しをデザイン思考アプローチで有名なZiba社に依頼、顧客行動観察などを取り入れながらカスタマーエクスペリエンスの改善を行った。

ここで学ぶべき点は、彼らが店舗を改善しようとしたのではなく、店舗におけるカスタマーエクスペリエンスを改善しようとした点である。そしてエクスペリエンスで課題をとらえられた時、その解決案はあっけないほどに簡単なものだった点にも注目である。次から具体的に見ていく。

フェデックスで顧客が荷物を送る場合、集荷に来てもらうか、ワールドサービスセンターに荷物を持ち込むかの二通りがある。フェデックスとしては、わざわざワールドサービスセンターにまで荷物を持ち込んでくれる顧客には徹底した利便性を提供すべく、便利な場所に店舗を構え、できる限りスピーディに手続きできるようオペレーションを磨いていた。実際、このような荷物を持ち込んでくれる顧客のことを「フリスビー」と社内で定義し、センターに来て、荷物を預けて、まるでフリスビーのように素早く戻れるようスピード重視で対応していた。フェデックスの経営陣は、このような顧客に対してきわめて高いレベルでサービス提供ができていると信じていたが、顧客満足度調査を行うと、店舗に来る顧客のうち不満者が一定数いることがわかった。そのため２０００年にZiba社に依頼してカスタマーエクスペリエンスの再設計を実施することになったのだが、Ziba社のコンサルタントが顧客インタビューや行動観察、カスタマージャーニーマップ作成などを実施すると、フリスビータイプの顧客は全顧客中10％しか存在せず、他に3タイプいることがわかった。経営陣はセンターにくる顧客は全員フリスビーだと信じていたため、この結果に驚くとともに、スピード以外に顧客が重視するものが何であるか、まったく見当もつかなかったそうだ。

実は、顧客はセンターに来る時点での荷物の準備度合いとサポートの必要度合いから、四つのタイプに分けられることをZiba社は突き止めた。その四つとは、とにかくスピード重視の「フリスビー（Frisbee）」、お届け日数などの確実なフィードバックを求める「確認重視顧客（Confirmer）」、自分で梱包ができることだけを求める「ＤＩＹ（Do-it-yourself）顧客（DIYer）」、荷造りからお届け日数確認まであらゆるサポートが必要な「要サポート顧客（High Maintenancer）」である。「フリスビー」と「確認重視顧客」はセンターに到着した時点で荷造りは完了しているが、残りの二つのタイプはセンターで梱包することを前提に来店しているため、梱包するスペースや資材が必要となる。

この中でもとくに「確認重視顧客」と呼ばれる顧客は興味深い。彼らの顧客インサイトはひと言で言えば「不安」である。「確認重視顧客」がしっかり梱包された荷物をわざわざセンターに持ってくるのは、荷物が先方に届くのにどのくらいの時間がかかるのかを確認するためで、さらに仮に日数がわかったとしても、「ちゃんと届くだろうか」と心配になるようなタイプの顧客だった。このような顧客が従来の「フリスビー」に完全対応したスピード重視のワールドサービスセンターに来店したらどのように感じるだろうか？「フリスビー」にとってはとにかく荷物をさっと引き取ってくれる対応はありがたいだろうが、「確認重視顧客」にとっては、スピード重視のオペレーションは不安を倍増させるだけの場所でしかなかったのである。とくに彼らを不安にさせていたのは、引き取った荷物がうず高く積まれた荷物の山だった。センターでは、スピード対応を実現するために預かった荷物を横にポンポンと山積みにしていくが、その後のプロセスで完璧に配送できる自信があったため、荷物を積み上げていくことには何の疑問も抱いていなかった。しかし、「確認重視顧客」にとっては、その山を見ると「荷物が紛失して届かないかも……」という不

◉図表6-14　フェデックス来店顧客の分類

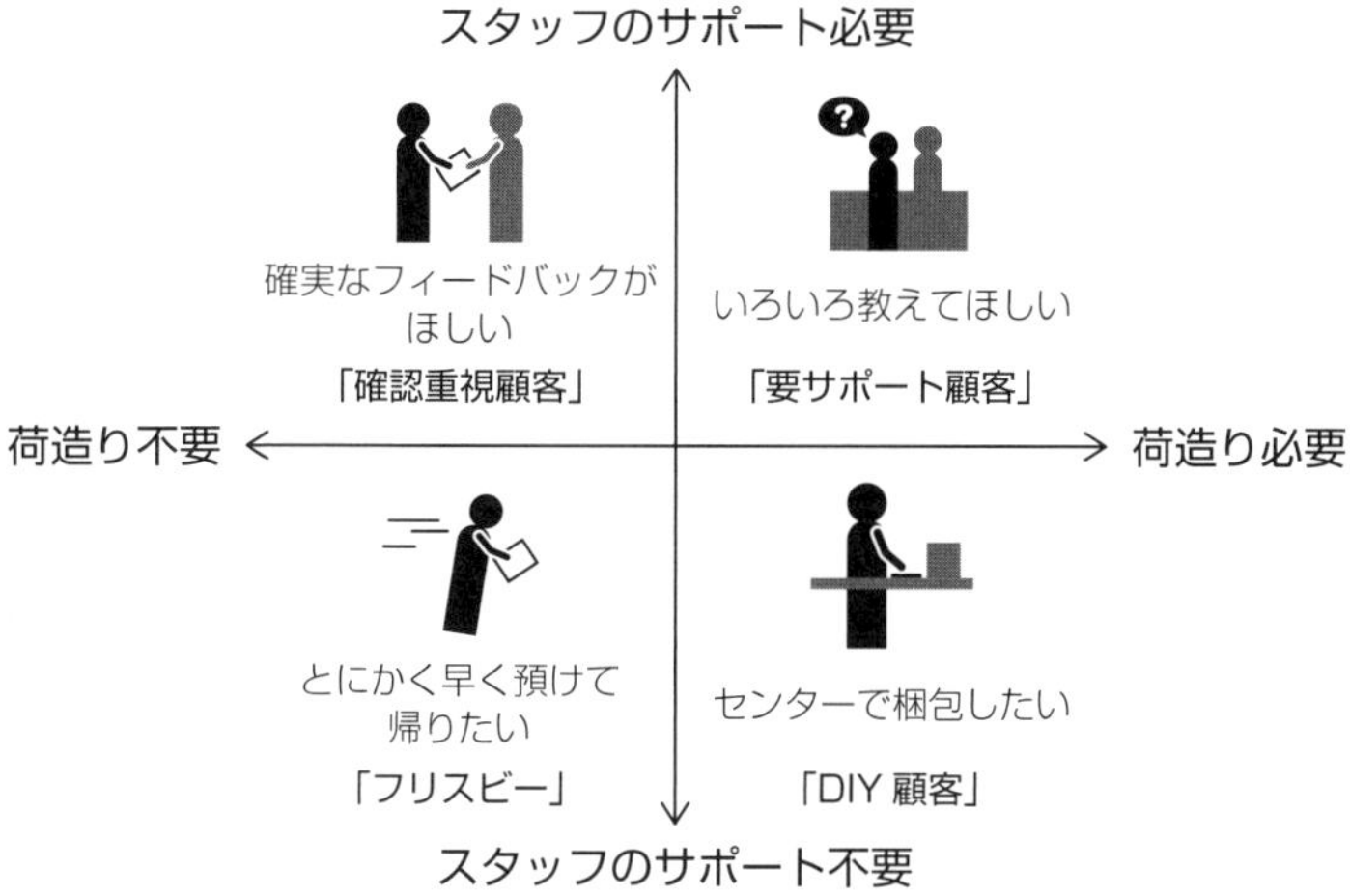

Ziba社HPより引用・加工

◉図表6-15　店舗の新デザイン

店舗の新デザイン。荷物投入口を行先別、荷物の大きさ別に設けた。また荷造りを行う顧客向けの作業台を設置。

安を感じさせていたのである。企業にとっては些細な見た目上の問題だが、顧客にとっては配送プロセスに不信感を抱かせる結果となっていたことはフェデックスにとって驚きの結果であった。このように企業が思いもよらない価値を顧客は体験から見出していたのである。これがまさにカスタマーエクスペリエンスの課題であった。

山積みの荷物の中に自分の荷物が無造作に積み上げられるという客観的事実を目の当りにした「確認重視顧客」は、フェデックスを使うのはリスクが高いと思うため、自然と足が遠のく危険性を持っていた。これを改善するため店舗設計を見直したのだが、ここまでカスタマーエクスペリエンスをとらえられていると実は改善案は簡単になる。「確認重視顧客」は山積みの荷物に不安感を抱くため、山積みの荷物が見えなければよい。そこで、受付カウンター奥に穴の開いた高い壁を設置し、壁にあいた穴から荷物をスライドして入れて、顧客には「確かにお受け取りしました」と確実なフィードバックを返すようにした。たったこれだけの改善案でも、このような顧客にとっては、安心と安全を実際に可視化された状態で感じることができる。実は壁の奥では、前と同じように荷物は山積みのままだが、自分の荷物を丁寧に扱ってくれているという感覚を顧客に確実に与えることができるようになったのである。このようにフェデックスは顧客心理に根ざした店舗改善により満足度を上げるとともに、全米で１４００あるセンターのデザイン統一も実現できたことで、備品設置コストが14％、日本円にして億単位でのコスト削減をも達成した。

出典：『Outside In: The Power of Putting Customers at the Center of Your Business』Harley Manning and Kerry Bodine. ©2012 by Forrester Research, Inc.

出典：http://www.ziba.com/work/fedex-world-service-center

出典：http://www.fastcompany.com/3000554/how-fedex-revamped-its-brand-fixing-its-leaning-tower-packages

ステップ7

顧客志向文化を形成する

顧客ロイヤルティ向上ステップの全体像

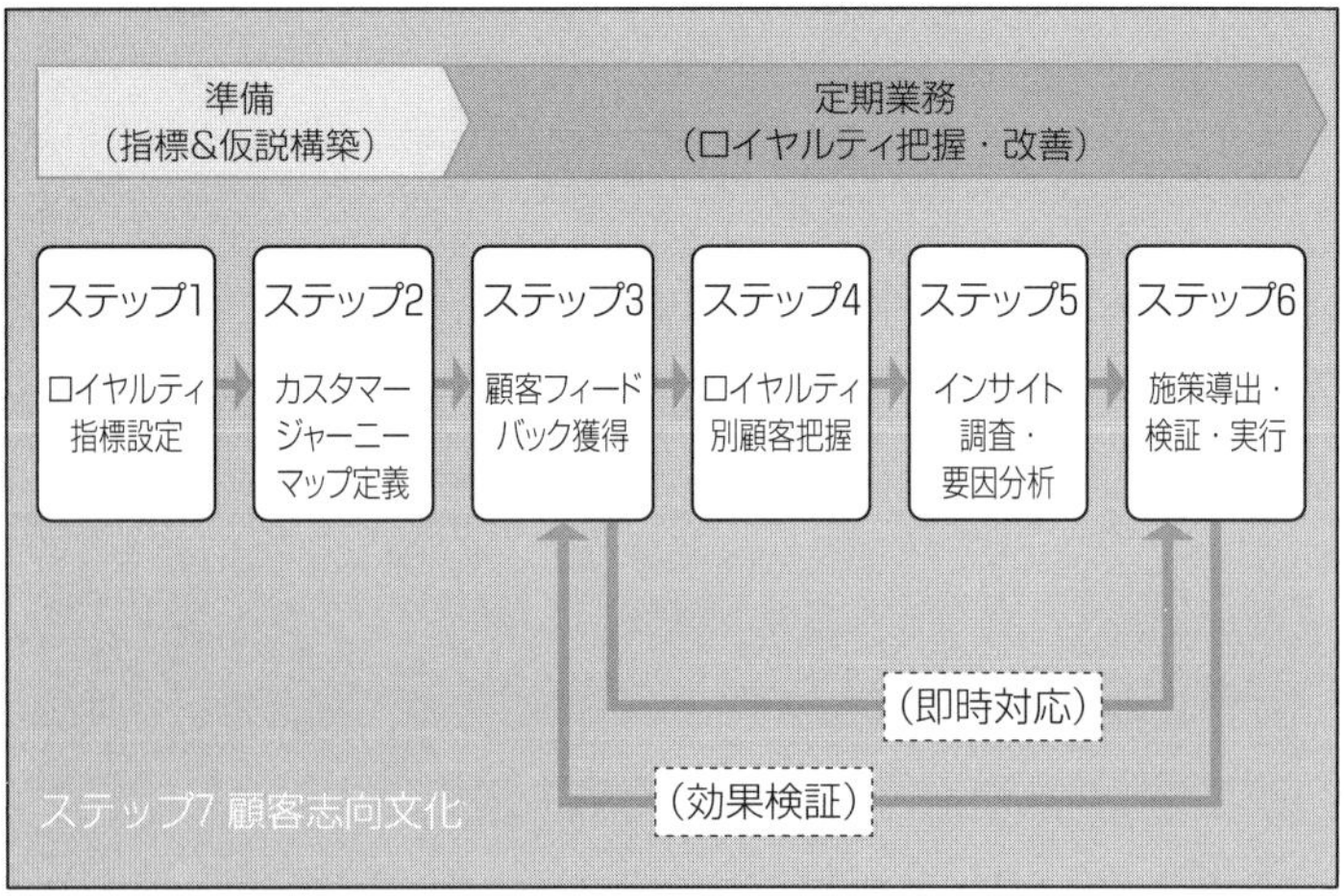

ステップ1～6までを実践することで、ある程度、ロイヤルカスタマーを創出できる。とくに「顧客の役に立つ仕事がしたい」と情熱を燃やす担当者がこの仕組みを推進すれば、さらにその実現可能性は高まる。しかし、いくら熱意があっても一人、ないしは一つの部署でできることには限界がある。実際にロイヤルティ経営の考え方に感銘を受け、NPSや行動観察などを導入した企業でも、活動が単発の打ち上げ花火で終わることが多い。

仕組みもあり、ロイヤルティ推進の部隊もいて、他に何が必要なのか？最も必要なのは、仕組みを支える土台としての企業文化だ。会社が顧客志向の価値観を大切にしていることを全社員が理解し、活動の意義に納得してはじめて、継続的にロイヤルティ創出活動を行えるようになる。究極的には、顧客は一人一人すべて状況やニーズが微妙に異なるため、本当にロイヤルティを創出するのであれば、マニュアルに依存しない現場での臨機応変な判断が求められる。そのためには、全社員の判断根拠となる価値観や文化の浸透が何より必要になるのだ。

ステップ1～6を実践していくうちに考え方も変わり、それが文化になっていくというアプローチも確かにある。しかし、ただテクニカルに活動しているだけでは、いつしか停滞する。顧客志向の文化を組織の中に浸透させる仕掛けもまた必要になる。次から文化作りに必要な五つのレベルを事例とともに解説する。

1 レベル1 トップのコミットメント

これまで収益第一主義で運営されてきた企業が新たに顧客志向企業に生まれ変わるには、会社が存続の危機に瀕するか、顧客ロイヤルティに並々ならぬ情熱を燃やす担当者が存在するかの、いずれかのアプローチをとることが多い。

前者であれば、V字回復を託された経営者が不退転の覚悟で顧客志向経営に舵を切るが、後者の場合には、活動が打ち上げ花火に終わって失速することが多い。この状況で必要になるのは経営陣が顧客志向経営や顧客ロイヤルティ創出活動に対して、「本気で取り組む」という覚悟である。担当者にとっては、経営陣からコミットメントを引き出せないのであれば、活動継続はあきらめざるを得ないほどに重要な条件となる。そのためあなたが担当者であれば、成功事例を引っさげて経営陣に提案していくしかない。

経営陣に提案する際には、データの信頼性、収益インパクト、直感への働きかけの三点が重要になる。とくに収益インパクトは合理的な意思決定を行ううえで最も重視されるため「ロイヤルティを上げたら収益が上がる」という根本命題の証明が必要になる。

◉図表7-1　顧客ロイヤルティ経営への変革ステップ

小さな成功を積み重ねながら組織展開するのが成功の近道

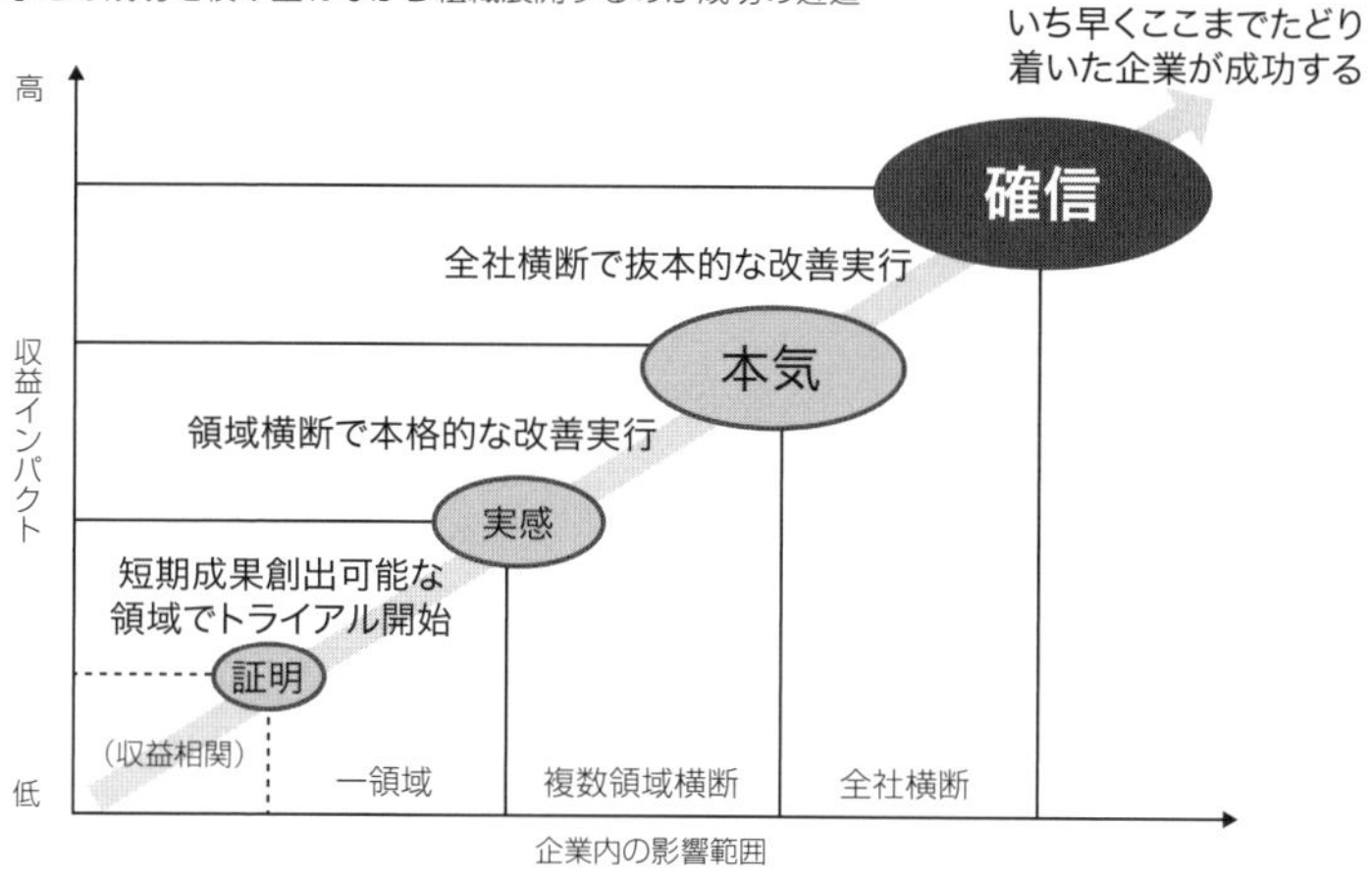

　これまでに紹介したステップ1～6を試験的に小さく回してうまくいく感触を得ているのであれば、それを「トライアルプロジェクト結果」として成功事例にするとよい。そして、トライアルプロジェクトではロイヤルティ指標と収益指標にどの程度インパクトを与えられたのかを試算し、ビフォーアフターとともに経営陣に提案する。またその際には、顧客のリアルな声、映像を見せるのも効果的だ。利益だけを追求しているように見える経営陣の中にも、顧客志向を標榜する人が存在することが多いため、ローデータによって彼らの感情のスイッチを入れるのである。

　筆者が担当した案件では、これまでトライアルとして実施した顧客ロイヤルティ向上の取り組みをまとめて社長以下と共有し、今後の方向を検討するために経営陣を対象としたワークショップを実施したことがある。そこでは、数値的な成果の共有のみならず、経営陣自身やその部下が顧客を喜ばせた体験、怒らせた体験、またそれぞれの原因について考えて発表してもらったり、その発表と対比する形で実際に顧客が本当はどう思っているのかが端的にわかるビデオを上映した。これにより自分達の思うことと顧客が感じることに大きなギャップがあることを身をもって理解できていた。また、カスタマーエクスペリエンスの観点から課題がある案内ハガキを参加者に配って「自分が顧客で今まさにこのハガキが自宅のポストに届いたとしたら、どこを見て、どう処理するかやってみてください」というお題で実際に触って体験してもらうなど、手足をフルに使ってもらった。段取りが増えるが、これが、経営陣を開眼させるきっかけになり、その後、それまで収益にしか興味がなかった社長が「この施策で上がるのは悪い売上ではないか？　それは認められない」というフィードバックを部下に返すようになる一つのきっかけになった。

トップのコミットを取りつけるだけではなく、トップの本気度合いを社内コミュニケーションの随所に表し継続的に意思表示しなければならない。具体的には、理念や行動指針の改訂、全社向けコミュニケーションでのメッセージ発信、また実際の顧客理解のために経営陣自らが店舗やコールセンターなどの現場に出向くとよい。経営陣が現場に出かけていく活動は社員に本気度を伝えるうえで最も効果的であるだけでなく、実際に顧客の実態を理解した経営陣からのメッセージに現場感や納得感が醸しだされ、社員にとっても「トップは本気だ。なので自分たちも同じ方向で活動してもよい」という雰囲気が生まれるようになる。さらに経営の意思決定にカスタマーエクスペリエンスの観点が入るようになるという利点もある。

例えば、アメリカ大手会計ソフトウェアのSage North AmericaではCOOが「経営陣現場理解プログラム」を作り、経営陣がコールセンターで応対業務を実施したり、営業チームに同行して顧客訪問を行ったりしている。そして月次の経営会議で顧客事例やストーリーを発表することをルーチン化することで、顧客志向の重要性を経営陣が理解できるようにしている。またこのような活動を経営陣が継続して行っていることが社員に伝わることで、顧客理解の重要性を社員も理解し、顧客志向文化の醸成につながっている。

❹顧客が先か利益が先か、問題があった時に問われる顧客志向

大企業の経営陣と話をすると、顧客志向もロイヤルティもカスタマーエクスペリエンスすらも否定する人は一人もいない。そのため、コミットメントは案外取りやすいとも見えるが、企業が顧客志向で運営されることの試金石は、何か悪いことが起こった時の意思決

定にある。

例えば自社が販売している商品を使った顧客から「この商品を触ったら肌がただれてひどい状態になった」と連絡があったとき、社長はどういう意思決定を行うか？　その顧客個人の体調によるものなのか、商品の成分が悪さをしたのかによって、対応は変わるため、多くの経営者は原因究明を指示し、それがはっきりするまではその事実を公表することなく販売を続け、連絡をくれた顧客には別途対応することになるだろう。もちろんこれはあくまで思考実験であり、実際の意思決定はケースバイケースで、健康被害が非常に軽いものであればこのような意思決定で十分だろう。

しかしここで考えてほしいのは、もし自分の家族が同じ商品を使っていたなら、「ちょっと使うのやめておいたほうがいいかも。はっきりわかったらまた教えるから」と声をかける可能性がないだろうか？　家族には使わないほうがいいと言えるのに、顧客には言えないとするなら、顧客志向で経営されているとは到底言えない。なぜなら顧客を一人の人間として尊重していないからである。仮に商品に問題があったとすれば、原因究明中の期間、多くの顧客を欺くことになるため、それを是としない経営者もいる。販売機会を逸し、ブランドを毀損するかもしれないが、顧客の健康を最優先するならば、商品を回収するなり、「原因がわかるまで使用を止めてください」と呼びかけることをするなりもできるのである。そして、過去の企業不祥事の事例を見てもわかる通り、隠ぺいをせずに率直なコミュニケーションを迅速に行える企業は、傷口を最小限に抑えて、その後回復できているのである。

何か悪いことが起こった時に、利益よりも顧客を優先した意思決定を下せるのであればその会社は顧客志向で運営されていると言える。経営陣の覚悟は、新商品開発やマーケティング施策といった前向きな意思決定よりも、問題が起こった時に真価が問われるのである。

➡官僚的組織から顧客志向組織へと変貌したオーストラリアの元国有企業

オーストラリア最大の通信情報サービス企業のテルストラは1901年にオーストラリア郵政省の一部として設立された。従業員数は2014年時点3万2000人、売上高は260億オーストラリアドル（2015年7月時点で約2・4兆円）を誇る。元は国有企業であったが、2006年に民営化している。テルストラはカスタマーエクスペリエンスや顧客志向経営をビジョンの中で強くうたっており、アニュアルレポート（年次報告書）にも「カスタマーエクスペリエンスについて」「NPSについて」といった項目が用意され、その年の取り組みや結果が明文化してある。テルストラは単に顧客満足を目指すだけではなく、顧客に心から喜んでもらい、テルストラの支持者に変えるようなカスタマーエクスペリエンスを提供することにフォーカスしている。その結果、ロイヤルカスタマーの創出と業績伸長の好例として世界中から注目を浴びている。

元々テルストラは、２００６年にThe Ageという新聞において「どうして私達はテルストラが大嫌いなのか（"Why We All Hate Telstra"）」という特集が組まれたほど、国民から評判の悪い会社だった。この状態から顧客志向企業への変革は容易ではなく、専門の組織を作り、ＣＥＯの強烈なコミットメントのもとあらゆる施策を実行していった。その中の一つで高い効果を上げているやり方が「経営陣の現場体験」である。例えば、ＣＥＯ以下取締役陣が数時間のコールセンター研修を受け、その後すぐにオペレータ席に座り顧客からの電話に応対するのだが、ＣＦＯなど管理部門の役員も例外なく体験をするのが特徴である。さらに、その様子をビデオに収めユーチューブにアップし、社員のみならず誰でもが見られるようにもしている。もちろん、我々も閲覧することができるのでぜひ見てほしい（グーグルで"Telstra CEO and leadership team take customer calls"と検索）。英語ではあるが、その表情から最初は役員陣が戸惑っている様子や、実際の体験後には考えが変化している様子などがわかる。また役員が現場の最前線で顧客からの電話を受けることで、コールセンターの社員が自分達の仕事がきわめて重要で価値の高いものであることを実感す

◉図表7-2　テルストラのアニュアルレポート

TELSTRA RETAIL

Our NPS score improved by three points over FY14.

Improving customer advocacy is our number one priority. Over the past 12 months, Telstra has worked hard to transform the experience for our customers from one of service, to one with a higher level of customer care. We have also continued our cultural change program, which puts the customer at the centre of everything we do.

While we have made many changes, we still have more to do on our journey to move from satisfying and retaining customers to creating customer advocates. Advocates stay with us longer, spend more and recommend us more often.

Net Promoter System (NPS)

We have been listening closely to what our customers are telling us and track and monitor a number of different NPS metrics.

We measure NPS at two levels - our customers' overall perception of Telstra, measured through an external third party and our customers' experience in dealing with Telstra directly, measured through internal surveys.

Our overall NPS score has improved by three points over the last twelve months. We have also seen consistent improvement in our internal measures of our customers' experience in dealing with us across all areas. We remain committed to focusing on improving the customer experience in the coming year.

Product Differentiation

Customers have told us that while technology is an essential part of their lives keeping track of usage levels can be complicated. To address this and to give customers greater peace of mind over data usage, we introduced a number of improvements during the year including:

ＮＰＳについて明示している数少ない企業
http://telstra2014ar.interactiveinvestorreports.com/

る機会にもなっている。そして役員達にとっては、顧客と一対一で会話をすることで、カスタマーエクスペリエンスについての現場感や肌感を得ることができ、その後の経営判断でもカスタマーエクスペリエンスを念頭に置けるようになるという効果があるそうだ。小さな取組みに見えるかもしれないが、時としてそれが組織に大きなインパクトを与え、文化改革を大きく動かす原動力になる。

経営陣が現場とのつながりや理解を深める方法は他にもある。例えば、顧客を経営会議に招待して話をしてもらう企業や、経営陣がミステリーショッピングを実施している、という会社もある。日本企業でもイトーヨーカドーの伊藤名誉会長は筆者が話を聞いた2012年時点で88歳という高齢にもかかわらず毎日のように店舗に赴き、現場の様子を観察しているという。また花王の元社長の故丸田氏は、19年間に渡り、週末になると自宅近所の西友に赴き、1日中トイレタリーコーナーの顧客の動きを観察していたそうである。顧客の姿、視線の動きから何を手にして、どこを読んで、棚に戻したかまで非常に細かく観察しつつ、それらを天気や気温、商品の陳列状況を踏まえて分析していた。女性客が多い売り場に男性が立っていることに困った西友の店長が丸田氏に椅子を貸し出したところ、いつしかその椅子は丸田氏専用となり、「丸田チェア」と呼ばれるまでになったという伝説がある。顧客志向企業である花王を端的に物語るエピソードとして今も語りつがれている。

出典：http://blog.medallia.com/customer-experience/walk-in-the-shoes-of-your-front-line/

2 レベル2　顧客ロイヤルティチームを作る

トップのコミットが取れた次に行うべきは、文化変革とロイヤルティ管理を行うチームを作ることである。ロイヤルティ創出に本格的に取り組むのであれば、調査やロイヤルティ指標と収益性の分析、顧客視点でカスタマージャーニー管理、改善優先度の検討、現場へのロイヤルティ改善支援、文化醸成、研修整備など実施しなければいけないことが数多くある。専任の部署がないと早晩回らなくなるため、責任部署の設置は必須になる。

専任チームについて経営者から「チームを作ると『ロイヤルティが低いのはその部門の責任だ』と他の社員が責任を押しつけてロイヤルティ創出を他人事化してしまう原因になるので、チームは作らないほうがよいのではないか？」という質問を受ける。しかし、仮にそのような事態になったとすればそれはチームの存在が原因ではなく、文化醸成とチームのミッション設定に失敗した結果と言える。顧客志向文化は、全社員が顧客ロイヤルティの重要性を理解し、自分の仕事を通じて顧客ロイヤルティ創出活動を現場判断でも実現するためにあり、ロイヤルティが低いことを誰かのせいにしている時点で文化が根付いていない証拠と言える。

実際にロイヤルティ部門ないしはチームを作る時は、部門横断で作るとよい。ロイヤルティを創出するのは部門単位の活動でできるわけではなく、文化醸成の対象も全社員となるためである。

❶CCO（最高顧客価値責任者）の設置

アメリカではChief Customer Officer（CCO、最高顧客価値責任者）を置く企業が増えてきている。アメリカCCO委員会（CCO Council）の調査によれば世界に500人以上のCCO、もしくはCCOと同等の役割を担う責任者が存在し、今後も増えると予想されている。この委員会に名を連ねるCCOの所属企業を見ると、有名なところではメットライフ、コダック、オラクル、テラデータ、AIG、シスコ、コカ・コーラなどが並び、大手から中堅中小までCCOを設定していることがわかる。CCOは社内における顧客の代弁者として、信頼に足る顧客視点を経営の意思決定に提供する役割を担う。また、顧客ロイヤルティおよびその結果の収益を創出する顧客戦略を立案、実行する責任も負う。そのため、顧客ロイヤルティ指標のみならず、各部門が提供する顧客価値に対して品質を担保する責任を持つことになる。このような役割自体はこれまでもマーケティング部門やCS部門が担ってきたが、Cクラス、つまり役員クラスとすることで経営の意思決定にも顧客視点を取り入れられるようになる動きがアメリカではとくに盛んになっている。情報技術が重要だと言われた90年代、多くの企業がChief Information Officer（CIO、最高情報技術責任者）を置いたのと同じであり、右肩上がりの成長が終わった現在では既存顧客だけが最大の成長基盤であり、ＣＣＯはどの企業にも必要なポストであると言える。

日本においては、外資系企業を中心に顧客ロイヤルティやカスタマーエクスペリエンスを統括する部署が存在するが、役員クラスにはまだ少ないのが実情である。しかしグローバル化が進む現在、外資系企業との顧客争奪戦が激化する中で、ＣＣＯを置く企業が顧客戦略上優位に立つ日は多分遠くない。そのときにＣＣＯなしで競合に勝てる顧客ロイヤルティ戦略を描くか、ＣＣＯの設置を役員会で検討するかの二択になることは目に見えている。新役員を設置するのは日本を問わず世界中で避けられがちだが、顧客ロイヤルティやカスタマーエクスペリエンスの良し悪しが業績を左右する今の時代には、必須の役職となるだろう。

➡業界最高NPSをたたき出すUSAAのCCO ウェイン・ピーコック

アメリカのＮＰＳランキングでつねに上位に入る金融機関のＵＳＡＡにはＣＣＯが任命されている。２０１０年からＣＣＯを務めるウェイン・ピーコックは、すでにカスタマーエクスペリエンスが高水準にあったにもかかわらず、ＣＣＯに就任するとすぐに組織再編をはじめとしたあらゆる改革を実行した。最も大きな改革は顧客に合わせた組織への再編である。以前は「自動車保険」「預金」「医療保険」「住宅ローン」と商品別に窓口が分かれていたため、例えば顧客に引っ越しや離婚などのライフイベントが起こると、顧客は契約変更のためにあらゆる窓口に電話をして、毎回個人的な事情を説明しないといけなかった。これでは時間がかかるのみならず、顧客の精神的な負担も大きく、ロイヤルティを阻害してしまう。そのため商品別の窓口から、顧客の金融商品ニーズやライフスタイルに合うような形で組織を再構築し、部門の壁を取っ払った。組織改編後は、ライフイベントごとの対応について研修を受けたスタッフが一度に関連する処理をすべて請け負えるようになったため、ワンストップサービスが実現し顧客の満足度を上げることができた。

また、この顧客対応チームには、マーケティング担当者、コールセンターの社員、デジタルチャネル担当者など異なる専門を持つ担当者が同じチームに在籍するようにし、チャネルが異なったとしても顧客に一貫したメッセージを発信できる体制にした。他にも、店舗から遠い顧客でもフェイストゥーフェイスで相談に乗れるようビデオカンファレンスで金融アドバイスを行うサービスを開始したり、社内に点在する各種の顧客理解プログラムを統合し、これまでに得られた顧客インサイトを一か所に集めて誰もが参照できるように整備した。また業務処理スキルではなく、関係構築スキルの研修を設計し社員の対応力を強化。

このような顧客志向経営に向けた改革を次々に実行した結果、ＵＳＡＡは２０１１年、フォレスターリサーチ社のカスタマーエクスペリエンス調査では全業界の中でトップとなり、経済不況にもかかわらず記録的な成長を遂げた。組織再編は役員陣主導でないとできないため、顧客ロイヤルティに責任を持つCCOが存在しないと、このような〝顧客都合に合わせた組織〟は実現しにくい。この例はCCOがいることの価値を端的に表している。

3 レベル3 顧客ロイヤルティの共通認識を創出

トップのコミットがあり、顧客ロイヤルティ創出を推進する責任部門（責任者）ができたならば、今度は全社員に向けて顧客ロイヤルティの必要性や具体例を共有し、共通認識を持てるよう働きかける。人は変化を嫌うものだが、それは自分がこれからすべきことが理解できていないことに起因している。そのため、ここでは顧客ロイヤルティを上げるとはどういうことかを正しく、深く理解してもらうことを目指す。

顧客志向を表したビジョンや行動指針の説明ももちろん必要だが、そのような「言葉で理解し頭でわかる」論理的なアプローチを行う一方で、「気持ちでわかる」共感アプローチも必要となる。最も効果的なのは顧客ロイヤルティ創出につながった具体的な成功事例やストーリーの共有である。またこのような情報共有は一度すればよいだけでなく、何度も何度も、漆塗りのようにことあるごとに行うことで、徐々に理解が深まり、共通認識が生まれやすくなる。そのため、根気強く活動を継続していくことがポイントとなる。

人は元来ストーリーに魅了される性質を持つ。実際に顧客が喜んだ事例を共有することで、顧客志向で活動するとはどういうことなのか、また顧客の視点から見た時にどう考えるべきなのかが、具体的にイメージできるようになる。このようなイメージが徐々に個々人の考え方や意思決定に影響するようになり、組織における文化になっていく。またストーリーには人間の共感という脳機能を呼び起こす力があるため、顧客ロイヤルティへの理解やイメージが鮮明になるだけではなく、仕事へのやりがいを感じたり、モチベーションを高めたりする効果まである。文化という目に見えない行動様式、共通理解を作るうえでは、ストーリーが持つ力が変革の原動力となるのである。

顧客志向で有名なアメリカの靴のオンラインECサイトのザッポスでは、コールセンターですばらしい対応をした時の実際の録音を集めた「Wow（ワオ）ライブラリー」と呼ばれるベストプラクティス事例集がある。コールセンターのオペレータはいつでもこのライブラリーにアクセスすることができ、例えば「より最初の会話を改善するにはどうすればよいか？」「わかりやすくお買い物の仕方を説明するにはどうすればいいか？」などとふと思った時にアクセスすることで刺激やヒントを得られるようになっている。不満やクレーム顧客の録音の聴き起こしをする企業はあるが、よかったものも事例集として整備しておくことで、あるべき姿を共有することができるようになる。日本人は「よかったのは自分の対応ではなくお客様がいい人だった」などと謙遜するため、よい事例共有には抵抗を感じるという声も聞くが、その対応を行った個人を称えるだけでなく、「顧客志向の活動とはこういうことだ」というイメージを持つための素材であると割り切ってストーリーを共有するとよいだろう。

❹ストーリーの力をグローバルに活用――ヤマト運輸

ヤマト運輸は理念経営で有名である。社訓として「ヤマトは我なり（全員経営）」「運送行為は委託者の意思の延長と知るべし（サービスが先、利益は後）」「思想を堅実に礼節を重んずべし」の三つがあり、経営の意思決定から現場の仕事の判断まで、すべてこの社訓を基準にして行われる。

このような理念や仕事に対する価値観の浸透には、トップによる率先垂範、毎朝の社訓唱和などがあるが、２００９年からは実際のストーリーを「感動体験ムービー」として可視化し効果的に活用している。

社訓は言葉で理解するのみならず、現場で社員一人一人が質の高いサービスとして体現して初めて意味をなす。そのためには理念と自分の仕事との関係を理解することが必要であり、ヤマト運輸では、社訓で表されているような理念を再認識し、仕事の意義、意味を見直すことを目的として、毎年、全社員を対象として「満足創造研修」を実施している。この研修に取り入れられているのが「感動体験ムービー」の上映である。これは全国のセールスドライバーから感動体験のエピソードを集め、社訓を体現した実際のストーリーをまとめたものとなっている。筆者はある講演会に参加した際、このムービーを見せてもらったが、その内容は日常の中で起こる、小さいけれども心温まるストーリーが中心で、長大な奇跡的なストーリーというわけではない。

例えば、「お届け予定時間ギリギリになってしまい、駆け足でお荷物を届けに行くと、お客様から『遅いじゃない』とお叱りを受けてしまった。すると、後ろから小さな女の子がかけてきて、『ママ、ヤマトのおじちゃんは走ってきてくれたんだよ』と自分をかばってくれた。こんな小さな子に自分の頑張りが伝わっていることがわかり、嬉しくなった」や「母の日に花を届けると、『息子からの初めてのプレゼントなの』と喜ばれた。私達の仕事はまごころを運んでいると実感した瞬間でした」といった、仕事の現場に実際にありそうな体験が淡々と語られ、それがかえって臨場感をもたらしている。ムービーといってもいわゆる映画仕立ての再現ＶＴＲではなく、数枚の写真とテキストが音楽にのって再生される数分間のスライドショーになっている。

言ってしまえば、ありふれた日常を切り取ったシンプルな構成なのだが、講演会では上映中に参加者からすすり泣きの声が聞こえ、部外者をも感動させていた。もちろん同社の社員や経営陣にとってはなおのことで、顧客との関わりや、先輩や仲間との絆など色々な種類のストーリーが詰まっているため、泣くまいと思っていても、一つや二つは思わずグッとくるストーリーがあり、何度見ても思わず涙するそうだ。そして実際のストーリーに触れたことで、自分にも似たような体験があったことを思い出し、せきを切ったように自らの体験を語ってくれるという。参加者はムービー上映後に自らの感動体験を語り合い、仕事の意味や目的について話し合うことで、社訓の理解浸透、文化醸成、個人の行動計画に高い効果を発揮している。

ムービーを用いたワークショップ型の研修は好評だったため、毎年全社員に向けて行われる研修に取り入れられるとともに、ムービーも当初の「セールスドライバー編」だけでなく、「事務・作業編」「絆編」と様々なバージョンが作られている。

さらに、アジアを中心に海外展開を急速に進めるヤマトグループでは、現地の社員育成にもこのムービーを活用している。海外においてもヤマト流の細やかで行き届いたサービスを根づかせるべく日本からベテランのセールスドライバーを現地に赴任させているが、「ヤマトは我なり」という社訓を文化の異なる現地スタッフに理解してもらうことに当初苦労していた。そこで、「感動体験ムービー」を現地の言語に翻訳して上映したところ、現地スタッフにも感動が伝わり、企業理念や自分たちが取るべき行動が理解できるようになったそうである。

グローバル企業のテレビＣＭが言語に頼らず映像だけで商品のよさを伝える動きが盛んだが、それと同様に感動ストーリーは文化や言語の壁を超えるほどの威力を持っているのである。

出典：http://itpro.nikkeibp.co.jp/article/JIREI/20090828/336163/

出典：「プレジデント」２０１４年12月号『ヤマト運輸の「感動研修」とは』

4 レベル4　顧客志向活動への動機づけ

レベル３で社員が何をすべきか理解した後は、その活動ができるよう体制を整備したり、前向きに活動できる雰囲気作りや動機づけを行っていく。この段階では「やるべきことはわかったが、やりたいかどうかはまた別の話」というのが社員の本音であり、そこを「挑戦してみようかな」という気持ちに変えることがゴールになる。そのため、必要になるのは、この活動をすることによって個々人が得られるベネフィットを明確にして提示することである。そうでない限り、「ただでさえ忙しいのにまた仕事が増えるのか」という後ろ向きな気持ちを生んでしまう。

この時、経営陣がやってしまいがちなのが、「ロイヤルティを上げると企業が儲かって成長する」という話をデータを交えて延々としてしまうことだが、聞くほうはしらけるばかりで効果が薄いことが多い。現場に近い社員ほど業績への関心はそれほど高くないのが現実である。とくに流動性の高い業界であれば、転職を考えている社員も多いため、「そのうち転職するかもしれないし、会社の成長とかは興味ない」という態度の人も存在する。現場に近づけば近づくほど、また若手ほど業績よりも個人の働きがいやキャリアアップを考えているため、その関心とひもづけて顧客志向活動がいかに働きがいをもたらすのかを説明したほうが効果的なのである。こう考えると、前のポイントで紹介した「ストーリー共有」が効くため、実際にこのポイントは前ポイントとセットで行われることもある。

⬇人は自分がされたように人に接する――社員エクスペリエンス向上

経営陣が顧客志向経営の必要性やメリットを言葉で説明するだけでなく、実際の行動で見せている企業もある。スターバックスでは、「人は自分が扱われたように人を扱う」という前提にもとづき、カスタマーエクスペリエンスを高めるためには、社員エクスペリエンスも高めなければいけないとして、社員向けの調査や研修、サポートなどを整備し実践している。またカスタマーエクスペリエンスと社員エクスペリエンス向上のそれぞれに使った時間や費用などを計算し、カスタマーエクスペリエンスにばかり投資している場合には、社員エクスペリエンスにも同じだけ投資するよう計画をして、どちらかに偏りすぎないようオペレーションをかけている。

別の会社では、経営陣がコールセンターに毎日足を運び、契約社員や派遣オペレータに「お客様はどんなこと質問してくる?」「もっとこうだったらいい対応ができるのに……と思うことはありますか?」などと質問をして、オペレータの話を丁寧に聞くことから顧客ロイヤルティ向上活動をスタートした会社もある。この活動により、経営陣が本気であることが現場に伝わるとともに、現場の意見がすぐに改善活動につながったものも多く、社員が自発的に顧客ロイヤルティの改善提案を上げることにもつながった。

顧客ロイヤルティの多くは現場で生み出されるため、顧客理解と同様に顧客に価値を届ける主体である社員理解もきわめて重要である。社員はどんな仕事がしたいのか、どんな時に喜び、より顧客の役に立ちたいと思うのかなど、顧客を理解するのと同じアプローチが社員に対しても必要になる。せっかくの高品質な施策であっても、現場社員が実行してくれなければ成果を上げることはできない。ロイヤルティ創出を全面展開するうえでは、顧客理解と社員理解はセットであると覚えておいてほしい。

現場に権限を渡す

顧客は究極的には〝個客〟であり、最高のロイヤルティ創出を目指すならば現場の裁量によって顧客ごとに個別対応していく必要がある。毎回、本社に「このお客様にはこのような対応をしてもよいですか?」と提案を上げていては時間ばかりがかかり、かえって顧客を待たせて不便をかける。

あるコールセンターでは、顧客からのクレームのうち例外対応が必要なものは上司に確認して処理していたが、カスタマーエクスペリエンスを検討する中で「上司が対応しようとしている内容と、現場オペレータが対応したいと思っている内容がもし同じであれば現場がすぐに対応したほうが顧客のためになる」と考えるにいたり、改善検討を開始した。

そこで実際にオペレータの考える解決策と管理責任者が出す解決策にどの程度ギャップがあるのか一定期間調べてみたところ、ほとんど違いがないことがわかった。企業が一枚岩で顧客対応を行うべきであることを考えれば、仮に現場と上司の対応に大きな開きがあったとしても、それは企業の管理責任であって、それを顧客に負担させるのは筋違いであることにも思い至り、これまでエスカレーションしていたクレームであっても現場で解決策が思いつく時には、すべて現場の権限で対応できるよう業務プロセスと権限設定を変更した。結果的に、現場への大幅な権限移譲により、現場の士気が高まると同時に、カスタマーエクスペリエンスについて個々人がより深く考えるようになり、イノベーティブな解決策が現場から多く提案されるようになった。もちろん、すべて理想的に解決できるわけではないが、うまくいかないものはその都度チームでディスカッションして学びにつなげることで、全体としてチームの対応力が向上し、それにともなって顧客ロイヤルティもコール対応時間も大幅に改善することができた。

⬇人事評価への反映は慎重に

社員が顧客ロイヤルティ創出に向けて活躍してほしいと願う時、その活動を後押しする形で評価や報酬などに手を入れることがある。よくあるのが顧客ロイヤルティ指標と昇進・

給与をひもづける方法だが、評価との連動はきわめて慎重な設計が必要である。連動が高すぎる場合、社員が顧客に「人事評価がかかっているのでアンケート回答のほど、どうかよろしくお願いします」などと事前に高評価をつけてほしい旨を依頼してしまい、ロイヤルティ指標の信ぴょう性を著しく落とす結果につながりやすい。不正が起こらずに活動の動機づけを行うには、「金銭による報酬」と「金銭以外での報酬」の二つに分けて検討する。

❶金銭による動機づけ

昇給やボーナスなど、金銭による動機づけは実行が簡単かつ、顧客志向活動がきわめて重要であることとの強烈なメッセージになる。そのため、顧客志向文化形成を考えるうえでは、ロイヤルティ向上と金銭的報酬を結びつけようとする企業は多い。しかし前述した通り、金銭報酬の威力は非常に大きく、予期せぬ行動を助長することもあるためきわめて慎重な設計が求められる。

金銭的報酬がうまく機能するには三つの条件がある。一つめは、社員の適性や自発性が評価された結果であると社員が感じられること、二つめは、結果だけでなくプロセスや施策のアイディア自体も評価対象であること、そして三つめは金銭以外でも賞賛やフィードバック、あるいは社員の貢献が認められる場があること、である。三つめは次項のテーマであるため、ここでは一つめ、二つめについて詳述する。

一つめについては、ロイヤルティ創出活動は「会社からやらされた」のではなく、社員が「自発的にやった」ことを評価することの重要性を意味している。社員自身の自発性を十分に尊重した結果、ロイヤルティが上がり、それが会社によって認められ、金銭で返ってくるのであれば、「もっと頑張ろう。さらに顧客ロイヤルティを上げたい」という動機づけが働く。しかし、社員が鼻先ににんじんをぶら下げられているように感じてしまう時、つまり「会社はロイヤルティ向上活動に自分達を仕向けたいがためにボーナスで釣っているんだな」ととらえられると、不正が横行するなど当初の意図とは別の方向に作用してしまう。個人単位の不正だけではなく、例えば店舗間で「スコアの高いところに報奨金を与える」としてしまうと、店舗あげての数字獲得競争と化してしまうことも多い。数字を上げるためには、顧客に依頼したり、悪い評価結果を本部に報告しないといった不正はもちろんのこと、より狡猾な方法を考案して実践することに余念がなくなってくる。

例えば、アメリカの自動車ディーラーでは、かつて顧客満足推進のはずが満足度調査で高得点を取ることが目的と化してしまった結果、店舗に「我々はCSにこだわります。大変満足にマークできないようなことがあれば、何でもお知らせください。私達は必ず改善しご満足いただけるよう努力します」というポスターを掲示し、顧客にも説明する店舗が現れた。これは一見よい活動のように見えるが、実は満足度調査の点数を稼ぐための顧客心理をついた狡猾な方法になっている。というのも、このようなポスターを見たり、店員から説明を受けたりしても顧客は改善要望を出すこと自体が面倒なため、めったに要望を言うことはない。一方、いざCS調査に回答する場合には、自ら改善要望を言っていないことで、「大変満足」以外をマークすることは難しく、つい上位点をつけてしまうのである。結果として、顧客は内心不満を抱きつつも、表面上のCS調査結果は高いスコアとなり、店舗への報奨金が増えてしまう。数字は取れるが、実際の顧客ロイヤルティはまったく上がらないという結果を産んでしまったのである。

二つめについて、ロイヤルティ指標のスコアと報酬を単純にリンクさせるのではなく、具体的にどんな活動をしたのか、その結果どれくらい顧客の満足度や信頼度が増したのかという活動そのものを評価のベースにすることが絶対条件となる。また評価対象となる活動は、研修や訓練が可能なもので、できれば「前からどれだけ改善したか」を判断できると納得感が高くてよい。顧客の視点に立ってこれだけ自分の業務を改善したという、改善にフォーカスして評価を行うことで、どの社員でも評価される余地を残し、公平性を担保できるのである。また現場社員はできる限り金銭報酬の比率を少なくすることもポイントである。顧客志向活動がしっかりできている社員は、正式な人事評価が高くなるはずであり、自然と早く出世ができることが多い。金銭報酬で報いるのであれば、ボーナスではなく、昇進の条件に顧客ロイヤルティへの貢献を組み込んで、昇進による昇給を狙うほうがよい。最後に、金銭による報酬とロイヤルティ向上活動を結びつけるタイミングは、ロイヤルティ創出やカスタマーエクスペリエンス向上活動が十分にできる環境を整えてからのほうがよい。

金銭以外での動機づけ

金銭以外の報酬とは、仕事ぶりを評価し感謝を伝えたり、「今日のベスト顧客対応」として皆の前で褒めたり、あるいは「顧客対応マネージャー」のような特別な肩書や社内資格を与えたりするなど、顧客志向で活動した社員を認めて称える活動を指す。

例えば、スターバックスでは「グリーンエプロンブックカード（GABカード）」という仲間を褒めあう仕組みがある。同社では、接客マニュアルがない代わりに、「歓迎する」「心こめて」などの五つの行動規範を記した「グリーンエプロンブック」を全パートナー（同社はすべての従業員をパートナーと呼ぶ）に配付している。パートナーはこれを携帯し、

◉図表7‒3　活動強化の動機づけは期間と職位で変える

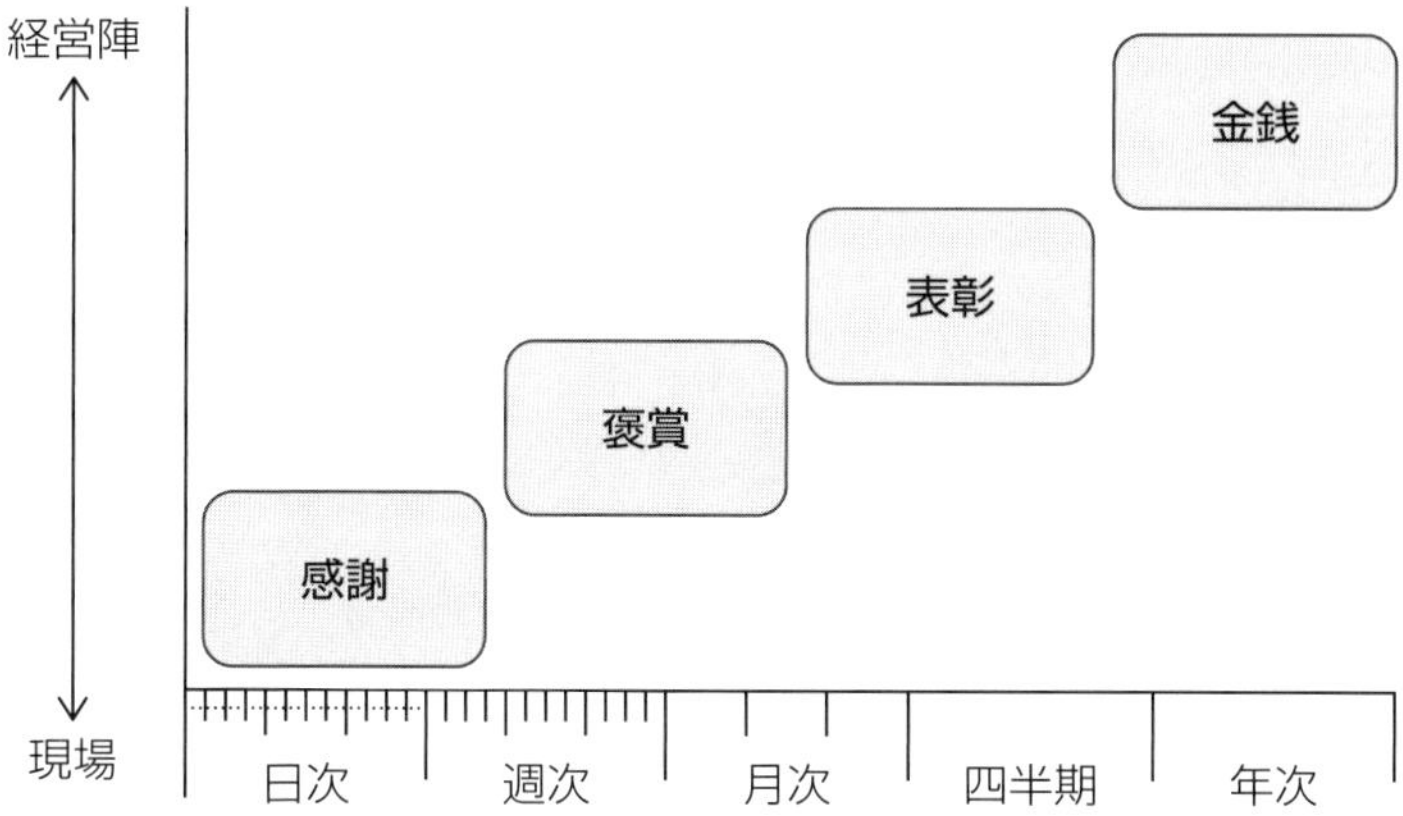

出典：Medallia 2013

自分なりに意味を考えて接客に活かすようにしている。そして、このような行動規範を実現する仲間の言動に気づいた時は、良かった点などを記入したＧＡＢカードを仲間に手渡すようになっている。そしてＧＡＢカードが５枚集まるとお店で正式に表彰してもらえるのである。自薦や他薦をするプロセスが特段あるわけではなく、パートナーの自発性を尊重しつつ、お互いを認めあう文化を育むことで、よりよいカスタマーエクスペリエンスを提供する動機づけとしている。

　また社員の呼び方によって顧客志向の重要性を表現する企業もあり、これも金銭以外の動機づけの一種と言える。前述のスターバックスの「パートナー」以外にも、リッツ・カールトンの「紳士淑女」、アメリカンエクスプレスのコールセンターオペレータは「カスタマーケアプロフェッショナル（ＣＣＰ）」、ディズニーランドでは「キャストメンバー」などと呼ばれる。このように一般的な呼び方とは異なる肩書きをつけることで、自分達に課された役割やその重要性を日々認識できるようになるケースも多い。

出典：https://jinjibu.jp/article/detl/tonari/266/
https://www.starbucks.co.jp/assets/images/ir/images/library/jigyohoukoku17.pdf

5 レベル5　顧客ロイヤルティ活動の定着

ここまでの段階がうまくいっていれば、社員が「顧客志向で活動しよう」とやる気になり、実際に自分の業務の進め方や考え方を少しずつ変えようとしているはずである。しかしいくらやる気になっても、具体的にどうしてよいかわからないという社員も多い。そのため最後のポイントは、そのような社員を支援すべく研修やＯＪＴ（On the job training）、上司の指導など必要なサポートを行い、活動の定着化を図ることである。

さらに顧客ロイヤルティの創出を目指すと、どうしてもスポットがあたるのは顧客接点部門となり、総務、経理などの管理部門は顧客ロイヤルティ創出活動をどこかで他人事だととらえてしまいがちになる。しかし管理部門であっても、間接的、また実は直接的にもロイヤルティ創出に貢献をしており、それらの部門の活動にも顧客志向の理念を反映させていくときわめて強い組織ができ上がる。

研修

顧客ロイヤルティを上げる活動を個々人が実践できるようにするために、社員が必要なスキルを学ぶ機会を設ける。研修では体系的に顧客ロイヤルティ戦略を共有することができるうえ、特定のスキルや知識、例えばユーザ中心設計手法でのサービス開発方法論などを伝達・実践することもできる。研修は一方的な座学での講義形式ではなく、ワークショップや実体験を通じた内容になることが多い。なぜなら、扱うテーマは「自社の顧客」という社員にとっては身近な存在であり、参加者自身が自らの経験や想像力を働かせやすい領域だからである。具体的な研修内容は各企業の現状により異なるが、筆者の経験では、顧客視点と提供者論理の間に大きなギャップがあることを実感するために、本当の顧客を別室に呼び、ロイヤルティチームの担当者が顧客にインタビューや行動観察する様子をリアルタイムで社員がモニターする体験を通じて、顧客視点の大切さを学ぶ研修などがある。
また、複数部署が集まってカスタマージャーニーマップを書き、課題と解決案をまとめるというワークショップ形式の研修会も効果的である。レベル1でテルストラの経営陣のコールセンター対応を紹介したが、このような現場体験をする研修や、実際に顧客の側に立って自社サービスに触れる経験など、顧客志向やロイヤルティをテーマにした研修はいくらでも思いつくだろう。

自社の顧客について考えるため、研修のアウトソースはおすすめしない。外部協力者に支援を依頼する場合にも丸投げではなく、一緒に考えてプランを練り込んでいくべきである。

また、研修は草の根的な活動となりがちだが、文化作りにまで貢献するのであれば人事や経営企画、また社長からお墨つきをもらってフォーマルなものとすべきである。ヤマト運輸の感動創造研修は年に数回実施しているが、原則全社員が参加するよう義務づけられていることで、共通認識を醸成する機会となっている。

❹顧客〝思考〟の習慣化

顧客〝思考〟の習慣化とは、「顧客がどう思うか？」と顧客を意思決定の中心に据えて仕事をしている状態を指す。このような考え方を習慣化するためには、その考えや事例に毎日触れることが効果的である。例えば、顧客満足経営で有名なリッツ・カールトンには「ラインナップ」と呼ばれる毎朝15分の朝礼がある。この朝礼は上司が部下に一方的に話をするのではなく、彼らの価値観や理念を集結させた「ゴールドスタンダード」をベースに、前日にあった顧客ストーリーを共有したり、司会が投げかけた質問に皆で議論をして顧客〝思考〟を習慣化している。さらにこの活動は世界中のリッツ・カールトンで毎日実践しているため、他国でのストーリーが伝えられることもあり、リッツ・カールトンのスタッフとしての価値観を全スタッフが共有できるようになっている。世界中にある実際の顧客志向活動の事例理解やディスカッションを通じて、日々サービス哲学やリッツ・カールトンの信条を浸透させることで、現場では自立的、自発的に顧客が喜ぶサービスを実行できるようにしている。

➊評価項目の見直し

顧客志向で社員が活動しはじめると、それに合わせて社員評価の項目やキャリアモデルの見直しが必要になる場合が多い。必要に応じて、社員に求めるスキルや能力、成果をアップデートし、顧客志向経営の理念に評価項目を合わせていく。例えばカナダのサスカチュワン州政府保険（Saskatchewan Government Insurance；SGI）という保険会社では、社員の顧客志向活動に関して六つのレベルを定義しており、それぞれのレベルには望ましい行動が例とともに詳細に定義され、人事評価項目となっている。具体的には、新人社員は「一貫したカスタマーエクスペリエンスを提供し、昇進のためには自身の責任を全うしなければならない」と書かれており、役員クラスになると「顧客戦略の立案を行い、他の社員を顧客志向にさせられるレベルにあること」と定義してある。

➡管理部門も例外ではない——採用を工夫するサウスウェスト航空

経理や財務、システム、総務、人事などの管理部門の日常業務も顧客志向の理念に立ち戻り見直しをかけていくとよい。間接部門のように見えて実は比較的顧客と接点が多く、ロイヤルティにも大きな影響を与えるのはシステム部門である。とくにウェブサイトを主要な顧客接点としてとらえている企業、アマゾンや楽天などの小売業やダイレクト保険、あるいは自動車、住宅、楽器など高額商品を扱うメーカーなどは、ウェブサイトやアプリ、顧客専用のマイページなどを日々運用し、顧客に重要な情報を提供している。しかし「ページの表示が遅い」といった初歩的なことから、「住所変更手続をマイページで操作したのに、最後すべて入力して確認ボタンを押すといきなりエラーが出て『お客様の契約内容ではマイページでの手続きはできません。恐れ入りますがコールセンターにお電話ください』」と表示されてこれまでの操作時間がすべて無駄になり激しく怒った……といったケースなど、システムに起因する顧客不満はきわめて多い。多くのシステム部門には顧客ロイヤルティという概念がないことが根源的課題であり、筆者もある大手企業の取締役に「貴社の顧客ロイヤルティを高めるうえでの最大のボトルネックはシステムです」と言ったことがあるほど、システムが病巣となる。また商品企画部門も管理部門扱いされるが、顧客が最も触れる商品を作っているため、直接部門とみなすほうが適切である。しかし、商品企画部門には、技術やスペック、また競合にはない機能を搭載することがよい商品という考えが蔓延し、そこに顧客が不在となるため、ロイヤルティを落とす原因となりやすい。

人事もまた然りで、採用から人事研修、実際の業務まで社員に求める資質やスキルを一貫して設計し、それに沿った採用活動をしているところは多いとは言えない。とにかく優秀な人材を取れば「あとは研修でなんとかなる」という態度では、優れたカスタマーエクスペリエンスを提供することは難しい。この端的な例としてサウスウェスト航空の採用を紹介する。

航空業界でトップレベルのNPSを誇るサウスウェスト航空は、良質で低価格なサービスを提供する航空会社として成長を続けている。低価格を維持するためにハードウェアにはお金がかけられないにもかかわらず、空の旅を楽しませようとユーモアをまじえた機内放送をしたりキャビンアテンダントがラップで搭乗アナウンスをしたりすることもあるなど、フレンドリーな対応でも有名である。また定時運航を実現するために、チーム力強化にも強いこだわりをもっている。そのため個々の能力よりもチーム全体での成果を重視する。このような顧客価値を提供するため、採用においてもユーモアのセンスがあることを重視する。パイロットとしてどんなに技術に優れていたとしても、ユーモアを解さない社員はサウスウェスト航空の従業員としては不適格と判断するのである。またある時の採用面接では、採用応募者50人ほどが集められた大きな会場で、採用担当者が「とても緊張されているようですので、どなたかこのステージで他の応募者を楽しませてください」と言い、踊りや歌、ジョークなど、応募者は次から次へと楽しいパフォーマンスを繰り広げていったが、面接官が注目したのはステージではなく観客側だった。人を楽しませられるユーモアが大事ながらも、どんなパフォーマンスにも温かいリアクションをしていた人材こそが、温かい愛情を持ち、仲間や顧客を大切にできる人であるという考えに立っているからであった。

あらゆる部門が顧客ロイヤルティ創出に貢献しているため、カスタマージャーニーマップを描くなどしてそれを認識し、管理部門であっても業務や体制を見直すことがこのレベルでは必須となる。

⬇顧客フィードバックの共有

本書で紹介する手法を実施すると、顧客からのフィードバックが日々会社に入ってくるようになる。これらのデータは企業内に顧客志向文化を形作るうえでうまく役立てたいが、取り扱いには一定の注意点がある。

まず顧客からのポジティブなフィードバックは、スコア、コメントなどすべて社員に共有させるべきである。顧客が感動したり、顧客から褒めてもらえることが顧客ロイヤルティ創出に邁進する全社員の何よりの報酬となるため、ポジティブな結果は包み隠さずすべてを共有したい。しかしネガティブなフィードバックについては慎重な取り扱いが必要になる。ネガティブなフィードバックは現場の改善のために活用し、それによって個人を罰したり叱責することには使わないのが原則となる。もし特定の社員の対応がネガティブなフィードバックを生んでいるのであれば、その社員との一対一の指導の場で共有し、対応方法や改善方針を話し合うようにする。

また、ネガティブなフィードバックはその傾向や頻出テーマをまとめたうえで、管理職やリーダクラスで内容を共有し、危機感の醸成および対応策の検討にあたるようにする。

これにより自分のチーム以外の問題にも関心が払えるようになり、一緒に解決策を検討する中で部門の壁を超えることも可能になる。またリーダー経由でチームに共有する場合には、特定のコメントではなく「顧客不満の傾向」という形を取るとよい。個々人の対応などに関心がうつると、「これはあの人が対応したから」などと他人事になってしまうため、チームの問題として皆が考えられるよう取り扱いたい。

また必ず改善に焦点があたるよう話をもっていく工夫も必要である。「金銭による報酬、動機づけ」でも説明した通り、評価の焦点が「改善（大幅な改善によるイノベーションも含む）」であれば、日々の現場での指導も改善に焦点をあて、一貫性を持たせないといけない。できなかったことを責めることに顧客フィードバックを使うと、活動の仕組み自体が秘密警察のように感じられ、不信感を持たれ、活動の停滞を招くことになる。その意識を持って上司は顧客フィードバックを現場改善に活用したい。

⬇顧客志向で業界慣習を覆し日本一の来店者数を実現——アットコスメストア

化粧品の口コミサイト@cosmeを運営するアイスタイルでは、@cosmeの情報を活用して実際の化粧品が買える場として「@cosme store（アットコスメストア）」を東京、大阪、神奈川に7店舗展開している。アイスタイルの企業ビジョンは「アットコスメで消費者主

◉図表7-4　顧客志向企業チェックリスト

顧客志向文化の共有	顧客志向リーダシップ	理念、価値観における顧客志向の明文化
		トップの率先垂範
	顧客視点の人事組織	顧客サービス志向の人材採用
		顧客尊重の教育研修
		顧客視点による組織体制、責任・権限、KPI
		顧客満足を反映した評価と報酬制度
		社員満足の重視
顧客志向文化の実現	顧客視点の経営戦略	顧客戦略の定義と全社員での共有
		顧客視点のビジネスモデル、オペレーション
	顧客理解	顧客の課題、ニーズの把握
		顧客ロイヤルティの指標化と管理
	顧客ロイヤルティ創出の業務プロセス	ロイヤルティ創出に向け部門の枠を超えた協働
		顧客との双方向コミュニケーション
		顧客ニーズの製品やサービスへの反映、デザイン思考の導入
		ITシステムによる顧客情報の一元化やデータ共有

本書で説明した内容を「顧客志向文化の共有化」と「顧客志向文化の実現」の二つに整理再分類した。すべてできていれば顧客志向企業のレベルが高く、少なければ低いことになる。

導型社会をつくる」である。このビジョン到達に向け、ユーザの声を仕入れの基本データとした店舗の成功モデルを作る目的で2007年から自社店舗運営に乗り出した。口コミサイトは運営していても、化粧品の販売経験はまったくないアイスタイルがリアル店舗の運営を行うと決めた時、最も重要視したのが顧客志向の店舗運営であった。顧客が化粧品に求めるものや使ってみた感想は@cosmeに多くあるため、この情報を活かしつつ、顧客がリアルの売り場に求めるものを追求し、すべて実現しようと試みた。

そして顧客が最も望む化粧品店とは「買わなくても人気の化粧品が自由に試せるお店」であると定義。コンセプトも「試せる、出会える、運命コスメ」であり、これまで存在しなかった〝試しやすさ〟を追求した化粧品店を実現した。

アットコスメストアと通常の化粧品専門的の違いは、メーカーの枠を超えた品揃えとほとんどの商品が自由に試せるテスターの設置である。どんなに高額の商品であっても、またアットコスメストアでは販売できない商品であっても、@cosmeの口コミで人気の商品は自由に試せるよう、店舗の目立つところにランキング順にテスターを設置している。またテスター周りにはコットン、綿棒、ゴミ箱、さらに水栓とクレンジング（化粧落とし）まで用意し、何度でも洗い落としながら顧客の納得がいくまで何時間でも化粧品を試せるようになっている。メーカーからテスター提供がされない商品は、自社販促費で購入して

◉図表7-5　アットコスメストアのコンセプト

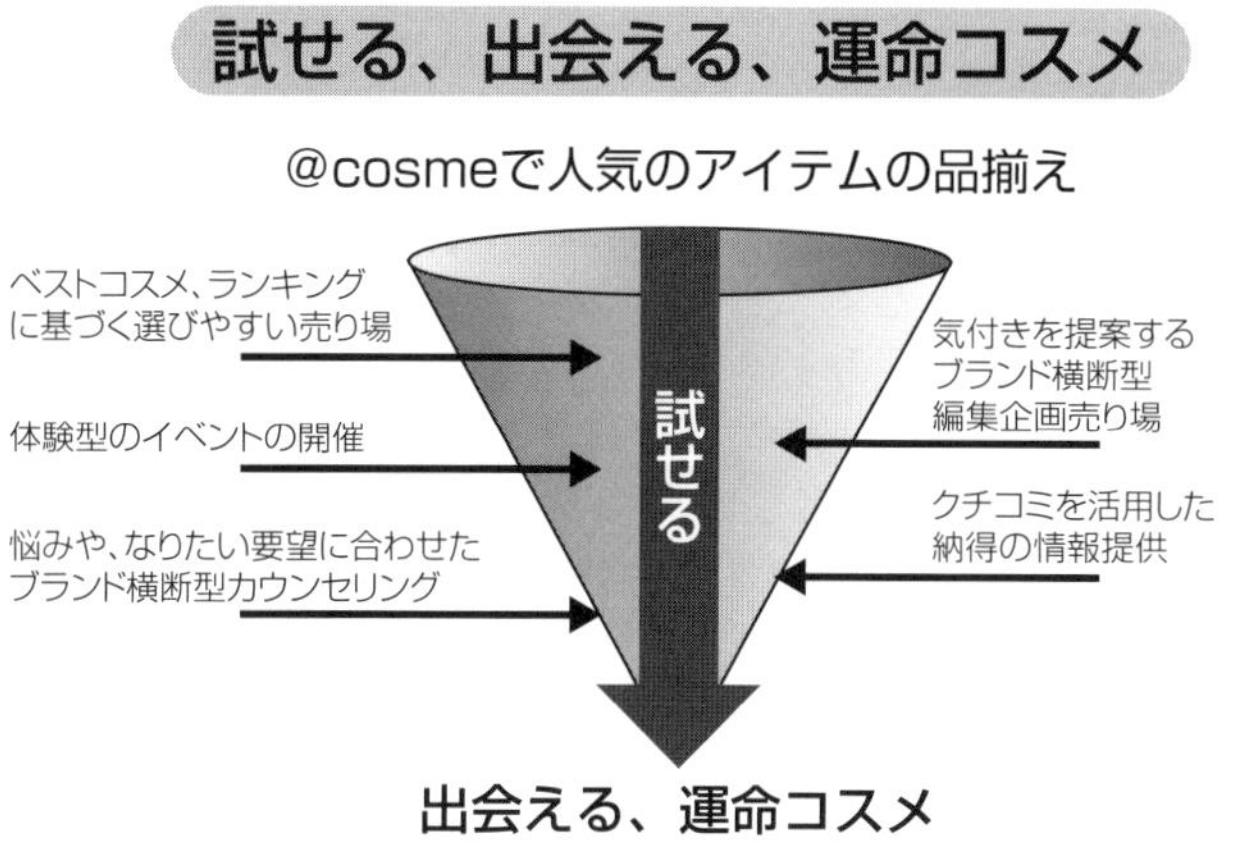

までテスターを提供している徹底ぶりであり、顧客にとっては複数の化粧品販売店を歩きまわったのと同じだけの商品や情報を手に入れることができるようになっている。

そして、テスターのみの設置で販売はしていない商品には「こちらの商品は○○百貨店で買うことができます」と販売店を案内するポップ（商品説明広告）を表示。さらに、スタッフが「伊勢丹新宿店で取り扱いがあります。在庫確認しますか？」と接客し必要に応じて在庫の問い合わせまでしてくれる。

試せることへの徹底は品揃えだけではない。店内導線をあえて碁盤の目にせずに、あらゆる角で陳列棚の複数面が目に入るようにレイアウトし、より多くの商品と出会えるよう演出している。さらに、照明の明るさを工夫し、通路幅

◉アットコスメストア　ルミネエスト新宿店

も一般的な店舗の1・2倍に広げて他の顧客とぶつかりにくい環境を用意し、長時間心地よくいられる環境を整備。他の顧客を気にすることなく、気の済むまで商品を試せるように配慮している。

また持ち帰りができる化粧品サンプルの配布は、これまで効率性を重視したいという販売サイドの事情により、購入のおまけ（販促物）として配布するのが一般的だった。しかし、アットコスメストアではサンプルの本来の目的どおり、購入を悩んでいる顧客に積極的にサンプルを渡すことを接客ルールとして徹底している。

他店の紹介や、商品を陳列する什器を減らしての水道設置、またネットの口コミ開示や商品サンプルの積極配布など、どれをとっても従来の化粧品販売では考えられないサービスであり、当初は「絶対に売れない」と業界ではささやかれていた。しかし、業績はきわめて好調で、毎年増収増益を記録、直近では売上高33億円（２０１５年6月期決算）となっている。特筆すべきは圧倒的な来店客数であり、全店での月間来店客数は約22万人（２０１５年1月時点）と全国の化粧品専門店で突出した1位を記録し続けている。１号店の新宿店では、１日の平均来店客数が約２５０0人となり、これは化粧品専門業態としては日本一の規模となっている。また多くのロイヤルカスタマーに支えられた結果、営業利益率は業界平均の約3倍を記録。日本最大のドラッグストアであるマツモトキヨシと比較しても１・5倍の高収益体質となっている。

このような店舗作りを支える仕掛けとして、売り場スタッフに個人ノルマを一切持たせないという、業界慣習に逆行する人事制度を取り入れている。これは事業ゴールを「短期的な売上」ではなく、顧客の「店舗ロイヤルティを上げること」と定義したためである。化粧品販売スタッフの多くは自身も化粧品が大好きで、知識も豊富であり、そのノウハウを他の人にも分けてあげることに喜びを感じている。しかし、そこに売上ノルマが乗ると、ノルマ達成のために無理な売り込みがどうしても発生してしまい、店員にとっても顧客にとってもよい結果を生まない。そこでアットコスメストアでは、顧客が化粧品を楽しく選んだり、スタッフからぴったりとあったカウンセリングが受けられれば、その場では購入に至らなくとも、また来店してもらえるはずであり、その過程で気に入った商品に出会い、必ずや購入にも至るはずであるという前提から、売上ノルマを一切なくしたのである。

そして、「顧客ロイヤルティが高まればリピートする」ことから「来店者数」を、また「顧客ロイヤルティが高い店＝商品との出会いの回数を多く与えられる店」として「平均買上点数」と「買上率（来店者数に占める購入者数の割合）」の三つを最重要ＫＰＩとして定義した。これらのＫＰＩにより、一度接客した人が「ここに来ると楽しい」と思い、次もまた来てもらえるかどうかに店舗の全活動がフォーカスされる。そのため、目の前の顧客のニーズを汲んだ接客や売場づくり、商品展開ができるようになり、それが結果として、驚異的な来店客数や利益率を生んでいる。

またこのＫＰＩへの取り組みについても顧客志向の考え方が徹底されている。小売業である以上商品を買ってもらうことは重要であるが、「買上率」が上がりすぎると顧客にとって「気軽に楽しめる店」ではなく「買わないといけない店」になるという考えのもと、「これ以上は買上率を高めない」という上限値が設定されているのである。「買上率」という、店舗売上にとってはきわめて重要ながらも、下手をすると押し売りにつながりかねないＫＰＩについては抑制が利くように設計されているのはきわめて珍しく、同社の徹底した顧客志向経営が伺える。さらに買上率および平均買上点数を一定まで高めるための売場づくりや商品展開の方法は、ほぼ店舗に権限移譲されている。経営層や本社の意見より、日々お客様とコミュニケーションしている店頭スタッフの意見こそが重要で、そのほうが顧客に楽しんでもらえるのではないかという経営方針からだ。「買上率」という重要な収益指標にもかかわらず、それを上げるのは現場の顧客視点から、上がり過ぎないよう抑制するのは本社のKPI運用からと非常にうまく対応しているのである。

さらにアットコスメストアでは小売業によくある「購買客数」×「客単価」という売上KPIの、「客単価」を上げる行動は推奨行動から排除している。「客単価」は顧客満足の結果、自然と上がるべき時に上がるもので、無理に上げるべきものではないという考え方からである。客単価を無理に上げるよりも、来店頻度を高めることで最重要KPIの一つである「来店者数」が増加するため、顧客の予算を一回の来店で使い切らせてしまうような行動は抑制すべきとしているのである。予算やお小遣いの範囲で何度も店舗に来てもらえるような接客、つまり顧客に無理強いをせず企業都合を押しつけない接客こそが顧客ロイヤルティの創出につながっているのである。

アットコスメストアは、たくさんの顧客に気楽に来店してもらい、気に入った化粧品に出会って、本当に買いたいと思ったものだけを買ってもらうことこそが重要で、究極的には買わなくてもまた次に来てくれればよいという顧客本位のスタンスをあらゆる仕組みで具現化している。

アットコスメストアの例に見るように、短期の売上ではなく、顧客ニーズの充足と顧客との信頼形成を優先することで、結果として大きな売上がついてくるというのは、まさに顧客ロイヤルティとよい売上の関係性と同じである。そして、それが短期の売上を優先する従来型の販売現場よりも高い業績を上げていることは、我々に大きな示唆をもたらしてくれると言えるだろう。

おわりに

「これらの活動が効果を出すまで、僕は何年くらい我慢すればよいですか？」

ロイヤルティ経営の実現計画を提案する会議で、日本を代表する大手企業のエクゼクティブからこう尋ねられたことがある。「今期中に何とか結果を……」と言われることはあっても、何年という単位で事業を見ているその視点の長さに驚くとともに、喜びを深く感じたことを記憶している。

創業者でなくとも、自分の任期を超えた未来を見つめ、「社会に貢献したい、よい未来を次の世代に手渡したい、部下や未来の社員、そして自分の子供に誰かの役に立っているという実感と誇りが持てる仕事をさせたい」と願うビジネスマンは存在する。〝完成〟された企業論理の中で変化を仕掛けることは、大変な苦労をともなうものだ。しかし、顧客の役に立ち、喜んでもらうことで企業が成長できる仕組みがあれば、顧客だけでなく、社員の働きがいを高めることにもつながる。顧客、社員、そして社会へと善なる循環を実現するために、経営のフォーカスを顧客の笑顔にあててみてほしい。そして我々の経験上、その活動の成果は思ったよりもずっと早く訪れる。

顧客志向で経営し、顧客ロイヤルティによって長期的に成長するために必要なことはきわめてシンプルである。要諦は以下の通りである。

・顧客ロイヤルティ指標を経営の最高指標の一つとし、目標値を設定して活動すること
・ユーザ中心設計手法など顧客視点を入れた製品・サービス開発プロセスを導入すること
・トップが顧客ロイヤルティ経営にコミットし社内外にメッセージを発していること
・顧客志向の組織となっていること

これは最近よく聞かれる逆ピラミッド経営にも通底する。これまでの企業は、三角形のピラミッド構造（△の形）の頂点に社長が君臨し、上意下達で現場に指示がおりて底辺にいる現場社員がその先にいる顧客と対応して価値を提供していた。この組織の特徴を端的に示すなら、指示、命令、管理、報告、会議が基本であり、下からのアイディアは潰され、情報が上がらないので、正しい意思決定ができず、志のある人は現場で黙って正しいことをすることになる。しかし、マーケットが猛烈なスピードで変化する今、これでは変化を察知するまでに時間がかかりすぎる。経営陣がやっと新たな指示を出すころには、顧客はさらに変化してしまう。

マーケットの変化とともに企業も変化し続けるためには、顧客と現場社員を最上位に位置づけるべく、ピラミッドをひっくり返す（▽の形）。この逆ピラミッド組織では、一番上に顧客と現場社員が位置し、管理職や経営陣は第一線の社員を支える構造となる。現場が考え実行し、上司は情報を吸い上げ、アイディアを潰さず実現を支援することが仕事となる。これによって、顧客を最もよく知る現場の知恵と工夫が活動のベースとなり、自然と全社をあげて顧客ロイヤルティを創出する体制となる。

本書で紹介した事例の多くも、現場社員の自発性が成功の鍵を握っていた。本書をヒントに、第一歩を踏み出す際には、最終的には自社組織も逆ピラミッドに近い形になるというイメージを持つことをおすすめする。

誰かの役に立つことは、幸福の源泉である。仕事においては、直接的に対価を支払ってくれる顧客の役に立てた時に、大きな喜びや幸せを感じることができる。本書によって、人生の大半の時間を費やす仕事が幸福感にあふれたものになる一助になれば、望外の喜びである。顧客満足やロイヤルティに関する数多の書籍のなかから、本書を手に取っていただき、最後までお付き合いいただいた読者のみなさまに、心より深く感謝申し上げる。

遠藤直紀（えんどう　なおき）
株式会社ビービット代表取締役。横浜国立大学経営学部卒。ソフトウェア開発会社を経てアンダーセンコンサルティング（現アクセンチュア）入社。通信業のインターネット活用戦略立案等に従事した後、2000年ビービット設立。現在は東京・台北・上海の3拠点にて顧客ロイヤルティ経営、およびユーザ中心のデジタルマーケティングを支援。共著書に『ユーザ中心ウェブサイト戦略』（ソフトバンククリエイティブ）。TEDxTodai2013にて「貢献志向の仕事」講演。経済同友会会員。

武井由紀子（たけい　ゆきこ）
株式会社ビービット取締役。早稲田大学政治経済学部卒。アンダーセンコンサルティング（現アクセンチュア）組織コンサルティング部門を経てビービット設立に参画。金融機関、製造業、メディア、建設等幅広い業界で顧客志向アプローチによるコンサルティング経験を有する。共著書に『ユーザ中心ウェブビジネス戦略』『ユーザ中心ウェブサイト戦略』（共にソフトバンククリエイティブ）、『ウェブ・ユーザビリティルールブック』（インプレス）。

売上《うりあげ》につながる「顧客《こきゃく》ロイヤルティ戦略《せんりゃく》」入門《にゅうもん》

2015年12月10日　初版発行
2023年1月1日　第7刷発行

著　者　遠藤直紀 ©N.Endo 2015
　　　　武井由紀子 ©Y.Takei 2015
発行者　杉本淳一

発行所　株式会社日本実業出版社　東京都新宿区市谷本村町3-29 〒162-0845
編集部　☎03-3268-5651
営業部　☎03-3268-5161　振　替　00170-1-25349
https://www.njg.co.jp/

印刷／壮光舎　製本／共栄社

ISBN 978-4-534-05339-8　Printed in JAPAN